Joan Kenley

Stimme und Erfolg

Ich widme dieses Buch meinen Klienten, denn sie haben den Stoff dafür geliefert.

Joan Kenley

Stimme und Erfolg

Ein Selbsterfahrungs- und
Übungsbuch

Oesch Verlag

Die Originalausgabe erschien 1988 unter dem Titel
»Voice Power«
bei Dodd, Mead & Company, Inc., New York.

Aus dem Amerikanischen von Erna Tom

CIP-Titelaufnahme der Deutschen Bibliothek

Kenley, Joan:

Stimme und Erfolg : Ein Selbsterfahrungs- und
Übungsbuch / Joan Kenley. [Aus. d. Amerikan.
von Erna Tom]. – Zürich: Oesch, 1990

Einheitssacht.: Voice power <dt.>
ISBN 3-85833-384-0

Schutzumschlag: Heinz von Arx, Zürich
Satz: Typobauer Filmsatz GmbH, Ostfildern
Druck und Bindung: May & Co., Darmstadt
Printed in Germany

ISBN 3-85833-384-0

Mein ganz besonderer Dank gilt Jerry Ackerman,
ohne dessen hilfreiche Unterstützung dieses Buch
nie zustande gekommen wäre.

Inhalt

1. Teil   Die Entdeckung der Körperstimme

1. Kapitel   Die Verbindung des Körpers
und der Stimme   *11*
2. Kapitel   Die Kenley-Methode   *45*
3. Kapitel   Die Bewertung der Körperstimme   *69*
4. Kapitel   Entstressen   *101*
5. Kapitel   Vom Körperatmen zum Körpersprechen   *137*
6. Kapitel   Die sexuelle Verbindung   *165*
7. Kapitel   Die höheren Energien   *189*

2. Teil   Die Techniken der Kenley-Methode

     Einleitung   *223*
8. Kapitel   Die Entspannung der Körperstimme   *227*
9. Kapitel   Übungen für die Körperatmung   *247*
10. Kapitel   Erzeugung von Körperlauten   *255*
11. Kapitel   Stütze durch den Unterkörper   *271*
12. Kapitel   Die Babylaut-Übung   *277*
13. Kapitel   Körpersprechen   *287*
14. Kapitel   Aufwärmübungen für die Körperstimme   *297*
15. Kapitel   In Verbindung treten mit den
höheren Energien   *307*
     Danksagungen   *321*
     Literaturverzeichnis   *325*

1. Teil

Die Entdeckung der Körperstimme

1. Kapitel

Die Verbindung des Körpers und der Stimme

Wie gut kennen Sie Ihre eigene Stimme?

Wenn Sie beispielsweise jetzt, in diesem Moment, laut sagen würden: »Hallo, wie geht es dir?«, wie würde sich Ihre Stimme anhören? Was, glauben Sie, würden andere Menschen hören?

Würden Ihre Geschäftspartner eine entspannte, zuversichtliche Stimme hören, die ihre Sorgen zerstreut und ihnen vermittelt, daß Sie bereit und gut vorbereitet für das anstehende geschäftliche Gespräch sind?

Würden Ihre Freunde eine Stimme hören, die sie wissen läßt, wie es Ihnen geht und welche Einstellung Sie sich und dem Leben gegenüber haben?

Möglicherweise geht es Ihnen wie Steve, der das Zeug zum Firmengeschäftsführer hatte, dessen langweilige Stimme aber von seinen Führungsqualitäten nur ablenkte. Oder wie Sharon, deren Überzeugungskraft in politischen Auseinandersetzungen aufgrund ihrer Nervosität am Rednerpult nicht zum Tragen kam. Oder Martha, deren zögernd klingende Stimme von ihren Kindern nicht ernst genommen wurde. Oder vielleicht sind Sie wie Don, dessen organisatorische Fähigkeiten oft unterschätzt wurden, weil er immer dann, wenn er besonders überzeugend auftreten wollte, einen Kloß im Hals verspürte und nichts von dem, was er sagen wollte, über seine Lippen kam.

In unserer heutigen Welt, die einem schnellen technologischen und ökonomischen Wandel unterworfen ist, ist es wichtiger denn je, die beeindruckende und anspornende Kraft und Fähigkeit zu besitzen, seine positiven menschlichen Qualitäten sowie Informationen erfolgreich zu übermitteln. Verständliche und echte *persönliche* Kommunikation ist für das Erreichen Ihrer Ziele, für Ihre Beziehungen zu anderen Menschen sowie für Ihre Selbstentfaltung mindestens ebenso wichtig wie ein mit Mühe angeeignetes Fachwissen. Aber vielleicht haben Sie sie als Ausgangspunkt Ihrer persönlichen Entwicklung einfach übersehen.

Ist Ihre Art zu kommunizieren in Ihrem Bestreben nach persönlicher Weiterentwicklung Ihr Verbündeter oder Ihr Feind? Wenn Sie sich dessen nicht sicher sind, ist es höchste Zeit, sich damit auseinanderzusetzen.

Der Gesamteindruck, den Sie vermitteln, hängt von Ihrer körperlichen Energie und dem Klang Ihrer Stimme ab. Man kann sogar soweit gehen zu behaupten, daß im Ausdruck von Gefühlen und Einstellungen *dem Klang Ihrer Stimme bis zu fünfmal soviel Bedeutung zukommen kann wie den Worten, die Sie gebrauchen.*[1]

Wenn Sie nicht wissen, wie Ihre Stimme klingt, verlassen Sie sich möglicherweise ausschließlich auf den Sinn Ihrer *Worte*, transportieren aber unbewußt Ihre Haltung dazu. Das Wissen, daß Sie ernsthaft am Abenteuer, das man Leben nennt, teilhaben, daß Sie der Welt wertvolle Energie und Anteilnahme zukommen lassen, daß Sie ein Mensch sind, dessen Gesellschaft genossen und geschätzt wird, führt zu einer inneren Erfahrung, die sich positiv auf Ihre persönliche Gesamtenergie und auf Ihr Wohlbefinden auswirkt. Wenn es Ihnen gelingt, diese Eigenschaften auch anderen nahezubringen, werden die anderen

---

1 Albert Mehrabian, Silent Messages (Belmont, Cal.: Wadsworth Publishing Company, Inc., 1971), S. 44.

gerne mit Ihnen arbeiten, Sie ernst nehmen und Zeit mit Ihnen verbringen wollen. Diese Art der Kommunikation geschieht in erster Linie *ohne* Worte.

Der Klang Ihrer Stimme ist eines der wichtigsten Mittel, um diese nicht verbalen Botschaften zu übermitteln. Ihre Stimme gibt immer dann, wenn Sie sprechen, auf direkte, spontane und unwiderlegbare Art und Weise preis, wer Sie sind. In gleichem Maße kann sie die anderen über Ihre Persönlichkeit im dunkeln lassen, so daß niemand ahnt, wer Sie wirklich sind, und unter Umständen nicht einmal Sie selbst wissen, wieviel Sie vor sich selbst verbergen. Indem Sie Ihre stimmlichen Fähigkeiten als Teil der Einheit von Stimme, Atem und Körper entwickeln, werden Sie viele noch ungenutzte Quellen für Lebendigkeit, Stärke und Selbstvertrauen entdecken.

In der alten japanischen Kultur wurde der Klang der Stimme von jeher geehrt. Man glaubte, daß die Stimme eines Menschen über seine Persönlichkeit und seine Glaubwürdigkeit im geschäftlichen wie im privaten Bereich Auskunft gab. Die *Haragoe*, auch Stimme aus dem Bauch genannt, wurde weit mehr geschätzt als die Stimme, die nur im Hals erzeugt wurde. Die Stimme, die aus dem Bauch kam, wurde »als ein Ausdruck der Ganzheit und der Gegenwärtigkeit eines Menschen angesehen«[2] und war in jedem Falle vertrauenswürdig. Eine reine Kehlkopfstimme hingegen wurde für unaufrichtig gehalten und stieß auf Mißtrauen.

Die gleiche Einsicht findet man in der modernen westlichen Psychologie. So wird beispielsweise ein hochintelligenter Mensch, der seine instinktiven Energien unterdrückt, gefühlsmäßig oft verwirrt und unklar reagieren; ein Mensch aber, der aus seinem natürlichen Körpergefühl heraus handelt, ist im Einklang mit seinen Gefühlen und Instinkten, und sein Körper,

---

2 K.G. von Dürckheim, Hara, The Vital Centre of Man (London: George Allen & Unwin, Ltd., 1970), S. 53.

seine Stimme und seine Persönlichkeit sind Teil eines integrierten Ganzen.[3]

Der Schriftsteller und Marketingfachmann David Rogers schreibt mit Begeisterung über eines der Geheimnisse der Samurai-Krieger. Der Samurai-Krieger sammelt in sich die Körperenergie, auch ki oder chi genannt. Frei von negativen Gedanken, konzentriert und mit Hilfe der richtigen Atmung

> ... gelang es dem Samurai, außergewöhnliche Heldentaten zu vollbringen, indem er sein ki in körperliche Kraft umwandelte ... Sie verlieh seinem Schwerthieb erstaunliche Kraft, vergleichbar mit den heutigen Kampfsportlern, die in der Lage sind, Holz, Ziegel und Steine zu zerschlagen. Diese Energie führt zur Erhöhung der Tatkraft bei jedem, der sie anwendet, was immer die Tat sein möge – sei es, daß es sich um eine Verkaufspräsentation handelt oder darum, sich während eines Festes zu amüsieren oder den Anforderungen des täglichen Lebens gerecht zu werden.[4]

Rogers beschreibt diese Körperenergie als »eine persönliche Kraft, die auch von anderen wahrgenommen wird«. Sie kann sich als Optimismus, Warmherzigkeit, Selbstvertrauen, Mut, Wohlbefinden oder Charisma bemerkbar machen.

Der sichtbare Ausdruck Ihrer persönlichen Energie ist für Ihre Gesundheit, Ihr Wohlbefinden und Ihre Selbstentfaltung lebensnotwendig. Aber wie kann man sie nun zum Ausdruck bringen? Die einfache und leicht erlernbare Kenley-Methode versetzt Sie in die Lage, die besonderen Aspekte Ihrer Lebensenergie in Ihrer Stimme anklingen zu lassen. Steve hat es ge-

3 Ron Kurtz und Hector Prestera, M.D., The Body Reveals (New York: Harper & Row/Quicksilver Books, 1976), S. 4.
4 David J. Rogers, Fighting To Win (Garden City, N.Y.: Doubleday and Company, 1984), S. 72–73.

14

schafft, daß seine Stimme nicht länger langweilig klang und dadurch das Hindernis schlechthin für seinen Aufstieg zum Firmengeschäftsführer war. Auch Sharon lernte, ihrer Stimme Selbstvertrauen zu verleihen und durch sie zur angesehenen Vorsitzenden der politischen Versammlungen zu werden. Martha sprach mit einer Stimme, die die natürliche elterliche Autorität zum Ausdruck brachte, die Kinder brauchen und respektieren. Und Don entdeckte, daß die Verbesserung des Klangs seiner Stimme der beste Weg war, überzeugend aufzutreten.

Stimme und Körper: eine Einheit

Wenn Sie mit der Lektüre dieses Buches fortfahren, werden Sie immer und immer wieder der Auffassung begegnen, daß der Klang Ihrer Stimme untrennbar mit der Energie und dem Atem Ihres ganzen Körpers verbunden ist. Dieser Auffassung liegen zwei Quellen zugrunde.

Die erste ist das Werk all der Psychologen, Philosophen, Wissenschaftler und Heiler, die uns gelehrt haben, Geist und Körper als eine Einheit zu sehen. Durch die alten Traditionen des Yoga und des Tantra, über die Werke von Wilhelm Reich bis hin zu den Erkenntnissen der modernen Psychologie und Physiologie zieht sich das Verständnis, daß Denken, Fühlen und Handeln durch den Energiefluß des Körpers miteinander verbunden sind – und daß die richtige Atmung die unabdingbare Grundlage für die Erfahrung dieser Verbindung ist.

Die zweite ist meine eigene Erfahrung als Schauspielerin, Stimm- und Sprechtherapeutin und Psychologin. Durch meine Arbeit erfahre ich jeden Tag, wie sehr die Stimme Teil der Einheit von Geist und Körper ist. Eine wirklich charakteristische Stimme hat nichts mit einem großen Wortschatz oder rhetorischen Fähigkeiten zu tun, sondern mit der richtigen Atmung und der Sensibilität und Lebendigkeit des ganzen Körpers. Es ist wichtig, daß Sie Ihren Körper von Kopf bis Fuß als eine Energieeinheit für ein harmonisches Zusammenwirken von Atem, Gefühl und Klang erfahren. Gefühlsmäßiges Verstehen und Körperbewußtsein spielen bei der Entdeckung und Entwicklung einer dynamischen charakteristischen Stimme eine viel größere Rolle als mechanische Sprechübungen.

Der Schauspieler Jack Nicholson hat vor kurzem in einem Interview erklärt, daß seine Methode zur Stimmvorbereitung genau auf diesem harmonischen Zusammenwirken von Atem, Gefühl und Klang basiert, das den Übungen, die ich als Teil der Kenley-Methode entwickelt habe, eigen ist. Er singt ein Kinderlied und läßt dabei seine Arme und Schultern lasch herunterhängen, seinen Unterkiefer ganz locker, und sein Gesicht ist ausdruckslos. Der so erzeugte Ton ist tief, volltönend und monoton. Diese Vorbereitungsübung dient laut Nicholson dazu, »seinen Körper, sein Gefühl und seinen Geist in den Leerlauf zu schalten. Erst dann kann man an der Stimme hören, was sich innen drin abspielt... Man kann damit die Spannungen im Körper aufspüren, auch die winzigen Spannungen... die verhindern, daß man sich ganz in eine Rolle hineinversetzt.«[5]

Wenn es Ihnen noch nie in den Sinn gekommen sein sollte, darüber nachzudenken, wie wichtig Ihre Stimme und Ihr Körper für Ihr berufliches und privates Leben sind, so werden Sie bald einige aufregende Entdeckungen machen. Sie werden zu der Erkenntnis gelangen, daß nicht nur Ihr Zwerchfell, sondern auch Ihr Unterbauch und Ihre Beine eine wichtige Rolle bei der Stütze Ihres Atems spielen und dadurch Ihrer Stimme die zu-

5 Ron Rosenblum, »Acting: The Creative Mind. The Method & Mystique of Jack Nicholson«, The New York Times, (3. Juli 1986). Copyright 1986 by New York Times Company. Nachdruck mit Erlaubnis.

sätzliche Kraft verleihen, die die An- und Verspannungen aufzulösen vermag, die möglicherweise immer dann auftreten, wenn Sie sprechen. Sie werden feststellen, daß die wünschenswerten Eigenschaften Ihrer Stimme – Klangfarbe und Phrasierung, Überzeugungs- und Überredungskraft, Ernsthaftigkeit – nicht durch die mechanische Wiederholung von unzähligen Techniken erreicht werden. Bestimmte Grundkenntnisse sind zwar hilfreich, doch um die Stimme wirklich und nachhaltig zu korrigieren und zu verbessern ist es notwendig, daß Sie Ihren Atem, Ihren Körper und Ihre Stimme loslassen, damit Ihre natürlichen Instinkte und Impulse die Art Ihres Ausdrucks bestimmen können.

Nehmen Sie sich einen Moment Zeit und stellen Sie sich die folgenden Fragen:

* Ist für Sie der Klang Ihrer Stimme etwas Selbstverständliches, oder sehen Sie darin etwas, das Sie entwickeln und verbessern können, um somit ein erfüllteres Leben zu führen?
* Sehen Sie ein, daß zwischen den freifließenden Energien Ihres Körpers und einer dynamischen Stimme ein direkter Zusammenhang besteht?
* Sind Sie bereit zu entdecken, wie die sexuellen Energien Ihres Körpers zu einer lebendigeren Stimme führen können?
* Sind Sie sich dessen bewußt, daß Ihre nur Ihnen zugänglichen Körpererfahrungen dem, was Sie beispielsweise zu Freunden, Geliebten oder Geschäftsfreunden sagen, mehr persönliche Ausdruckskraft verleihen können?

Erst vor kurzem saß mir Maria, Buchhaltungsgenie und darüber hinaus noch hübsch anzusehen, in meiner Praxis gegenüber und klagte mir ihr Leid mit ihrer Stimme. Sie meinte, ihre Stimme sei ausdruckslos und ohne Klangfarbe und Energie. Ein

Kollege hatte sie schließlich darauf aufmerksam gemacht, daß der Klang ihrer Stimme vermuten ließ, daß ihre Arbeit und ihr Beruf sie tödlich langweilten. Dazu kam, daß ihr Freund sie ständig fragte, ob sie seiner überdrüssig sei, und ihre Anstrengungen, ihn vom Gegenteil zu überzeugen, nicht zu funktionieren schienen. Sie war sich sicher, daß ihre Stimme an allem schuld war. Sie wünschte sich eine lebendige, lebhafte und ausdrucksvolle Stimme.

Um dem Mangel an Energie in Marias Stimme auf die Spur zu kommen begann ich, ihr Fragen zu stellen, die das Ziel hatten, ihr die Notwendigkeit vor Augen zu führen, sich ihres Körpers bewußt zu werden. Eine ausdrucksvolle Stimme geht von einer Körperlebendigkeit aus, und wenn es dem Körper an Energie mangelt, müssen die Gründe dafür erforscht werden.

»Was fühlen Sie?« fragte ich sie. »Können Sie irgendein Gefühl in Ihren Armen oder Beinen benennen? In Ihrer Brust oder in Ihrem Bauch?«

Nachdem Maria mehrere Minuten lang die für sie ungewohnte Anstrengung unternahm, sich auf Körperempfindungen zu konzentrieren, antwortete sie: »Nicht sehr viel.«

Maria wurde klar, daß ihr eigener Körper etwas Fremdes für sie war. Sie hatte zu ihrem Körper und seinen Gefühlen weder eine starke noch eine bewußte Beziehung. Dies drückte sich in ihrer zu flachen Atmung und ihrem allgemeinen Mangel an körperlichem und emotionalem Ausdruck aus. Maria lebte ihr Leben sozusagen auf Sparflamme. Dies wurde durch den ausdruckslosen Klang ihrer Stimme ganz deutlich.

Um Marias Stimme zu fördern, half ich ihr, ihren Körper wahrzunehmen und zu spüren. In den darauffolgenden sechs Wochen arbeitete sie ausschließlich mit der Kenley-Methode. Ihre Atmung wurde tiefer, und sie spürte zum ersten Mal, daß Energie durch ihren Körper floß. Je mehr sich die Erfahrung ihrer Körperenergie steigerte, desto lebendiger fühlte sie sich.

In der dritten Woche hatte sie ihr erstes Aha-Erlebnis. Es war nur ein kleiner Zwischenfall: Als sie ihre Atemübungen machte, empfand sie ein prickelndes Gefühl im Unterleib.

»Wie fühlt sich's an?« fragte ich.

»Es ist wie ... ein Flattern«, erwiderte sie. »Es fühlt sich irgendwie lebendig an.«

Und als sie das erste kleine Flattern der Körperlebendigkeit beschrieb, klang ihre Stimme zum ersten Mal irgendwie lebendig.

Ihre Körperstimme

Weil Körper und Stimme eine Einheit sind, beziehe ich mich im folgenden auf die Körperstimme. Sie werden Ihre Körperstimme daran erkennen, daß Ihre Stimme anders klingt und Sie sich anders fühlen.

Ihre Körperstimme ist Ihr ganz persönlicher Klang. Es wird ihr nie an gefühlsmäßiger Ausdruckskraft fehlen. Sobald Sie gelernt haben, Ihre Körperstimme zu gebrauchen, wird Ihre Stimme Ihre innere Vielfalt reflektieren, Ihre Freude, Ihre Sorgen, Ihren Ärger und Ihre Begeisterung zum Ausdruck bringen.

Ihre Körperstimme ist selbstsicher und unerschütterlich, selbst in Zeiten größter Anspannung. Auch wenn ein ganzes Zimmer voller Menschen darauf wartet, daß Sie mit Ihrer Präsentation beginnen, oder wenn ein schwieriger Kunde auf Ihre große Idee wartet, wird Ihre Körperstimme Sie mit der Energie Ihres ganzen Körpers durch alle Anspannung tragen.

Charakteristisch für die Menschen, die ihre Körperstimme gebrauchen, ist, daß der Klang ihrer Stimme das, was allgemein als Charisma bezeichnet wird, überträgt. Ihre Stimmen sind lebendig, und die anderen fühlen die echte Präsenz dieser Menschen, als wär's eine körperliche Berührung. Der Eindruck, den diese Menschen hinterlassen, hält noch stundenlang nach dem Gespräch, dem Vortrag oder der Vorstellung an. Wir alle wissen, wie es ist, wenn man in die Augen seines Gegenübers schaut und meint, man könne auf den Grund der Seele dieses Menschen sehen. Wir alle kennen das Gefühl, wenn jemand den Raum betritt und wir seine Energie spüren, die uns belebt und froh macht. Dieses Charisma kann auch von *Ihrer* Körperstimme ausgehen.

Eine Stimme, die man nicht vergißt

Ihre Körperstimme ist eine Stimme, die man nicht vergißt. Die Nachrichtensprecherin Linda Ellerbee hat eine solche Stimme. Wie alle guten Journalisten im Radio und Fernsehen liest sie Nachrichten nicht nur vor, sondern vermittelt dem Zuhörer bzw. Zuschauer gleichzeitig ihre Einstellung und läßt ihn ihre Verbindlichkeit spüren. Der Klang ihrer Stimme drückt ihre Freude darüber aus, daß sie bei Ihnen zu Gast ist und daß es ihr nicht gleichgültig ist, welche Nachrichten sie bringt.

Die Dichterin und Schauspielerin Maya Angelou hat eine Stimme, mit der sie die ganze Welt erwecken könnte. Wenn sie aus ihren Büchern vorliest, hat jeder Zuhörer das Gefühl, daß sie selbst wie ein offenes Buch ist. Durch ihre Art, sich zu bewegen, durch die Klangfülle ihrer Stimme vermittelt sie den Eindruck eines ganzheitlichen Wesens, das sich in seinem ganzen Gefühl und seiner ganzen Tiefe mitteilt. Mit jedem Satz – sei es, daß sie von den schrecklichen Tagen ihrer Kindheit, in denen sie sexuell mißbraucht wurde, sei es, daß sie von ihren vielen schönen Erfahrungen spricht – vermittelt sie das Gefühl, als breite sie alles vor ihren Zuhörern aus, und ihre Stimme ist auch dann noch im Ohr, wenn die Zuhörer schon längst wieder in ihre eigene Welt eingetaucht sind.

Wenn Sie schon einmal eine Folge der Fernsehserie *Hotel* oder den Film *All About Eve* gesehen haben, wissen Sie, daß Anne Baxter eine Stimme hat, die den Zuschauer ihre gespielten Gefühle ganz nah mitfühlen läßt. Man braucht sie gar nicht zu sehen, um von ihrem Engagement für ihre jeweilige Rolle und der momentanen Echtheit ihrer Gefühle überzeugt zu sein. Allein der Klang ihrer Stimme vermittelt das Gefühl ihrer Gegenwärtigkeit. Wenn Sie einen Moment lang nachdenken, werden Sie zugeben müssen, daß die Wertschätzung, die wir Schauspielern wie Richard Burton, Don Ameche und Raymond Burr entgegenbringen, zum großen Teil auf ihrer außergewöhnlichen Stimme beruht.

Die Schauspielerin, Talkshow-Gastgeberin und Geschäftsfrau Oprah Winfrey besitzt ein Körpergefühl und eine Stimme, die ihre außergewöhnlichen menschlichen Qualitäten zum Ausdruck bringen. Sowohl als ergreifende Schauspielerin in *Die Farbe lila* wie auch als schlagfertige Gastgeberin einer Fernseh-Talkshow ist sie beispielhaft in ihrer Art zu kommunizieren. Walter Cronkite wird uns immer als eine der großen Stimmen der Fernsehnachrichtenwelt der USA im Gedächtnis bleiben. Seine klare, entschiedene und väterliche Baritonstimme schien geradezu dafür geschaffen, uns durch die rasch wechselnden ungestümen Ereignisse dieses Jahrhunderts zu begleiten. Möglicherweise hat seine Stimme, mehr als jede andere, Echtheit, Spannung und Vertrauen ausgestrahlt.

Es ist der Ausdruck der integrierten Ganzheit von Gefühl und körperlicher Lebendigkeit, der diesen Stimmen ihr Leben, ihre Einzigartigkeit und ihr Charisma verleiht und sie dadurch so unvergeßlich macht. Meryl Streep hat keine besonders tiefe oder klangvolle Stimme, aber trotzdem besteht kein Zweifel daran, daß, sobald sie spricht, eine Saite mitschwingt, die ihre Gefühle für uns erlebbar macht. Auch Robert Mitchum, Jessica Lange und Diana Sawyer haben Stimmen, die man nicht vergißt, nicht aufgrund einer einzelnen Eigenschaft, sondern weil sie ein starkes Gefühl persönlicher Nähe auslösen.

Die Stimmen von Winston Churchill und John F. Kennedy werden in all denen weiterleben, die sie irgendwann einmal vernommen haben. Wenn Kennedy sprach, drückte seine Stimme seine leidenschaftliche Überzeugung aus, daß Amerika zu einem Land der Gerechtigkeit und der Gleichheit werden könne. Der Klang seiner Stimme war identisch mit den Hoffnungen und den Idealen einer ganzen Nation. Auch wenn Sie Kennedys Stimme nur aus Dokumentarfilmen jener Zeit kennen, werden Sie sicher mit mir einer Meinung sein, daß ihr Klang so gegenwärtig ist, als hätte er gerade das Podium betreten, um seine Rede zu halten. Seine Stimme ist auch heute noch so faszinierend und fesselnd wie damals.

Auch Churchill besaß eine Stimme, die ein ganzes Volk in Aufruhr bringen konnte. Sie schien damals wie heute gleichbedeutend mit Mut, Standhaftigkeit, Zorn und dem unbezähmbaren Überlebenswillen eines ganzen Volkes. Stellen Sie sich vor, daß ein anderer die berühmten Reden Churchills während der dunklen Tage des Zweiten Weltkrieges gehalten hätte, ein anderer, dessen Stimme weniger gebieterisch und weniger leidenschaftlich gewesen wäre. Denn nur die *gefühlte* Erfahrung in der Stimme Churchills machte seine Worte lebendig und machte ihn zum anerkannten Sprecher seines Volkes.

Auf der Suche nach Ihrer Stimme

Manche Menschen werden mit wunderbaren Stimmen geboren, ebenso wie andere zum Athleten oder Musiker geboren sind. Andere hingegen müssen an ihrer Stimme arbeiten und sie entwickeln, doch die Wirkung bleibt die gleiche.

Jeder Mensch hat die Möglichkeit, seine Körperstimme zu entwickeln; das bedeutet, daß auch Sie eine charismatische Stimme haben können. Solange Sie dies noch nicht entdeckt haben, bringt Ihre Stimme vielleicht eine ganze Anzahl von Problemen im Zusammenhang mit Anspannung, Müdigkeit oder Zwang zum Ausdruck. Eine farblose Stimme, d. h. eine Stimme, der es an Lebendigkeit und Ausdruckskraft mangelt, wird für gewöhnlich durch die fehlende Verbindung zu Ihrem Körper und seinen Energien hervorgerufen. Menschen, die sich beim Sprechen nur auf ihre Stimmbänder verlassen, als ob sie ganz allein für die Ton- und Klangerzeugung verantwortlich wären, leiden nicht selten unter Müdigkeit und Heiserkeit. Wenn Sie unter Anspannung und Streß nur durch Ihre Kehle sprechen, wird sie nicht die Kraft oder Fähigkeit besitzen, Ihre Stimme zu stützen, und sie wird deshalb zittern oder dünn und hoch werden. Wenn Sie sich die Stärke Ihres Körpers nicht zunutze machen, kann es Ihnen passieren, daß Sie zu schnell oder zu langsam, zu leise oder zu laut reden.

Ganz bezeichnend für Menschen, die ihre Stimmen vom Rest ihres Körpers abschneiden, ist, daß sie sich des Klangs ihrer Stimme überhaupt nicht bewußt sind. Wissen Sie, ob Ihre Stimme Ihre Freude zum Ausdruck bringt, beispielsweise darüber, daß Sie im Wettbewerb gewonnen oder aber eine Prüfung erfolgreich bestanden haben? Versuchen Sie auf Ihre Art, ein besonderes Gefühl in Ihre Stimme hineinzulegen? Wie wissen Sie, ob Sie dies tun?

Ein Kommunikationsforscher auf dem Gebiet der nonverbalen Kommunikation bat eine Anzahl von Menschen, etwas Sarkastisches zu sagen. Viele Versuchspersonen verließen sich ganz automatisch auf ihre Mimik; die aufgezeichneten Stimmen drückten nicht die Spur von Sarkasmus aus. Wenn die gleichen Versuchspersonen versucht hätten, ihren Freunden ihre Wut oder ihre Freude mitzuteilen, wären sie höchstwahrscheinlich ebenso erfolglos geblieben und hätten sich womöglich mißverstanden und abgelehnt gefühlt.

Davids Stimme war früher ein einziger Stein des Anstoßes, doch jetzt hat sie ihm zur wohlverdienten Anerkennung verholfen. Er fing an, über seine Stimme nachzudenken, als er in seiner neuen Position häufig Vorträge vor vielen Menschen halten mußte. Da er erkannte, daß er ständig um die Aufmerksamkeit des Publikums kämpfen mußte, nahm er an, daß mit seiner Stimme etwas nicht in Ordnung sei. Sein Problem bestand darin, daß er seine Stimme sozusagen aufgrund von Spannungen im Rachenraum verschluckte. Trotzdem glaubte David, sein Problem lasse sich im Handumdrehen beheben.

»Joan«, sagte er, »ich bin ein sehr beschäftigter Mann mit einem verantwortungsvollen Job. Ich bin es gewohnt, unmögliche Termine einzuhalten und unlösbare Aufgaben zu bewältigen, wenn es sein muß. Bringen Sie mir einfach die Grundlagen bei. Ich brauche eigentlich nur ein paar schnelle Tips.«

Ich gab ihm zur Antwort: »Was Sie wirklich brauchen, ist die Fähigkeit, Ihrem Publikum Ihre persönliche Verbindlichkeit zu Ihrem Thema klarzumachen. Sie möchten, daß Ihr Publikum auf Ihre Energie, Ihre Begeisterung für Ihre Arbeit, Ihr Engagement und Ihre Überzeugung einsteigt. Wir müssen uns deshalb mit bestimmten Emotionen beschäftigen, die Sie eigentlich in umfassenderem Maße erleben sollten. Irgend etwas in Ihnen versperrt diesen Gefühlen den Ausdruck sowohl durch Ihren Körper als auch durch Ihre Stimme. Entspannung ist der erste Schritt, mit dessen Hilfe Sie zu Ihren eigenen Gefühlen finden werden.«

Als ich fortfuhr, lächelte ich: »Das ist keine Sache, die sich im Handumdrehen erledigen läßt. Aber ich kann Ihnen versichern, daß es Ihnen auf lange Sicht helfen wird.«

In dem Maße, in dem ich mit David arbeitete, veränderte sich auch tatsächlich seine Stimme; sie wurde flexibler und ausdrucksvoller; er selbst hörte auf, nach schnellen Tips Ausschau zu halten. Er fing sogar allmählich an, sich am Prozeß der Selbstentdeckung zu freuen. Er erkannte, daß er, sobald er seinen Körper entspannte, nicht nur seine Kehle entspannte, sondern seiner natürlichen Ausdruckskraft Tür und Tor öffnete. Er fühlte sich lebendiger und bewußter, und seine Stimme verlieh dem neuen, selbstsicheren Umgang mit seinem Leben und seiner Arbeit Ausdruck. Die Wirkung seiner Vorträge steigerte sich konstant, und er mußte sich nicht länger über mangelnde Aufmerksamkeit seines Publikums beklagen.

Ihre Stimme: Freund oder Feind?

Denken Sie einen Moment lang in aller Ruhe einmal darüber nach, welche Auswirkung die Entdeckung Ihrer Körperstimme für Sie haben kann. Sie haben möglicherweise noch nicht in Erwägung gezogen, welch wichtige Rolle der Klang Ihrer Stimme bei Ihrer Selbstentfaltung spielt oder wie Ihre Körperstimme Ihnen helfen kann, zu einem von allen geschätzten Geschäftspartner zu werden.

Viele Menschen suchen meinen Rat und meine Hilfe, allerdings zuletzt, d.h. erst dann, wenn sie sich um alle anderen Details bereits gekümmert haben – ihre Kleidung, ihre Frisur, ihr Gewicht, ihre Haut usw. Sie haben zahlreiche Bücher darüber gelesen, welche Garderobe für beruflichen Aufstieg erforderlich ist, wie sie Beziehungsschwierigkeiten am besten bewältigen oder wie sie mit Hilfe von Aikido ihrem »inneren Schweinehund« zu Leibe rücken. Aber sie haben ihre Stimmen vernachlässigt; entweder, weil sie sich nicht im klaren darüber waren, welchen nachhaltigen Eindruck ihre Stimme hinterläßt, oder weil sie nicht geglaubt haben, daß es eine Möglichkeit gibt, ihre Stimm- und Sprechgewohnheiten zu ändern.

Roberta, eine ehrgeizige Geschäftsfrau Mitte Dreißig mit einer außergewöhnlichen Begabung für Hightech-Marketing, ist dafür ein gutes Beispiel. Sie war eine tatkräftige, intelligente rothaarige Frau, die entschlossen war, das Beste aus ihrem Leben zu machen. Sie achtete sorgfältig auf ihr Aussehen, ihren persönlichen Stil, ihre Gesundheit und ihr soziales Verhalten. Erst als sie in ihrer neuen Position immer häufiger an Konferenzen und Tagungen teilnehmen mußte, vermutete sie, daß irgend etwas mit ihrer Stimme nicht in Ordnung war. Obwohl sie jeden Vortrag peinlich genau vorbereitete und ihre Argumentation logisch und scharfsinnig aufgebaut war, spürte sie, daß ihre wirkliche Aussage verlorenging. Die anschließende Diskussion, die sie anregen wollte, fand nicht statt.

Ganz allmählich erst wurde Roberta klar, daß es nicht am Inhalt des Gesagten, sondern am Klang ihrer Stimme lag. Als sie mich schließlich anrief, war mir sofort klar, worin ihr Problem bestand: Ihre Stimme klang grell und schrill und war dazu angetan, daß sich jeder sofort irritiert abwandte, obwohl das, was sie sagte, wohldurchdacht und überlegt war.

Im Laufe meiner Arbeit mit Roberta wurde klar, daß es Seiten ihrer Persönlichkeit gab, die sie nicht preisgeben wollte. Sie hatte sich selbst nie gestattet, ihre Weiblichkeit und ihre menschliche Wärme zu zeigen. Sie hatte Angst davor, in der Geschäftswelt weniger erfolgreich und ohne Aufstiegsmöglichkeiten zu bleiben, sollte sie sich im Geschäftsleben auch von der menschlichen Seite zeigen. Ihr Vater, ein ehrgeiziger und gefühlloser Geschäftsmann, war ein starkes Vorbild für sie gewesen, und sie versuchte, ihm nachzueifern.

Roberta entdeckte mit meiner Hilfe, daß es für sie tatsächlich einen wirksamen und praktischen Weg gab, ihre Stimme zu verändern und zu verbessern. Nach einigen Wochen entwickelte sie ein Bewußtsein für ihr Herz und die Energieströme in ihrem Unterleib. Mit Hilfe der Aufwärmübungen für die Körperstimme änderte sich auch der Klang ihrer Stimme. Ihre Stimme wurde lebendiger und verlor ihren harten und anmaßenden Ton. Zu ihrem eigenen Erstaunen entwickelte sie, indem sie die weichere Seite an sich selbst zuließ, eine ausdrucksvollere und ihrem Beruf zuträglichere Stimme.

Gleichzeitig passierte noch etwas anderes. Wie ich bereits angedeutet habe, hatte Roberta, bevor sie sich entschloß, an ihrer Stimme zu arbeiten, jeden Selbsthilfekurs besucht, den man sich vorstellen kann. Ironischerweise fand sie erst jetzt, als sie ihre charakteristische Stimme entwickelte, das persönliche Wachstum, das sie seit langem gesucht hatte. Sie lernte, die verschiedenen Aspekte ihrer Persönlichkeit miteinander in Einklang zu bringen und dadurch reichhaltigere Möglichkeiten des persönlichen Ausdrucks zu erreichen. Später gestand sie mir: »Ich hatte wirklich meine Zweifel, Joan, als du zum ersten Mal angedeutet hast, daß sich mein Leben verändern wird. Aber genau das ist passiert.«

Ein Erwachen dieser Art ist nicht untypisch für Menschen, die ihre Stimmen mit meiner Methode entwickeln, denn diese Methode zur Entwicklung der Körperstimme basiert auf der Nutzbarmachung reichhaltiger Energien und darauf, den Körper von seinen emotionalen Blockaden und Hemmungen zu befreien.

Der erste Eindruck

Roberta hatte lange gezögert, bevor sie für ihre Stimme Hilfe in Anspruch nahm, denn sie war sich nicht im klaren darüber gewesen, daß ihre Stimme einen entscheidenden Einfluß auf ihr persönliches Wachstum und ihren beruflichen Erfolg hatte. Dieser Fehleinschätzung sollten Sie jedoch nicht erliegen.

Wie ich bereits erklärt habe, kommt im Ausdruck von Gefühlen und Einstellungen dem Klang Ihrer Stimme mehr als fünfmal soviel Bedeutung zu wie den Worten, die Sie gebrauchen. Eine vielfach zitierte Untersuchung über den relativen Einfluß von Mimik, Stimme und gesprochenen Worten mißt der verbalen und nonverbalen Kommunikation folgende Wichtigkeit bei:[6]

Mimik	55%
Stimme	38%
Worte	7%

Sie können sich dieses Wissen zunutze machen, indem Sie sich während Ihres kommunikativen Ausdrucks nicht ausschließlich auf Ihre Mimik oder Ihre Worte verlassen. Wenn Sie lernen, Ihre Stimme vollständiger einzusetzen, werden Sie Ihre Wirkung auf andere verstärken.

Jedesmal wenn ich vor einem neuen Publikum einen Vortrag über die Kenley-Methode halte, demonstriere ich die Macht, über die die Stimme verfügt, um beim Zuhörer Eindrücke und Meinungen hervorzurufen. Bevor ich mit meinem Vortrag beginne, bitte ich die Person, die mich ankündigt, die Zuhörer zu bitten, die Augen zu schließen. Ich stehe dann hinter den Zuhörern und stelle mich mehrere Male vor und spreche dabei jedesmal mit anderer Stimme. Manchmal ahme ich die Stimme einer Schönen aus den Südstaaten nach oder eine mit nasaler Stimme sprechende Spröde, eine autoritäre Lehrerin oder eine im Flüsterton sprechende Schönheitskönigin.

Das Resultat dieser Demonstration ist immer dasselbe. Die Anwesenden sind überrascht, wenn sie gewahr werden, wie schnell meine Stimme ganz bestimmte Bilder in ihren Köpfen hervorzaubert und bizarre Eindrücke schafft, noch bevor sie mich gesehen haben. Es passiert mir auch häufig, daß Men-

---

6 Mehrabian, Silent Messages, S. 44.

schen, mit denen ich nur am Telefon zu tun habe, mich für groß und dunkelhaarig halten, obwohl ich in Wirklichkeit blond und knapp ein Meter sechzig groß bin.

Wissenschaftliche Untersuchungen haben die Tatsache bestätigt, daß Eindrücke aufgrund von verbalen Äußerungen zustande kommen:

> Die Tendenz ist weitverbreitet, daß Zuhörer einem Individuum ganz bestimmte charakteristische Merkmale zuschreiben, und zwar aufgrund dessen, wie dieses Individuum spricht. Hörerschaften bilden sich ihre Meinung über einen Vortragenden sowohl durch den Klang seiner Stimme als auch durch die Worte, die er äußert. Es ist nicht ungewöhnlich, daß Personalchefs in ihren Entscheidungen auch durch die Stimmen derer, die sie interviewen, beeinflußt werden ... Allen Fällen liegt die stillschweigende Annahme zugrunde, daß die Stimme bis zu einem gewissen Grad Rückschlüsse auf die Persönlichkeit des Sprechenden zuläßt.[7]

Die Persönlichkeitsmerkmale, die Menschen aufgrund des Klangs ihrer Stimme zugeschrieben werden, sind definitiver – und genauer –, als Sie es vielleicht vermuten würden. Die folgende Tabelle zeigt, welche Eigenschaften mit welcher Art von Stimme assoziiert werden.

---

7 E. Mallory und V. Miller, »A Possible Basis for the Association of Voice Characteristics and Personality Traits«, Speech Monographs 25 (1958): 255.

Stimmen und Persönlichkeitsmerkmale

Art der Stimme	*zugeordnete Persönlichkeitsmerkmale*
flüsternd	Unreife, kindisch, sexy. Kann ebenfalls den Eindruck von Weichheit, Schüchternheit, Leichtigkeit, Liebe, Leidenschaft und Bewunderung vermitteln.
angespannt	keine Kooperationsbereitschaft, emotionale Unsicherheit, launisch. Führt mitunter auch beim Zuhörer zu Anspannung. Kann auch Zorn, Rücksichtslosigkeit, Frustration, Grausamkeit zum Ausdruck bringen.
nasal	langweilig, faul, weinerlich. Kann Widerwillen, Langeweile, Klagen und Geringschätzung der eigenen Person zum Ausdruck bringen.
sanft	idealistisch, autoritär, prahlerisch. Kann ebenfalls auf Positivität, Offenheit und Wichtigkeit hindeuten.
leblos	gefühllos, begeisterungsunfähig. Kann den Eindruck von Faulheit, Langeweile und Mißfallen vermitteln.
dünn	unreif, unsicher, unentschieden. Kann Zweifel, Rechtfertigung und Schwäche zum Ausdruck bringen.
rauh/heiser	Kontrolle, Zurückhaltung, Mangel an emotionaler Bewegungsfreiheit. Kann den Eindruck von Vorsicht, Sorgfalt und hohen Anforderungen vermitteln.
laut	Hochmut, Kälte, Verachtung. Kann ebenfalls auf Genauigkeit und geistige Wißbegierde hindeuten.

Aus: The Unspoken Dialogue von Judee K. Burgoon und Thomas Saine (Boston: Houghton Mifflin Co., 1978).

Wenn Sie herausfinden wollen, warum Ihre Stimme so überaus wichtig für den Gesamteindruck, den Sie hinterlassen, ist, müssen Sie sich lediglich die wichtigsten Hilfsmittel, die Sie zur Kommunikation brauchen, vor Augen führen. Man kann sagen, daß wir in einem Informationszeitalter leben, in dem es in erster Linie darauf ankommt, Informationen zu übermitteln. Wenn sich Menschen treffen, um miteinander zu reden, liegt der Schwerpunkt jedoch auf der *nonverbalen* sozialen und kulturellen Information, die zum großen Teil durch Mimik, Körpersprache und den *Klang Ihrer Stimme* übermittelt wird.

Ihre Stimme ist in der Tat der wichtigste Informationsträger für den ersten Eindruck. Sie transportiert Anziehungskraft und Liebenswürdigkeit, Glaubwürdigkeit, Status und Macht, Gefühlsbotschaften, Selbstdarstellung sowie Einstellungs- und Verhaltensänderung. Zwischenmenschliche Beurteilungen darüber, ob ein anderer gemieden oder ob auf ihn zugegangen werden soll, schnelle Bewertungen bezüglich Dominanz oder Unterwürfigkeit sowie Urteile darüber, wie zugänglich und interessant ein Mensch ist, werden fast ausschließlich aufgrund von nonverbaler Information gefällt. Das heißt, daß die Entscheidung eines andern, ob er Sie mag oder nicht, ob Sie kompetent sind oder nicht, ob er Sie einschüchtern kann oder nicht oder ob er sich mit Ihnen näher befassen will, zu einem wesentlichen Teil vom Klang Ihrer Stimme abhängig ist.

Eine ganz gewöhnliche Selbsttäuschung

Sie haben inzwischen erfahren, wie wichtig es ist, selbst zu wissen, was Sie mit Ihrer Stimme zum Ausdruck bringen. Und Sie verstehen, warum Sie Ihren eigenen echten Klang – *Ihre Körperstimme* – entdecken müssen.

Bob, der 24jährige Vertriebsfachmann in der Computerbranche, der mich kürzlich aufsuchte, erlitt eine Art Schock, als ich anfing, mit ihm zu arbeiten. Bob war der Meinung, auf andere positiv und stark zu wirken. Als ich ihn fragte, wie wirksam seine Art zu kommunizieren in seinem Beruf sei, antwortete er: »Leute zu treffen und mich zu verkaufen ist überhaupt kein Problem.«

Bob sprach mit tiefer und sonorer Stimme, und er setzte die Tonhöhe und Lautstärke mit den persönlichen Eigenschaften gleich, die er zu vermitteln glaubte. Doch trotz seiner zur Schau gestellten Kraft war Bobs Stimme unwirksam, da sie nicht im Einklang mit seinem Körper war. Seine Stimme hatte einen leicht angespannten, beherrschten Klang, durch den ich mich in seiner Gegenwart unwohl fühlte.

»Bob, ich glaube nicht, daß Sie sich dessen bewußt sind, daß Sie vorsichtig und irgendwie nervös klingen«, klärte ich ihn auf.

Diese Bemerkung traf ihn ziemlich hart, da er sich für gelassen und selbstsicher gehalten und doch gleichzeitig nonverbal zum Ausdruck gebracht hatte, daß er übervorsichtig und unruhig war. In dem Maße, in dem Bob sich seiner Stimme bewußt wurde, erkannte er, wie sehr er sich selbst getäuscht hatte. Er war der Meinung gewesen, daß eine laute Stimme bereits ausreiche, um ein Gefühl der Stärke zu vermitteln. Die laute Stimme war für ihn ein Zeichen, daß er sich ganz gut behauptete. Es war ihm gar nicht in den Sinn gekommen, daß er nicht im Einklang mit seinem Körper war oder daß das Gefühl der Stärke etwas ist, das direkt im Körper und in der Stimme wahrgenommen werden soll.

Ein Tag im Leben Ihrer Stimme

Bitte lassen Sie sich nicht entmutigen, wenn Sie anfangen, über den Klang Ihrer Stimme und darüber, wie Ihre Stimme die

Wahrnehmung anderer Menschen beeinflußt, nachzudenken. Jeder gesunde Mensch kann stimmliche Probleme bewältigen, vorausgesetzt, es liegen keine unüberwindlichen organischen Fehler vor. Auch Sie *können* den Klang Ihrer Stimme verändern und verbessern. Wenn Sie einen Moment lang innehalten und darüber nachdenken, wieviele verschiedene verbale Botschaften Sie tagtäglich übermitteln, werden Sie in der Tat entdecken, daß Sie die Anfänge dieser unschätzbaren Verbindung zwischen Ihren Gefühlen und dem Klang Ihrer Stimme bereits kennen. Stellen Sie sich mit mir einen Tag im Leben Ihrer Stimme vor und beobachten Sie, wie sie Ihrer Kommunikation dient.

Sie gehen morgens nach dem Aufwachen wahrscheinlich wie die meisten Menschen routinemäßig vor, wenn Sie aufstehen, sich anziehen, essen und sich auf den Weg zur Arbeit begeben oder Ihrer Hausarbeit nachgehen, die Kinder versorgen oder Besorgungen machen. Vielleicht haben Sie wie die meisten Menschen eine ganz charakteristische *Morgenstimme*, mit der Sie immer sprechen, bevor Sie Ihre erste Tasse Kaffee getrunken haben oder vollkommen wach sind.

Ihre *Morgenstimme* klingt höchstwahrscheinlich nicht sehr verständlich. Möglicherweise ist sie eine Art klagendes Stöhnen, das andere eine Zeitlang auf Abstand halten soll. Ein mir bekanntes Ehepaar gibt ganz offen zu, daß um 7 Uhr morgens er wie ein Frosch klingt und sie wie eine quietschende Tür. Nichtsdestotrotz reichen ihre *Morgenstimmen* aus, um den anderen wissen zu lassen, daß man lebendig und wach und frohen Mutes ist und entschlossen, den Tag anzugehen.

Wenn Sie Ihre Arbeitsstelle erreichen, ist es an der Zeit, allen möglichen Menschen einen guten Morgen zu wünschen und sich dann in die Aufgaben, Sitzungen, Auseinandersetzungen und Probleme zu stürzen. Wahrscheinlich lassen Sie jetzt ganz instinktiv Ihre *Arbeitsstimme* sprechen. Vielleicht klingt sie fröhlich und entgegenkommend oder bestimmt, so als wollten

Sie andeuten, daß Sie bereit sind, die Ärmel hochzukrempeln oder den Computer einzuschalten. Vielleicht klingt sie auch begeistert, freundlich oder aber so, als verstünden Sie keinen Spaß.

Ihre *Arbeitsstimme* trägt Sie so durch den Tag, doch sobald Ihr Vorgesetzter Sie zu sich bittet, damit Sie Ihr neuestes Projekt vorstellen, oder Sie auf die Uhr schauen und sehen, daß es Zeit ist für Ihr Bewertungsgespräch, werden Sie mit Ihrer *Erfolgsstimme* sprechen. Sie machen immer dann von ihr Gebrauch, wenn Sie positiv, stark, kompetent, voller Ideen und risikobereit klingen wollen. Wenn Sie wie Bob sind, wird Ihre Erfolgsstimme, mit der Sie Kraft zum Ausdruck bringen wollen, möglicherweise unangemessen laut klingen. Vielleicht klingt Ihre Stimme aber auch nach Eifer, Kooperationsbereitschaft oder was immer sonst die wünschenswerten beruflichen Eigenschaften in Ihrer Firma sind.

Irgendwann am Nachmittag klingelt das Telefon. Ihr Mann, Ihre Frau, Ihr Freund oder Ihre Freundin ist am Apparat. Obwohl Sie sehr beschäftigt sind, schalten Sie um auf die *Beziehungsstimme,* die dem anderen zu verstehen geben soll, daß Sie ein »besonderer Mensch« sind. Das Telefongespräch dient vielleicht nur dazu, eine kurze Pause einzulegen, die Stimme des geliebten Menschen zu hören, sich bezüglich zu erledigender Einkäufe abzusprechen oder die Verabredung für den Abend zu bestätigen. Ihre *Beziehungsstimme* wird, wenn Ihre Beziehung harmonisch verläuft, einen ganz charakteristischen Klang haben – glücklich, zärtlich, vielleicht sogar neckisch –, einen Klang, der Sie und Ihren Partner in Liebe verbindet. Denken Sie an die Worte des Prinzen zu Cinderella in Rossinis Oper: »Mein Herz erkennt den Klang deiner Stimme.«

Wenn Sie Ihren Tag hauptsächlich als Hausfrau oder Hausmann verbringen oder den ganzen Tag mit Kindern beschäftigt sind, verfügen Sie höchstwahrscheinlich über eine ganze Anzahl von Stimmen: Ihre *Elternstimme*, diese komplexe Kombination aus Tönen, die sowohl Zuneigung wie Aufmerksamkeit als auch Autorität ausdrückt; Ihre *Elternbeiratsstimme*, die Interesse und Anteilnahme bekundet; Ihre *Hausherrenstimme*, die immer dann zum Einsatz kommt, wenn Sie mit Handwerkern, Lieferanten und all den anderen Menschen, die in einem Haushalt gebraucht werden, umgehen.

Am Ende des Tages werden Sie höchstwahrscheinlich müde sein und sich fühlen, als würden der Druck und die Sorgen Sie doch noch einholen. Wenn Sie in diesem Zustand angesprochen werden, antworten Sie mit Ihrer *Müdenstimme*, mit der Sie wahrscheinlich häufiger mit sich selbst über Ihre Sorgen sprechen als mit anderen. Ausgelaugt, erschöpft, entnervt – so klingt Ihre *Müdenstimme*; die Botschaft, die sie enthält, ist, daß Sie Ruhe und Erholung und eine liebevolle Umarmung brauchen.

Sie sehen also, daß Ihre Stimme bereits über ein Potential an emotionaler Vielfalt und Ausdruckskraft verfügt. Aber warum sollte Ihnen das genügen? Warum sollten Sie dieses Potential nicht nutzen und es weiterentwickeln, um so Ihrer Stimme in jeder Lebenssituation mehr Ausdruck zu verleihen?

Der anerkannte Forscher auf dem Gebiet der nonverbalen Kommunikation, Dr. Paul Ekman, schätzt, daß dem menschlichen Gesicht mehr als 7000 verschiedene Muskelstellungen zur Verfügung stehen, um all die menschlichen Emotionen auszudrücken. Ihre Stimme ist natürlich genauso wandelbar, flexibel und außergewöhnlich. Stellen Sie sich vor, Ihre Stimme könnte 7000 verschiedene Gefühlsempfindungen ausdrücken!

Der Entrepreneur: eine Fallstudie

Der folgende Fall zeigt besonders deutlich, was geschieht, wenn ein Mensch, der mit seinem Körper nicht im Einklang ist, seine Körperstimme entdeckt.

Mike ist ein Unternehmer, dessen Arbeit und Lebensstil eine verständliche Kommunikation erfordern, nicht nur in bezug auf seine Ideen und Pläne, sondern auch bezüglich menschlicher Eigenschaften. Gegenseitiges Vertrauen zwischen Geschäftspartnern ist die wichtigste Voraussetzung für jede erfolgreiche Unternehmung. In Mikes Welt hängt das Gelingen eines Geschäftes vom Gefühl seines Partners ab, das besagt: »Ja, mit diesem Mann läßt es sich arbeiten.«

Als ich Mike kennenlernte, verfügte er über gute kommunikative Fähigkeiten und über eine natürliche tiefe und angenehme Stimme. Sein Problem liege darin, erklärte er, daß er immer dann, wenn er mit wichtigen Kunden rede, nervös werde und durch die Nase spreche. Als Folge davon verlor seine Stimme an Überzeugungskraft, und er konnte sich in entscheidenden Gesprächen nicht ausreichend verständlich machen.

Genau wie David, der vielbeschäftigte Klient, der nur ein paar Tips von mir wollte, nahm auch Mike an, daß sein Problem mit der Lautbildung zusammenhinge, und er nur lernen mußte, nicht mehr durch die Nase zu sprechen.

»Mike«, sagte ich, »Sie wissen bereits, wie Sie ohne diesen grellen, nasalen Ton in der Stimme reden. Sie tun's ja die meiste Zeit. Gerade jetzt klingt Ihre Stimme sehr angenehm.«

»Aber wenn ich sie brauche, ist sie nicht da«, antwortete er.

»Ganz genau, denn Ihr wirkliches Problem ist Ihre Nervosität in kritischen Situationen und deren Auswirkung auf Ihre Stimme. Sie müssen Ihre Stimme mit der bisher ungenutzten Stärke Ihres Körpers verbinden, um mehr Selbstvertrauen zu gewinnen. Unsere erste Aufgabe ist es deshalb, herauszufinden, war-

36

um Sie nicht in der Lage sind, diese Verbindung zu Ihrer Körperenergie herzustellen.«

Für Mike war diese Art der Betrachtung seiner Stimme völlig fremd. Er war nicht daran gewöhnt, über diese Energieverbindung mit seinem Körper nachzudenken. Obwohl er versuchte, mit Hilfe von anstrengender sportlicher Betätigung im Fitneßcenter seine Frustrationsgefühle abzubauen, war sein Körper in bezug auf Gefühle und Empfindungen entweder eine Quelle der Spannung oder – ein Nichts. Obwohl er nicht ganz verstand, was ich meinte, fühlte er instinktiv, daß etwas Wahres daran war. Sein Hauptproblem war emotionaler Art, und meine Beschreibung seiner Stimme als »ohne Fundament« drückte genau das aus, was er fühlte, wenn er nervös war – er glaubte, in einem See von Spannung zu ertrinken.

Durch unsere gemeinsame Arbeit mit seiner Stimme erkannte Mike, daß er ein Mensch war, der »in seinem Kopf lebte«. Tatsächlich verlor sich Mike häufig in dem, was ich als menschliches Bermudadreieck bezeichne.

»Es handelt sich um das Spannungsdreieck, das von Ihrem Kopf, Nacken und Ihren Schultern gebildet wird«, erklärte ich ihm. »Und genau dort verschwinden Ihre Körperenergien. Sowohl das Bewußtsein als auch die Lebendigkeit Ihres ganzen Körpers lösen sich in dieser Spannungsfalle in Ihrem Oberkörper auf. So verschwinden auch die Körperenergien, die Sie zum Ausdruck bringen sollten.«

Wir fanden heraus, daß die hohe Anspannung, unter der Mike litt, mit seinem Selbstwertgefühl zusammenhing. Obwohl er gut aussah, gebildet und redegewandt war, hatte er ständig das Bedürfnis, seinen Wert unter Beweis zu stellen. In jeder wichtigen Situation seines Lebens wurde seine Energie in einem unerbittlichen, selbstkritischen inneren Dialog gefangen, der ständig im Geiste stattfand. Arbeitete er genug? War er erfolgreich genug? War er mit ausreichendem Eifer bei seiner Arbeit?

Mikes Bedürfnis nach Selbstbestätigung durch selbstbestrafende Diziplin führte dazu, daß er außerordentlich hohe Maßstäbe anlegte. Er war ein begeisterter Musikliebhaber, doch er gönnte sich weder einen Cassettenrecorder noch ein Radio im Auto. Er war der Meinung, dies würde ihn auf dem Weg zur Arbeit von seinen gedanklichen Vorbereitungen ablenken. Es überraschte mich jedoch nicht, daß er während seiner Fahrten zur Arbeit ärgerlich mit sich selbst schimpfte, weil in seinem Unternehmen nicht alles wie am Schnürchen lief, schwierige Kunden ihm das Leben schwermachten und es auch sonst noch unerfreuliche Dinge in seinem Leben gab. Es war also keineswegs verwunderlich, daß Mike in diesem Dschungel von Gedanken in seine Stimme keine Stärke und kein Selbstvertrauen hineinlegen konnte.

Ich machte es mir zuerst zur Aufgabe, Mike zu helfen, seinen Körper gefühlsmäßig zu entdecken, um festzustellen, daß es in seinem Inneren sehr wohl etwas anderes gab als »Spannung oder Nichts«. Er lernte, seinen Körper zu fühlen und genau zu spüren, wo er verspannt war und wie sich diese Verspannung anfühlte. Diese Entdeckung seines Körpers war der Anfang eines langen Selbsterfahrungsprozesses. Er erkannte im Zorn, den er gegenüber anderen empfand, den Zorn, den er auf sich selbst hatte. Das Ausmaß der Anspannung in seinem Körper schien ihm nun ein Maßstab dafür, wie unglaublich hart er sich selbst gegenüber war und wie sehr er die Bereitschaft und Fähigkeit brauchte, sich selbst gegenüber mitfühlender und anderen gegenüber einfühlsamer zu sein. Mit dieser Erkenntnis und den Übungen, die er regelmäßig durchführte, konnte er seine negativen Verhaltensmuster langsam ablegen und seinen Körper als Quelle von Selbstvertrauen und Stärke empfinden.

Wir entdeckten, daß Mikes Problem teilweise daher rührte, daß sein Vater und seine Lehrer sein Selbstwertgefühl durch Worte zunichte gemacht hatten. Bezeichnenderweise erinnerte er sich nicht nur an ihre kritischen Worte, sondern auch an den schneidenden, verächtlichen Ton ihrer Stimmen, der ihre Geringschätzung tief und dauerhaft in sein Gedächtnis und damit gewaltsam in die unbewußten Reaktionen seines Körpers eingebrannt hatte. Der Schaden, der durch verletzende Worte angerichtet wird, ist oftmals größer als der durch körperliche Strafe hervorgerufene, weil er zu einem zwar unsichtbaren, aber dominierenden Teil des Charakters eines Menschen wird.

Ursprünglich war es sehr schwierig für Mike, sich zu entspannen und von seinem negativen Denken abzulassen. Er fürchtete, sein Leben würde wie ein Kartenhaus zusammenbrechen, wenn er aufhören sollte, sich ständig zu sorgen. Doch als er lernte, sich fallenzulassen, nahm sein Leben einen positiven Verlauf. Er war in der Lage, an der richtigen Stelle in seinem Körper nach der emotionalen Kraft zu suchen und sie zu finden.

»Wenn ich einen Termin für eine Sitzung festgelegt habe und ich nervös bin«, erkannte er, »empfinde ich genau dieses lebendige, fundierte Gefühl, das ich durch meine Stimme ausdrücken möchte.«

Die weiteren Veränderungen versetzten ihn in freudige Erregung. Er verspürte nicht länger ein Interesse daran, sich in selbstbestrafende Gespräche zu verwickeln, sondern entwickelte ein Gefühl der wachsenden Lebendigkeit in seinem Körper, und allmählich kam seine wahre Persönlichkeit zum Vorschein. Jeder hörte den Unterschied in seiner Stimme. Je mehr Mike sich im Einklang mit seinem Körper fühlte, desto entspannter, selbstbewußter und ausdrucksvoller klang seine Stimme. Er wußte jetzt, was es hieß, ein natürliches und spontanes Selbstwertgefühl zu empfinden und diese eigene Wertschätzung in seiner Stimme zum Ausdruck zu bringen.

Ich hatte Mike geholfen, die Energien in seiner Brust, seinem Unterkörper und seinen Beinen zu fühlen. Eines Tages rief er mich an, um mir mitzuteilen, daß er gerade eine Sitzung verlassen hatte, während der er sich als der Mann der Stunde gefühlt und einen Deal abgeschlossen hatte, hinter dem er schon lange her gewesen war.

»Als Sie in der Sitzung gesprochen haben, woher kam da Ihre Stimme?« fragte ich ihn.

»Von überall her«, antwortete er lachend, »wie eine Trommel, die in meinem ganzen Körper vibriert hat.«

Es gibt keine bessere Beschreibung dafür, daß er diese Verbindung zwischen Körper und Stimme gänzlich erfahren hat.

Mike ist immer noch erfolgreich, und er hat gelernt, seinen Erfolg auch zu genießen. Der Firma, die er gegründet hat, geht es ausgesprochen gut. Er freut sich über die gewonnene Fähigkeit, seine Persönlichkeit in seiner Arbeit und in seiner Stimme zum Ausdruck bringen zu können.

Eine eigene Geschichte: der Einbrecher

Ich möchte die Geschichte meiner eigenen Körperstimme erzählen und wie sie mir möglicherweise das Leben gerettet hat.

Vor einigen Jahren war ein Einbrecher in meine Wohnung eingedrungen. Er hatte mich offensichtlich beobachtet, mich weggehen sehen und war dann durch die Tür eingebrochen. Zu seiner Überraschung hatte ich etwas zu Hause vergessen und kehrte nur wenige Minuten später zurück und stand vor der aufgebrochenen Tür.

Ich fühlte, wie die Wut in mir hochstieg. Ich war so wütend, daß ich nicht darüber nachdachte, in welcher Gefahr ich mich befand. Ich stürmte in mein Wohnzimmer, und als ich den Schatten des Einbrechers im Flur sah, schrie ich: »Kommen Sie hierher.« Er kam aus meinem Schlafzimmer, und ich fuhr ihn an: »Haben Sie etwas gestohlen?«

Ich konnte nur noch daran denken, daß, wenn er etwas gestohlen, er es mir sofort wiederzugeben hätte. Ich habe heute keine Ahnung, was ich in diesem Moment wirklich erwartete, aber ob Sie's glauben oder nicht, der Mann stand einfach nur da mit hängendem Kopf wie ein Kind, das ein schlechtes Gewissen hat, und krächzte: »Nein.«

Ich war außer mir vor Wut und brüllte mit lauter Körperstimme: »Verschwinden Sie!«

Augenblicklich rannte er zur Tür hinaus.

Als die Polizei eintraf, hatte ich mich etwas beruhigt und erkannte die Gefahr, die ich so unerschrocken gebannt hatte. Ganz instinktiv war meine Stimme zu einer Waffe geworden, die den Einbrecher in die Flucht geschlagen hatte. Letztes Jahr habe ich gelesen, daß Dan Rather, der Sprecher der *CBS-Abendnachrichten,* ein ähnliches Erlebnis hatte. Ein Einbrecher in seinem Wochenendhaus floh, als Rather ihn anschrie.

Ich möchte Ihnen allerdings nicht empfehlen, einem Eindringling auf diese Weise zu begegnen. Aber die spontane Kraft und Stärke, die in diesem Moment meinen Körper und meine Stimme durchströmten, stammen aus der Energiequelle, die auch Ihnen für Ihre Stimme nützlich sein kann. Es ist immer Ihre Körperstimme, die ein Kind davon abhält, die heiße Herdplatte anzufassen oder auf die Straße zu rennen, und mit Ihrer Körperstimme bringen Sie Ihren gerechten Zorn zum Ausdruck oder beeindrucken andere mit Ihrer Entschlossenheit.

Einführung in die Kenley-Methode

In den vorangegangenen Kapiteln haben Sie erfahren, auf welche verschiedenen Arten Sie den Klang Ihrer Stimme verbessern und damit Ihr Leben zum Positiven verändern können. Zusätzlich werden Sie noch weitere Entdeckungen machen:

* Die richtige Atmung zur Entwicklung Ihrer Körperstimme wird sich positiv auf Ihr geamtes körperliches Wohlbefinden, Ihren Energiehaushalt und möglicherweise auch auf Ihre Lebensdauer auswirken.
* Wenn Sie Ihre Körperstimme sprechen lassen, werden Sie damit Streß und Anspannung aus Ihrem Körper verbannen. Die Technik zur Auflösung von Spannung ist schnell, wirksam und leicht anwendbar.
* Die Entwicklung Ihrer Körperstimme kann sich positiv auf Ihre sexuelle Lebendigkeit und Anziehungskraft auswirken.
* Die Sprechgewohnheiten Ihrer Familie sowie frühe Kindheitserlebnisse lassen mehr Rückschlüsse auf Ihre erworbenen Eigenschaften und Hemmungen Ihrer jetzigen stimmlichen und kommunikativen Fähigkeiten zu, als Sie vermuten.
* Sie sollten sich nicht nur vor einem Wettlauf körperlich warmlaufen, sondern sich auch stimmlich »warmlaufen«, bevor Sie eine Rede halten, zu einer Verabredung gehen oder ein Verkaufsgespräch am Telefon führen.
* Indem Sie Ihre Stimme aus Ihrem Unterkörper heraus stützen, werden Sie chronische Heiserkeit loswerden, überzeugender klingen und zuversichtlicher telefonieren.
* Sie können eine Stimme haben, die das zum Ausdruck bringt, was Sie fühlen. Ihre Stimme muß im Einklang sein mit dem inneren Menschen, den Sie auf Ihrer Selbstentdeckungsreise kennengelernt haben. Ihre Stimme kann warm, reif und persönlich klingen.
* Der Erziehung Ihrer Stimme muß die Erziehung Ihrer Ohren vorausgehen. Sie können sich darüber bewußt werden, wie andere Menschen Ihre Stimme empfinden, und lernen, die Stimmen anderer zu deuten.
* Wenn Sie bewußt mit Ihrem Körper, Ihrem Atem und Ihrer Stimme umgehen, werden Sie auch gegenüber Körperenergien bewußter werden. Dies wiederum erhöht Ihre Selbstzu-

friedenheit, Ihr Mitgefühl, Ihre Kreativität und geistige Klarheit in einem nie geahnten Maße.

Die Techniken, die ich Ihnen in diesem Buch vorstelle, habe ich an mir selbst und während meiner Arbeit mit Schauspielern und Geschäftsleuten erprobt. Es ist mir ein Vergnügen, Sie an der Idee der Körperstimme und der Entwicklung der Kenley-Methode teilhaben zu lassen.

2. Kapitel

Die Kenley-Methode

Jedesmal, wenn ich an meine eigene berufliche Laufbahn denke, finde ich es irgendwie interessant, daß gerade ich, die ich als Schauspielerin angefangen habe, Stimm- und Sprechlehrerin geworden bin und anderen Menschen beibringe, wie sie ihre Stimmen richtig gebrauchen. Andererseits ergibt es auch wieder einen Sinn, denn dieser Umstand spiegelt meine lebenslange Beschäftigung und Faszination mit der Stimme wider. Im Laufe der Jahre habe ich viel Sprecharbeit geleistet, d.h., meine Stimme war zu hören, ohne daß ich auf dem Bildschirm zu sehen gewesen wäre; ich war die Erzählerin oder habe im Radio Werbesendungen gemacht. Ich gab meine Stimme Industriefilmen, Videopräsentationen, Diavorträgen und sogar einem Computerchip. Ich habe den Wandel in der Technik, die mit der Stimme arbeitet, gespannt und aufgeregt verfolgt von den Tagen, als tragbare Cassettenrecorder so schwer waren, daß man sie kaum ein paar Schritte tragen konnte, bis zum gegenwärtigen Zeitalter der Audio- und Videocassetten.

Auch ich hatte, bevor ich meine Körperstimme entdeckte, Probleme mit meiner Stimme; ich hatte viel zu lernen über mich selbst, meine Gefühle und darüber, wie sie meinen Körper beeinflußten. Die Geschichte dieser Entdeckung spiegelt sich in dem Veränderungsprozeß wider, den Sie durchleben, wenn Sie sich Ihrer eigenen Sprechgewohnheiten der Vergangenheit bewußt werden, deren Folge emotionale und körperliche Energieveränderungen und eine echte stimmliche Verbesserung ist. Als ich in jungen Jahren von dem Wunsch erfüllt war, Schauspielerin zu werden und mir meinen Platz in der Welt zu erobern, wußte ich herzlich wenig über die Verbindung zwischen meiner Stimme, meinen Gefühlen und meinem Körper. Von dem Moment an, als ich mich entschloß, meine Stimme ausbilden zu lassen, durchlebte ich viele Höhen und Tiefen.

Die Suche nach meiner Stimme

Ich erinnere mich ganz deutlich an die ersten drei Einflüsse auf meine Stimme: meinen Vater, meine Mutter und meine Schule in der kleinen Stadt Bucyrus, die mitten in Ohio liegt. Die Stimme meines Vaters, eines praktischen Arztes und Chirurgen, war mein Vorbild bezüglich Ausdruckskraft. Er sprach mit warmer Baritonstimme, die Lebendigkeit und Sicherheit zum Ausdruck brachte und der ich nacheifern wollte. Da mein Vater für gewöhnlich sehr beschäftigt war, ergaben sich nur wenige Gelegenheiten für ein persönliches Gespräch mit ihm. Aber ich erinnere mich an Mahlzeiten mit der Familie oder mit Verwandten, bei denen mein Vater immer wie ein König, der Hof hält, am Kopfende des Tisches saß. Seine Stimme war klangvoll und seine Geschichten so unterhaltsam, daß jeder ihn bewunderte, ich ganz besonders. Die Stimme meiner Mutter Lucy dagegen war zart und leise und entsprach ihrem etwas scheuen, aber lieblichen Naturell.

Im Laufe meines Lebens übernahm ich auch bestimmte regionale Dialekte. Mein Vater arbeitete beispielsweise während des Krieges in einem Lazarett in South Carolina. Ich gewöhnte mir den dort üblichen Dialekt sehr schnell an. Da ich ein aufgewecktes Kind war, verfügte ich bereits mit meinen drei Jahren über einen verhältnismäßig großen Wortschatz, so daß ich immer das Telefon beantworten durfte. Ich begrüßte den Anrufer jedesmal in meinem typisch südstaatlerischen Dialekt. In meiner Familie und unter Freunden galt ich bereits damals als sehr eigenwillig. Mit fünf ging's dann zurück nach Ohio, wo ich den Dialekt des mittleren Westens annahm. Ich wußte jedoch gar nicht, daß ich ihn hatte, bis mir Jahre später ein Professor für Theaterwissenschaften empfahl, ihn mir abzugewöhnen.

»Was meinen Sie denn?« fragte ich ihn.

Er wies mich darauf hin, daß ich manchmal ein »e« wie ein »i« aussprach, ein »u« wie ein »i« usw. Als ich später Gesangsunterricht nahm, glaubten manche Lehrer, ich sänge falsch, weil ich bestimmte Vokale zu sehr in die Länge zog. Erst als ich gelernt hatte, die Silben in ihrer richtigen Länge zu sprechen und zu singen, sang ich richtig.

Als ich während meiner Schulzeit davon träumte, eines Tages als Schauspielerin auf der Bühne zu stehen, hatte ich meine eigene Vorstellung davon, wie meine Stimme klingen sollte. Jeden Samstag ging ich zusammen mit meinem Großvater in eines der beiden Kinos in unserer kleinen Stadt. Ich sah mir am liebsten Superman-Filme an oder Filme mit Gene Autry und Roy Rogers. Wenn ich mit meinem älteren Bruder und seinen Freunden Cowboy und Indianer spielte, wollte ich gehört und gesehen werden. Ich rannte ihnen also hinterher und stellte mir dabei vor, ich spiele im Film mit Gene Autry und Roy Rogers, und schrie so laut ich konnte, in der Hoffnung, meine Stimme würde mich eine der ihren werden lassen. Die Art, mit der ich versuchte, meine Stimme zu verbessern, war zwar primitiv, aber ich machte zum ersten Mal Bekanntschaft mit der Kraft der Stimme. Später wurde sie zum vorrangigen Anliegen der Menschen, mit denen ich arbeitete und derer, denen ich in ihrer Entwicklung geholfen habe.

Seit meinem fünften oder sechsten Lebensjahr wollte ich Schauspielerin werden, und ich spielte in jeder Schulaufführung in unserer Grundschule die Hauptrolle. Meinen umstrittensten Beifall erhielt ich in der siebten Klasse für die Imitation der Stimme eines Huhns – ich war jederzeit bereit, jede auch noch so große Herausforderung anzunehmen. Ich hatte eine laute und weittragende Stimme. Sie wurde auch in der hintersten Reihe eines Theaters oder einer Halle vernommen. Meine Stimme war sicher einer der Gründe, warum ich zum Cheerleader[1] ernannt wurde. Auch als Cheerleader konnte ich vor einem Publikum auftreten, und ich genoß es sehr. Was mich beunruhigte, war die Tatsache, daß ich niemals heiser wurde. Ich fand es wundervoll, wenn die anderen Mädchen nach dem Spiel fast keine Stimme mehr hatten. Für mich klang eine heisere und belegte Stimme sexy.

Mit fünfzehn nahm ich am Sommerkurs für Schauspiel an der Universität von Colorado in Boulder teil und wurde zur besten Schauspielerin gewählt. Drei Jahre später wurde ich nach Abschluß des Sommerkurses am Mildred Dunnock Barnard Summer Theatre in New York City von den Lehrkräften zur vielversprechendsten Nachwuchsschauspielerin gewählt. Trotzdem fühlte ich mich teilweise immer noch unsicher bezüglich meines Handwerkes, meiner Begabung und meiner Entscheidung für diesen Beruf. Ich schwankte zwischen dem Gefühl, für Großes geboren oder zum Versagen verdammt zu sein. Wahrscheinlich kennen Sie Situationen aus eigener Erfahrung, in denen man im Strudel von Aufregung, Konkurrenzkampf, Leistung und Unsicherheit nicht mehr klar und objektiv über sich und sein Leben nachdenken kann. Mir ging es so in bezug auf meine berufliche Entscheidung und meine Stimme, denn ich

---

1 Cheerleader: meist Anführer weiblichen Geschlechts der Beifallsrufer während sportlicher Veranstaltungen.

war gewillt, so lange an ihr zu arbeiten, bis ich die bewegende Stimme einer begabten Schauspielerin hatte.

Die Arbeit mit und an meiner Stimme war faszinierend und trotzdem oft frustrierend. Das alles geschah zu einer Zeit, als die Lehrmethoden zur Verbesserung der Sing- und Sprechstimme hauptsächlich verbale Ratschläge enthielten. Ich erinnere mich, wie meine Stimmlehrer mir ihre Anweisungen für gewöhnlich aus der entgegengesetzten Ecke des Raumes mitteilten. Sie sagten mir zwar, ich solle entspannen, mein Kinn locker lassen, meine Kehle öffnen und mehr mit dem Zwerchfell atmen, doch da ich viel zu wenig über meinen Körper wußte, konnte ich diese ausgezeichneten Ratschläge für mich nicht nutzen. Ich hörte diese Informationen, doch ich hatte keine Ahnung, wie ich sie für mich umsetzen konnte.

Ohne körperlich erfahrbare Anweisungen wußte ich nur ungenau, ob und wann ich eine Atemtechnik wirklich beherrschte oder ob mein Kinn tatsächlich entspannt war. Dazu kam, daß Gefühlsregungen mir oft die Stimme nahmen. Ich konnte zwar meine Kehle öffnen, damit meine Stimme ohne Schwierigkeiten die ein oder zwei Stunden einer Aufzeichnung durchhielt. Weil ich aber die zugrunde liegenden Gefühle, die sich auf meine Kehle negativ auswirkten, nicht bewältigt hatte, brach meine Stimme danach wieder zusammen, und so mußte ich vor jeder neuen Arbeit wieder ganz von vorne anfangen.

Später lernte ich so großartige Lehrerinnen wie Ora Witte, Betty Cashman und Eleanor Phelps kennen, die mir halfen, meine Stimm- und Sprechfähigkeiten zu verbessern, doch meine nagenden Selbstzweifel ließen mir keine Chance, mich über meine Unsicherheit bezüglich meiner Stimme hinwegzusetzen. Mich einzusprechen oder einzusingen war immer ein Spiel mit ungewissem Ausgang und der Anlaß ständiger Anspannung vor einem Vorsprechen oder Vorsingen.

Während der Zeit all dieser stimmlichen Wirren amüsierte

ich mich manchmal darüber, womit andere Menschen ihre Stimme zu verbessern suchten. So erzählte mir beispielsweise jemand, daß der römische Kaiser Nero in großen Mengen Lauch zu sich nahm, um seine Stimme wohlklingend zu machen, und daß der griechische Redner Demosthenes sich Steine in den Mund legte. Eine bekannte Schauspielerin, die während eines Workshops, den ich besuchte, einen Vortrag hielt, gestand, daß sie das Rauchen nicht aufgeben könne, da sie sich die heisere Stimme erhalten wollte, die das Publikum so gern mochte. Ich habe gehört, daß Lauren Bacall den Gipfel eines Berges erklimmen und so laut wie sie konnte schreien mußte, um eine tiefere Stimme zu bekommen. Carol Channing, so wird berichtet, ließ aus Sorge um ihre fesselnde, kratzige Stimme einen Arzt rufen, der ihr bestätigen sollte, daß die Knötchen an ihren Stimmbändern noch vorhanden waren. Ich wurde also geradezu mit allen möglichen Anstrengungen bombardiert, die Menschen für ihre Stimme auf sich genommen hatten, anstatt daß sie sich einer wirksamen, zuverlässigen Technik zum Aufwärmen bedient hätten.

Da ich nie volles Vertrauen in meine Stimme hatte, konnte ich auch nie mit Sicherheit sagen, ob sie mir zur Verfügung stehen oder mich im Stich lassen würde. Ich erinnere mich an ein Vorspiel für eine Rolle, während dessen meine Stimme tief und voll klang, weil ich erkältet war. Eine Erkältung war mir in der Tat, abgesehen von den Halsschmerzen, immer willkommen. Ich mußte dadurch viel schlucken und befeuchtete damit meine Stimmbänder; die Müdigkeit zerstreute meine Gedanken, und ich war entspannt; und wenn meine Stimmbänder feucht und vielleicht sogar gereizt waren, wurde meine Stimme automatisch tiefer. Dank der Erkältung wurde ich ein zweites Mal vorgeladen, doch als ich dann ohne Erkältung vorsprach, klang meine Stimme viel zu hoch, und ich bekam die Rolle nicht. Der Mangel an Vertrauen in meine Stimme nahm mir jeden Mut, doch ich kämpfte weiter. Ich war davon überzeugt, daß es einen Weg geben mußte, auch ohne Erkältung so zu sprechen, daß ich meine Stimme mochte. Ich träumte, daß ich eine wunderbare Stimme haben würde, und dies war die Flamme, die mich am Leben erhielt und mich beharrlich weitersuchen ließ.

Die Entdeckung der Körperstimme

Die darauffolgenden Jahre waren Jahre des persönlichen Wachstums, des künstlerischen Reifens, der beruflichen Veränderungen und der Ortswechsel, denn es zog mich manchmal auf die Bühne, in Film- und Fernsehstudios und dann wieder nirgendwohin. In meinem Beruf als Sängerin und Schauspielerin erlebte ich aufregende Stunden – eine Gastrolle in der Fernsehserie *The Honeymooners* an der Seite von Jackie Gleason und eine Hauptrolle in dem neu inszenierten Musical *Call Me Madam* mit Ethel Merman. Nach dieser künstlerisch erfolgreichen Zeit gründete und leitete ich meine eigene Filmproduktionsfirma Showcom. Danach arbeitete ich wieder als Schauspielerin in Washington D.C. und später dann in San Francisco, wo ich heute noch lebe.

Während dieser Zeit machte ich mich auf die Suche nach mir selbst, und diese Suche dauert bis heute an. Ich habe unter der Anleitung von einem einfühlsamen Bruderpaar, Dres. Clinton und Clifton Kew, an Seminaren teilgenommen und mich einer Gruppen- sowie Einzeltherapie unterzogen, um den persönlichen wie emotionalen Problemen auf die Spur zu kommen, die meine Stimme und meine Karriere bedrohten – der Leere, die sich sowohl in erfolgreichen wie auch in nicht erfolgreichen Zeiten, trotz meiner im allgemeinen optimistischen und enthusiastischen Lebenshaltung, breitmachte. Diese wertvollen Stunden legten den Grundstein für das, was noch folgen sollte. Trotz all meiner beruflichen Veränderungen und Bemühungen hatte ich immer noch kein Vertrauen in meine Stimme und bereitete mich aufs Sprechen vor, indem ich ziel- und planlos laute Töne von mir gab und Gedichte mit möglichst lauter Stimme vortrug.

Eines Tages fuhr ich im Auto zum Studio, um drei Werbespots fürs Fernsehen und zwei Werbespots für die Hecht Company, eine Kaufhauskette, aufzunehmen. Meine Stimme war angespannter und höher als gewöhnlich, und ich war erschöpft. Ich wußte, ich mußte irgend etwas tun, um mich zu kräftigen. Ich machte meine Übungen, die ich immer machte, doch die Minuten verstrichen, und meine Kehle schien wie zugeschnürt. Ich war mir sicher, daß dieser Tag mein Waterloo werden würde, daß all die Jahre des »auf gut Glück Vertrauens« mich endlich eingeholt hatten und daß meine Stimme mich diesmal ganz bestimmt im Stich lassen würde.

Ich stöhnte aus lauter Verzweiflung und hielt mich dabei krampfhaft am Lenkrad fest, während ich meinen linken Fuß auf den Boden stemmte. Zu meinem großen Erstaunen hatte sich mein Stöhnen in wunderbare Töne verwandelt. Ich konnte es kaum fassen und versuchte es deshalb gleich noch einmal. Dieses Mal stemmte ich, da ich gerade an der Ampel wartete, beide Füße auf den Boden. Als ich meine Beine nach unten drückte, hob sich mein Becken an, und ich fühlte, wie der Laut in meinem Körper so hochströmte, wie ich es noch nie erlebt hatte. Und meine Kehle fühlte sich wunderbar an. Es dämmerte mir langsam, daß je fester ich meine Füße auf den Boden stemmte, desto mehr Kraft konnte ich von meinem Unterkörper bekommen und desto mehr war meine Kehle in der Lage, sich zu öffnen und zu entspannen. Als ich das Studio erreichte, klang nicht nur meine Stimme so, wie ich es mir immer gewünscht hatte, sondern ich fühlte mich auch zuversichtlicher und kräftiger, als ich mich je nach meinen anderen Vorbereitungsübungen gefühlt hatte.

Ich war durch diese Erfahrung ganz aus dem Häuschen. Ich dachte: »So werde ich meine Stimme jetzt immer vorbereiten. Ich stoße ganz einfach diese ›huh‹-Laute aus und presse dabei meine Füße auf den Boden, und zwar den ganzen Weg ins Studio.«

Für ziemlich lange Zeit sollte dies meine einzige Stimmvorbereitung sein. Ich fühlte mich dabei immer wohler, weil ich spürte, daß diese Art von Mal zu Mal wirksamer war. Trotzdem war ich mir immer noch nicht im klaren über die wirkliche Bedeutung dieser Entdeckung.

Emotionale Anzeichen

Es geschah in San Francisco. Der Regisseur des Werbefilms, den ich sprach, kam zu mir und sagte: »Meine Freundin ist ganz unglücklich über den Klang ihrer Stimme. Sie ist Fotomodell und ich wünschte, du könntest ihr helfen, mit tieferer Stimme zu sprechen.«

»Wie kommst du darauf, daß ich ihr helfen kann?« fragte ich ihn. »Ich bin doch keine Sprechlehrerin.«

Er antwortete: »Zeig ihr doch einfach, was du für deine eigene Stimme tust.«

Seine Bitte überraschte mich. Natürlich hatte ich meine eigene Art, mich vorzubereiten, aber ich betrachtete meine »huh«-Laute und meine gesprochene Version der »Baby-Übung«, die ich während meiner Gesangsausbildung gelernt hatte, sowie mein Füßestemmen als etwas ganz Persönliches. Ich hatte nicht im Traum daran gedacht, daß meine Stimmtechniken anderen von Nutzen sein konnten.

Nichtsdestotrotz erklärte ich mich bereit, mit Tina, einer großen, brünetten, überaus schönen Frau, zu arbeiten. Der Regisseur hatte recht: Tina war eine Schönheit, sie wirkte selbstbewußt und charmant, mit einem Gesicht, das im Film geradezu atemraubend aussah, doch ihre Stimme glich der eines Schulmädchens. Ich machte sie mit meinen Vorbereitungs-, d.h. Aufwärmübungen vertraut, und sie machte gut mit; es stellte sich jedoch bald heraus, daß es bei ihr um sehr viel mehr ging als nur darum, einen tieferen Ton zu erzeugen. Während Tina die Atemübungen, die ich später Körperatmungsübung genannt habe, machte und dabei versuchte, einen vollen und tiefen Laut von sich zu geben, erklärte sie mir, sie fühle einen inneren Widerstand dagegen, loszulassen. Sie hatte das Bedürfnis, nicht nachzugeben, sondern die Entspannung zu bekämpfen. Wir führten interessante Gespräche über ihre Gefühle in Verbindung mit ihrer Stimme. Sie dachte über die verbalen Einflüsse in ihrem Leben nach und erinnerte sich daran, daß ihre Mutter sich immer gewünscht hatte, sie möge so schön wie ein Bild sein, wie eine Puppe, die nicht spricht. Jedesmal wenn Tina meine Übungen machte, stieß sie an dieses innere Verbot, das ihr eingab, ihre Stimme nicht frei- oder loszulassen, sondern still und »schön wie ein Bild« zu sein.

Als sich Tina dessen bewußt wurde, fing sie langsam und behutsam, aber beständig an, diese Blockade zu bearbeiten, und ganz allmählich verlor sie ihre Schulmädchenstimme. Ich freute mich für sie und war gleichzeitig erstaunt über die Nützlichkeit meiner Übungen. Aber am allermeisten faszinierten mich die Folgen dieser Erfahrung. Ich hatte es hier mit einer Frau Ende Zwanzig zu tun gehabt, die, ihrem Aussehen nach zu urteilen, eine erwachsene Frau war. Dem Klang ihrer Stimme nach zu urteilen, war sie allerdings ein eingeschüchtertes kleines Kind, nicht in der Lage, das, was sie geworden war, auch zum Ausdruck zu bringen. Sie war in jeder Hinsicht erwachsen geworden – mit Ausnahme ihrer Stimme. Der Grund dafür war der unsichtbare und doch so mächtige Einfluß der mündlichen Konditionierung ihrer Kindheitstage.

54

Ich dachte über mein Leben und meine verbalen Einflüsse nach in der Hoffnung, eine ähnliche Verbindung zu meiner früh-kindlichen Konditionierung zu finden wie Tina. Ich erinnerte mich an eine Demütigung, die ich erlitten hatte, als ich neun Jahre alt und Mitglied der Pfadfinderbewegung war. Während wir Mädchen auf meine Mutter warteten, die die Gruppenleite-rin war, spielten wir mehrere Spiele. Meine Mutter hatte mich gebeten, der stellvertretenden Gruppenleiterin auszurichten, daß sie etwas später kommen würde. Ich war furchtbar stolz und fühlte mich wichtig, weil ich diese Nachricht überbringen durfte. Die Stellvertreterin hatte alle Hände voll zu tun, und ich unterbrach sie mehrere Male, um ihr meine Nachricht auszu-richten. Nach einer Weile verlor sie die Geduld, drehte sich zu mir um und schrie mich vor allen anderen an: »Würdest du jetzt bitte endlich den Mund halten. Ich hab dich schon beim ersten Mal gehört.« Dann durfte ich zur Strafe nicht mehr mitspielen, sondern mußte, gedemütigt vor allen anderen, fast eine Stunde lang in der Ecke verharren, bis meine Mutter kam.

Ich erinnere mich, wie erniedrigt und klein ich mich damals fühlte. Mein Gesicht brannte, mein Herz schlug bis zum Hals, und ich zitterte am ganzen Körper. Ihr Zorn und ihre Schimpf-worte trafen mich zutiefst. Seit jenem Tag fürchtete ich mich davor, für eine verzogene Göre gehalten zu werden. Die Erinne-rung daran läßt mich auch heute noch zusammenzucken. Ihre Worte hinterließen den Eindruck, als sei ich rücksichtslos und nicht liebenswert.

Als ich nun zurückblickte, so wie ich es mit Tina getan hatte, wurde mir klar, daß ich nach diesem traumatischen Ereignis zwei verschiedene Stimmen entwickelt hatte. Immer dann, wenn ich meine Pläne erreichen und erfolgreich sein wollte, imitierte ich die selbstbewußte und lebendige Stimme meines Vaters. Mit dieser starken, zuversichtlich klingenden Stimme konnte ich die Welt erobern. Jedesmal wenn ich diese Stimme benutzte, glaubte ich, der Sicherheit meines Vaters nachzueifern und eine fast überlebensgroße Figur, die Heldin all meiner Pläne und Träume, zu werden. Als Schauspielerin und Geschäftsfrau benutzte ich diese Stimme.

Zu Zeiten, in denen ich von Selbstzweifeln geplagt wurde, versuchte ich, diese Stimme meiner Angst vorzuschieben. Denn ich ahnte oder wußte, daß irgendwo tief in meinem Innern die andere Stimme schlummerte, die leise, schüchterne, die so leise war wie die meiner Mutter, und daß sie nur darauf wartete herauszutreten, sobald ich verletzlich, schüchtern oder ängstlich war. Mir wurde damals klar, warum ich mich immer mit lauter Stimme vorbereitet hatte. Wenn ich mich unvermutet in einer Situation befand, die mir Angst vor Ablehnung und Versagen einflößte, fing ich unbewußt an, mit der leisen und schüchternen Stimme meiner Mutter zu sprechen, aus Furcht davor, daß mich keiner mögen würde, sollte ich irgendwelche Ansprüche stellen. Es war klar, daß meine stimmlichen Probleme, ähnlich denen von Tina, auf die inneren Gefühlskämpfe zurückzuführen waren, die dann wiederum meine Stimme negativ beeinflußten. An jenem denkwürdigen Tag im Auto, als ich meine Füße auf den Boden stemmte und tief natürliche Laute aus meiner Kehle hervorstieß, die endlich ihren Widerstand aufgegeben hatte, war ich ganz offensichtlich auf eine Teilantwort meiner Probleme gestoßen, die meine Stimme zu einem runden Ganzen machte. Ich hatte somit meinen eigenen persönlichen Klang gefunden.

Körpersignale

Tina war die erste in einer Reihe von Schauspielern und Geschäftsleuten, denen ich helfen sollte, ihre Stimme zu verbessern. Ohne daß ich mir damals dessen ganz gewahr wurde, entwickelte ich langsam die Grundzüge einer Technik, d. h. einer Methode, die eine ganz besondere Art der Atmung, ein Körperbewußtsein und einen individuellen, natürlichen Laut sowie die Erforschung der persönlichen emotionalen Bereiche des Lebens verbindet. In dem Maße, in dem sich die Lebensgeschichte jedes Menschen offenbarte, wurde die Stimme klar, verständlich und frei. Im Falle eines jungen Mädchens hieß das, daß es in einer großen Familie aufgewachsen war und sich nur durch Schreien bemerkbar machen konnte; das führte dazu, daß es sich sein Leben lang aus einer verärgerten, spannungsgeladenen Kehle Ausdruck verschaffte. Für einen anderen war es die Kindheit mit übermächtigen Eltern, die ihn ständig ermahnten, nur dann zu reden, wenn er wirklich etwas Intelligentes zu sagen hatte, was zu einem Verlust an Spontanität und zu der Angst führte, daß er lächerlich klingen könnte, wenn nicht jedes seiner Worte sehr sorgfältig gewählt war. Mit anderen bin ich an sehr viel schwerwiegendere Probleme gelangt, tiefliegende traumatische Erlebnisse und manchmal auch tragische Vergangenheiten.

Es wurde mir in wachsendem Maße bewußt, daß der ganze Körper Teil der Stimme ist. So gibt es beispielsweise während der Sprecharbeit für Werbesendungen viele verschiedene Arten von Stimmen. Es gibt die echte Macho-Stimme der Männer, die einem Kunden auch ohne schöne Worte ihre Autos und ihr Bier verkauft. Es gibt die Stimme von Gott, die Stimme der Autorität, die Stimme des Vaters usw. Für Frauen gibt es die Mutterstimme, die Großmutterstimme, die liebliche Stimme, die verführerische Stimme und andere. Es gibt noch eine ganze Reihe weiterer Stimmarten, die im Radio und Fernsehen zum Einsatz kommen, um dem Zuhörer durch ihren Klang eine menschliche Eigenschaft näherzubringen.

Ich fand heraus, daß die jeweilige Sprecherin oder der Sprecher die gewünschte Stimme am besten dadurch zum Ausdruck brachte, daß sie oder er ihren oder seinen ganzen Körper mitsprechen ließ. Für die Macho-Sendung mußte der Sprecher tatsächlich mit seinem ganzen Körper prahlen und protzen. Für eine »Sexy«-Sendung war es notwendig, dem Gesicht, den Augen und der Stimme einen sexy und dem ganzen Körper einen sinnlichen Ausdruck zu geben. Wenn es galt, seine Stimme einem kleinen Mädchen zu leihen, mußte man, um glaubhaft zu klingen, auch die großen Augen und die unschuldige Körperhaltung imitieren. Manche Menschen sind vielleicht der Meinung, daß Synchronsprechen nichts weiter sei als Sprechen, aber sie irren sich gewaltig, weil der Sprecher nämlich die ganze Persönlichkeit – seinen Geist und seinen Körper – durch seine Stimme ausdrücken muß, damit die Geschichte glaubhaft klingt. Es ist deshalb um so sinnvoller, daß auch Sie, wenn Sie sich selbst auf echte und verständliche Weise mitteilen wollen, Ihren ganzen Körper zum Einsatz bringen müssen.

Es war mir klar, daß mein Leben eine neue Richtung bekam und daß ich wachsen und lernen mußte, um diesen Weg weiterzugehen. Es hatte den Anschein, als wäre ich sowohl Stimm- und Sprechlehrerin als auch Therapeutin; ich beschloß daraufhin, noch einmal die Schulbank zu drücken, um mir theoretische Grundlagen sowie praktische Kenntnisse anzueignen. Ich hoffte, dadurch zu einem tieferen Verständnis der Körperfunktionen und -techniken zu gelangen, die sich im Umgang mit Stimmen und emotionalen Blockaden als so wirksam erwiesen hatten.

Ich ging zurück zur Universität, um auf dem Gebiet der Körperpsychologie zu promovieren, wobei sich mein Studium jedoch auf viele Bereiche des menschlichen Verhaltens erstreckte. Zusätzlich dazu arbeitete ich mit Hilfe von Dr. A. H. Almaas an meinem Körper sowie an meiner geistigen und seelischen Entwicklung. Dr. Almaas hat die Diamond-Methode entwickelt und war mein wichtigster Lehrer. Ich studierte Anatomie und Physiologie und konnte diese Kenntnisse auf mich selbst sowie auf die Menschen, denen ich half, anwenden. Ich versuchte, den Zusammenhang zwischen Stimme, Gefühl und Körperenergie bezogen auf die stimmliche Vergangenheit, persönliche Entwicklung als auch zur Weiterentwicklung meiner Techniken der stimmlichen Verbesserung und Ausdruckskraft zu erforschen.

Während ich mit Dr. Almaas arbeitete, begann ich zu verstehen, wie meine eigene verbale Vergangenheit in meinem Gehirn und meinem Körper verankert war, und zwar auf eine Art und Weise, die mir entweder nie bewußt geworden war oder die ich einfach vollständig verdrängt hatte. Wenn meine Stimme nicht so klang, wie ich sie gerne gehabt hätte, schob ich es meist darauf, daß ich einfach keinen guten Tag hatte. Wenn es mir ganz schlecht ging, besuchte ich Freunde, die mich dann wie eine Mutter in den Arm nahmen und die »Morgen ist alles wieder gut«-Philosophie bereithielten, anstatt das zugrundeliegende Bedürfnis zu erkennen, meine verborgenen Spannungen und Selbstzerstörungsversuche unter die Lupe zu nehmen. Damals, es war ein weiterer Teil des Puzzles, das sich ganz von allein einfügte, begriff ich, daß meine Konflikte und Ängste in bezug auf meine Stimme über meinen Körper zum Vorschein kamen und daß meine Wißbegierde mich zur Entdeckung der Einheit von Stimme, Körper und Gefühl geführt hatte.

Ich erkannte, wie meine stimmlichen Probleme angefangen hatten. Als Kind und als Teenager hatte ich keine Ahnung davon gehabt, wie ich durch meine Stimme ich selbst sein konnte, sondern hatte immer das Gefühl, ich müßte ihr etwas zufügen. In meiner Vorstellung war sie weit schlechter als in Wirklichkeit. Dies fand zu einer Zeit in meinem Leben statt, in der ich mich nur auf meinen Verstand verließ, um meine emotionalen Probleme zu bewältigen. Wie viele Menschen, mit denen ich heute arbeite, lebte ich damals nur in meinem Kopf und in keiner Art im harmonischen Zusammenspiel von Körper und Geist. Ich erinnere mich daran, daß ich so sehr im Kopf lebte, daß ich meine Gefühlsverwirrungen willentlich unterdrückte, um nicht darunter leiden zu müssen. Ich dachte mich sozusagen in ein Wohlbefinden hinein.

Im zweiten Jahr meiner Highschool-Zeit starb mein Vater, und der Schmerz und die Trauer äußerten sich u. a. dadurch, daß mein mathematisches Denkvermögen wie weggeblasen war. Ein ganzes Jahr lang begriff ich in Geometrie überhaupt nichts. Dreiecke, Axiome und Beweise hinterließen in meinem Kopf ein heilloses Durcheinander. Ich war bis zu diesem Zeitpunkt eine sehr gute Schülerin gewesen, doch danach sah mein Zeugnis ganz anders aus. Erst am Ende des Schuljahres erholte ich mich etwas von dieser inneren Blockade. Erst als die Zeit meine Wunden heilte, war mein Kopf wieder frei für kreatives Denken. Geometrie ergab einen Sinn, und ich konnte wieder mathematische Grundsätze nachvollziehen und sogar Beweismöglichkeiten finden, die selbst die Lehrer in Erstaunen versetzten.

Später fanden diese emotionalen Blockaden ihren Weg direkt zu meiner Kehle. Ich kann mich daran erinnern, daß immer dann, wenn ich mit meiner Mutter stritt, ich fast die Sprache verlor. Ich verinnerlichte diese Spannung, und während meiner ganzen Schulzeit wußte ich nie genau, wann ich wieder solch einen Anfall haben würde. Die Anfälle äußerten sich als das Gefühl, stranguliert zu werden. Ich würgte und fühlte dabei einen stechenden Schmerz in meiner Kehle. Als ich später Schauspielunterricht nahm, fühlte ich eine Anspannung zunächst im Magen und später im Bauch. Als junge Schauspielerin in New York arbeitete ich sehr hart an mir, und der Druck, unter dem ich stand, trieb mich dazu, noch mehr zu lernen und mehr zu üben, um Rollen zu bekommen. Ich war ehrgeizig und befand mich im Krieg mit meinen Grenzen. Müdigkeit, Fieber, Schmerzen – alles wurde ignoriert, anstatt anerkannt und zugegeben. Die Show mußte weitergehen. Ich fühlte mich getrieben, als ob jemand mit der Peitsche hinter mir stünde. Allein der Gedanke an Entspannung führte dazu, daß ich mich schlecht nannte und mir selbst vorwarf, nicht mein Bestes und nicht alles zu geben. Es war deshalb ganz natürlich, daß mein Körper mit Spannung reagierte, die sich in meiner Stimme ausdrückte.

Schließlich gelang es mir, die Spannung in meinem Bauch loszulassen und die Energien fließen zu lassen, die ich jahrelang unterdrückt hatte. Erst dann war ich in der Lage, mein Zwerchfell, meine Brust und meine Kehle zu öffnen und zu entspannen. Mit dieser langsamen, oft schmerzhaften und trotzdem willkommenen Genesung ging die Entspannung meiner geistigen Energien einher, eine Befreiung der Gedanken von ihren strikten, selbstzerstörerischen Kräften. Ich war nun in der Lage, die stimmlichen Einflüsse sowohl meines Vaters als auch meiner Mutter, als auch meine eigenen, teilweise gespaltenen Teile meiner Persönlichkeit zu integrieren. Das Ergebnis war meine eigene persönliche Stimme, keine Imitation derjenigen meines Vaters, um Angst zu kompensieren, und keine Imitation der schüchternen Stimme meiner Mutter, die unbewußt versuchte, jedermann zu gefallen, so wie es eben meine Mutter immer getan hatte. Ich entdeckte meine eigene starke, ausdrucksvolle Stimme.

Ich habe fünf Jahre gebraucht, um mir darüber klar zu werden, was ein ausdrucksvoller Körperlaut für meine Stimme bedeutet. Heute gelingt es mir, den Menschen, die zu mir kommen, diese Erfahrung bereits in der ersten Stunde zu vermitteln. Indem wir uns gemeinsam auf bestimmte Teile ihres Körpers konzentrieren und versuchen, die Spannung zu erspüren, können sie einen Laut von sich geben, der sie vielleicht anfänglich überrascht und dann ermutigt, ihre eigene Körperstimme zu entdecken.

Eine Stimme,
die nach Geschäftsgeist klingt

Mein eigener Lernprozeß ging weiter, und mein Beruf als Sprecherin trug mich wieder einmal zu neuen Ufern. Die Firma National Semiconductor Corporation hatte eine sprechende elektronische Kasse, POS-italker, entwickelt, die in zahlreichen Supermärkten im ganzen Land zum Einsatz kommen sollte. Die Firma suchte dafür eine tiefe, warme, mütterliche, nicht ausgesprochen sexy Stimme, die im Digitalverfahren aufgezeichnet werden sollte. Als ich für diesen Auftrag ausgewählt wurde, konnte ich die Ironie des Ganzen nicht übersehen. Meine Selbstentdeckung und meine Arbeit mit der Stimme anderer Menschen hatte sich immer mehr auf den ganzen Menschen und seinen Körper erstreckt, und nun würde ich vielleicht zum Inbegriff der körperlichen Stimme werden, die bis zum jüngsten Tag die Preise von Erbsen, Popcorn und Haushaltstüchern in den Supermärkten der Zukunft verkünden sollte. Ich sah das Ganze jedoch auch als Test für meine Idee der Körperstimme. Wenn meine Stimme auch nur ein Quentchen an menschlicher Lebendigkeit zum Ausdruck bringen konnte, wollte ich zufrieden sein. Daß dies nicht einfach werden würde, war mir klar, denn das Vokabular beschränkte sich in der Hauptsache auf Zahlen – »Zwei Dollar fünfzig Cents; ein Dollar zwölf Cents« – und man würde das Gesagte auch noch schneiden, mischen und neu zusammenfügen und dann auf Chips speichern. Untersuchungen in Supermärkten haben ergeben, daß die Kunden in der Tat an diesen sprechenden Kassen Gefallen fanden.

Gleichzeitig setzte ich meine Arbeit mit meinen Klienten fort; mein Klientenkreis erweiterte sich, und ich begann, mit Politikern und leitenden Angestellten aus der Industrie und dem Dienstleistungsgewerbe zu arbeiten. Am Anfang machte ich mir Sorgen darüber, ob meine Techniken auch in der rauhen Geschäftswelt anwendbar waren. John Naisbitt untersucht in *Megatrends* und *Re-inventing the Corporation*, wie Menschen in hochtechnisierten Berufen versuchen, den Einfluß der Technik auf ihr Leben zu vermenschlichen. Ich fragte mich, ob dies auch auf Geschäftsleute und ihre kommunikativen Fähigkeiten zutraf. Würden Industriebosse und Unternehmer positiv auf meine Methode und den damit verbundenen inneren Prozeß der Körperbezogenheit reagieren?

Tom, Geschäftsführer eines Unternehmens, der zugesagt hatte, eine Reihe von Seminaren zu leiten, war einer der ersten dieser Branche, mit dem ich arbeitete. Einer seiner Freunde hatte ihm meine Adresse für Stimm- und Sprechunterricht empfohlen. Am Ende unseres ersten Gespräches war mir klar, daß Tom meine Methode auf die erste wirkliche Probe stellen würde. Der gutaussehende, dunkelhaarige Mann mit den ernsten Augen verstand keinen Spaß. Er war groß, hatte ein markantes Gesicht, hielt sich gerade und hatte ein gepflegtes Äußeres; viereinhalb Jahre hatte er in der Marine an Bord eines Flugzeugträgers gedient. Nach Verlassen der Marine hatte er beschlossen, im Versicherungswesen tätig zu werden, und war schnell zu Erfolg gelangt. Er war geschieden und hatte gerade die Auflösung seiner 14jährigen Ehe überstanden. Als ich ihn kennenlernte, war er im Alter von 38 Jahren dabei, sich sein Leben als Junggeselle einzurichten.

Tom war ein Mensch, der immer ganz genau wissen wollte, wer er war und wie er mit der Welt umging. Er war ein Problemlöser und hatte seinen eigenen erprobten Stil, Neues zu lernen. Jede neue Erfahrung interpretierte und verstand er auf seine ganz persönliche Art. Diese Zähigkeit war zum großen Teil für seinen Erfolg verantwortlich. Er hatte noch nie von körperorientierter Psychologie gehört und stand ihr ziemlich skeptisch gegenüber. Ich erklärte ihm die Grundzüge meiner Arbeit mit Gefühlen und Körperenergien, die die Stimme freigeben, und er gab freimütig zu, daß dies alles völlig neu für ihn war. Ich habe ihn heimlich meinen ungläubigen Thomas genannt, der nur das glaubte, was er sah. Aber er wollte einen Versuch wagen.

»Ich versuche alles, solange es nicht gefährlich oder illegal ist«, sagte er.

Das Wichtigste für Tom war meines Erachtens, daß er lernte, seinen Körper zu entspannen. Wenn wir miteinander redeten, bemerkte ich die angespannten Muskeln in seinem Nacken und seinen Schultern und wußte, daß diese Anspannung viel mit seiner unnachgiebigen und harten Stimme zu tun hatte. Er hatte eine Kopfstimme, denn er lebte in seinem Kopf, seinem Nacken und seinen Schultern und versperrte sich selbst den Weg zu den stärksten Energiequellen seines Körpers. Er hatte das Bedürfnis, etwas zu leisten, vorzupreschen und neue Gebiete zu erobern, sich selbst zu immer größeren Leistungen zu zwingen.

Auch Tom benutzte seine Angst und Anspannung als Anzeichen, sein Verhalten zu kontrollieren. Das kleinste Anzeichen von Angst wurde als persönliches Versagen beurteilt. Spannung bedeutete, daß alles in Ordnung war, da er im Schweiße seines Angesichts schuftete. Er glaubte daran, daß kein Ziel ohne harte Arbeit zu erreichen war, und verließ sich deshalb auf Spannung und Streß, um sich zu vergewissern, daß er sein Bestes gab und nicht der Faulheit oder Beschaulichkeit verfiel. Diese Lebenseinstellung war anscheinend die richtige für Tom, doch er gestand, daß er oft das nagende Gefühl verspürte, etwas zu versäumen. Ganz besonders in den vergangenen zwei Jahren seit seiner Scheidung ertappte er sich trotz des unaufhaltsamen äußeren Aufstiegs dabei, nach anderen Aspekten seiner Persönlichkeit und einer neuen Basis für sein Leben zu suchen.

Ich gab ihm zu verstehen, daß er möglicherweise nach einer anderen Beziehung zu seinem Körper suchte, einer Beziehung, in der es weniger Spannung und mehr Reaktionsvermögen auf seine eigene Spontanität und seine Gefühle gab. Obwohl Tom skeptisch blieb, machte er sich an die Arbeit.

In den ersten Wochen focht Tom einen Kampf mit sich selbst, der typisch ist für Menschen, die sich bemühen, von ihrem rein verstandesmäßigen Leben abzulassen und gleichzeitig ein Körperbewußtsein zu entwickeln. Wenn ich ihn bat, Übungen zu machen, die das Ziel hatten, sich seiner Arme und Beine und seiner Atmung bewußt zu werden, raste sein Verstand wie ein Computer durch den Körper und sammelte Informationen, um diese dann zu analysieren und auf eine Formel zu reduzieren, die er mir dann mitteilen konnte.

»Hab ich's richtig gemacht?« wollte er wissen.

»Es gibt kein richtig oder falsch«, erklärte ich ihm sehr zu seiner Bestürzung. »Sie arbeiten mit dem, was Sie fühlen.«

Zu Anfang unserer gemeinsamen Arbeit widerstand Toms Verstand all seinen Bemühungen, sich zu entspannen. Das, was auf ihn zukam – Körperempfindungen, geistige Bilder, Schimmer von Sinnesbewußtsein – war für ihn amorph und unwirklich, nichts weiter als das Sammeln unverarbeiteter Daten, um damit seine Stimme zu verbessern. Er versuchte, seinen Körper wie ein Puzzle zu behandeln, das er zusammensetzen wollte, um so die Antwort zu erhalten. Er war gewohnt, Probleme zu analysieren und schnelle Bewertungen bezüglich der Durchführbarkeit und Praktikabilität vorzunehmen. In jeder unserer Sitzungen wartete er darauf, daß der Groschen fallen und er auf die Lösung stoßen würde. Wenn sich diese nicht einstellte, war es seine Art, die Erfahrung als nutzlos abzuschreiben und sich anderen Dingen zuzuwenden.

In der vierten Woche dann erklärte Tom mir, daß die ganze Arbeit allmählich einen Sinn ergäbe. Die Entspannungsübungen, die ich ihm gegeben hatte, erschienen ihm jetzt sinnvoll, weil er tatsächlich fühlte, daß die Spannung aus seinen Schultern und seinem Nacken entwich, wenn er sich auf die Empfindungen von Schwere, Wärme und Lebendigkeit in seinen Armen und Beinen konzentrierte – Empfindungen, die nun ein angenehmer Teil seiner Persönlichkeit *waren*. Obwohl es sehr schwierig für ihn gewesen war, seine Einstellung zu ändern, fing er schließlich an, seinen Körper als Energie- und Gefühlsquelle zu empfinden.

Natürlich sträubte sich sein Verstand auch weiterhin, einfach loszulassen. Sein Verstand wollte nach wie vor seine Körperempfindungen kritisch prüfen, um die einen zu identifizieren und die anderen zu negieren. Tom versuchte auch noch, seine verschiedenen Empfindungen zu kategorisieren, so als ob ich auf einer richtigen Art zu fühlen bestehen würde. Ich erklärte ihm zum wiederholten Male, daß es nur darauf ankam, daß er fühlte, und nicht darauf, ob etwas richtig war oder falsch. Ich wollte seine Neugierde wecken. Allmählich fing er an zu begreifen und erkannte, daß er, wenn er sich auf seine Empfindungen konzentrierte und sie einfach nur wahrnahm, eine Beziehung zu seinem Körper herstellte, durch die er sich im täglichen Leben lebendiger und menschlicher fühlte; es war der Anfang einer Lebensführung, die wohlwollender mit seinen Gefühlen umging und entspannender für seinen Körper war.

Als Tom diese Schwelle überwunden hatte, machte er rapide Fortschritte. Es gelang ihm schneller und besser, seinen Verstand abzuschalten, und die Lebendigkeit seines Körpers wurde immer deutlicher. Sein Kinn gab langsam seine Verkrampfung auf, und seine Schultern entspannten sich. Er atmete auch tagsüber tiefer, fühlte die Kraft in seinen Beinen, spürte seine ganze innere Energie. Wenn er jetzt seine eigene Stimme auf Band hörte, wußte er, daß sie nicht mehr abstrakt oder langweilig klang. Er fing an, seine eigene Stimme zu mögen.

Toms letzter Schritt bestand darin zu erkennen, daß er sich

allmählich wie ein anderer Mensch fühlte – wie er selbst. Er achtete darauf, wie er sich körperlich fühlte, wenn er seine besten Ideen ausbrütete und am produktivsten war. Er freute sich mehr über neue Beziehungen, wenn er mit seinem Körper im Einklang war. Sein Umgang mit anderen Menschen wurde ein anderer, und die Zeiten, in denen er geglaubt hatte, sein Körper müsse spannungsgeladen sein, waren ein für allemal vorbei. Zurückblickend erschrak er, wenn er daran dachte, daß Streß einmal die Antriebskraft in seinem Leben schlechthin gewesen war, denn nun ließ er sich durch seine kreativen Impulse leiten. Er fühlte sich ausgesprochen wohl und war stolz auf das Vertrauen und die Wahrheit, die aus seiner Stimme herausklangen.

Vier Monate nachdem unsere gemeinsame Arbeit beendet war, ließ Tom mich wissen, daß es ihm gut gehe. Die von ihm geleiteten Seminare fanden großen Zuspruch, und seine berufliche und persönliche Situation hatte sich entscheidend verbessert. Dem zuversichtlichen Ton seiner Stimme am Telefon entnahm ich, daß die Veränderungen von Dauer waren und ihm im Laufe der Jahre noch viel Positives einbringen würden.

Nachdem ich mit Tom gearbeitet hatte, zweifelte ich nicht mehr länger daran, daß meine Methode auch in der Industriewelt akzeptiert würde und sowohl bei Geschäftsleuten als auch bei Künstlern erfolgreich angewendet werden konnte. Und ich habe auch tatsächlich festgestellt, daß meine Methode hilfreich ist, ungeachtet des Berufes oder des Lebensstils der betreffenden Person.

Aus welchen Gründen auch immer Sie, liebe Leser, dieses Buch lesen, Sie werden meine Absicht erkennen, Ihnen zu zeigen, wie Sie Ihre Stimme beurteilen und verbessern können, indem Sie über jedes Detail Ihrer Stimme und Ihres Ausdrucks nachdenken. Vielleicht wissen Sie über Ihre Stimme nicht so recht Bescheid. Vielleicht mögen Sie Ihre Stimme und wollen sie nur ein bißchen aufpolieren. Vielleicht haben Sie Angst, in der Öffentlichkeit zu sprechen. Vielleicht mögen Sie Ihre Stimme und werden trotzdem heiser, wenn Sie lange telefonieren. Vielleicht haben Sie keine Ahnung davon, wie Sie klingen, ob gut oder schlecht, und haben trotzdem das Gefühl, daß irgend etwas mit Ihren kommunikativen Fähigkeiten nicht stimmt. Ihre Stimme kennenzulernen bedeutet auch, viele andere Dinge an sich kennenzulernen, und deshalb müssen Sie sich zuerst eingehend mit Ihrem Körper beschäftigen.

Wenn Sie sich nur mit Ihrer Stimme beschäftigen und dabei Ihren Körper außer acht lassen, werden Sie höchstwahrscheinlich nicht weit kommen. Sie werden Hindernisse vorfinden und nur unzuverlässige Ergebnisse erzielen. Ich stelle mir dieses Buch als Hilfe vor, die Ihnen einen zuverlässigen Weg aufzeigt, um sich von falschen Vorstellungen über Ihre kommunikativen Fähigkeiten zu befreien. Ich möchte Ihnen helfen, Ihre *Körperstimme* zu entdecken.

3. Kapitel

Die Bewertung der Körperstimme

Wie mag Henry Higgins bei der Beurteilung von Eliza Doolittles ungebildeter Stimme und ihren Sprechgewohnheiten wohl vorgegangen sein? Sicher ist, daß er zunächst einmal die Stirn in Falten legte, bevor er darüber nachdachte, was sich aus ihrer Stimme machen ließe. Worauf achtete er ganz besonders? Welche Veränderungen schienen ihm am dringendsten? Gilt das, was damals gegolten hat, noch heute?

Im 19. Jahrhundert, als die viktorianische Gesellschaft die zugeknöpfte, steife Lebensart predigte und das Briefeschreiben zu den gebräuchlichsten Arten des persönlichen Gedankenaustausches zählte, verließ sich Henry Higgins auf die Methoden der Redekunst. Er wollte die Stimme Elizas verbessern, indem er ihr beibrachte, jede Silbe und jedes Wort richtig und deutlich auszusprechen und jeden Konsonanten präzise zu betonen. Diese Art des Sprechens ist jedoch in unserer heutigen Zeit, der Zeit der weltweiten Telefonverbindungen und Übertragungssatelliten, nicht mehr angebracht. Tatsächlich sind Menschen, die natürlich sprechen, in der Lage, einen volleren Klang zu erzeugen und glaubwürdiger zu klingen.

Kevin, der als Historiker im ganzen Land Vorträge hält, suchte mich auf, weil ihn manche Zuhörer für zu steif hielten. Es lag keineswegs an seinem Körper oder seinen Gesten, sondern daran, daß er jedes Wort so aussprach, als gäbe er Unterricht in Phonetik.

»Ich habe immer geglaubt, ich müsse ganz gewissenhaft artikulieren, um übers Mikrophon verstanden zu werden«, sagte er.

»Natürlich, aber Sie müssen nicht so deutlich sprechen, daß es anderen schwerfällt, Sie zu verstehen«, erwiderte ich. »Sie sollten an anderer Stelle feilen, wenn Sie ein guter Redner sein wollen.«

Der Redestil, der heute gefragt ist, erfordert mehr Natürlichkeit und persönliche Wärme, sowie die spürbare Lebendigkeit im Ton der Stimme. Man erzeugt diese Eigenschaften nicht dadurch, daß man überdeutlich artikuliert. Nur mit Hilfe der Körperstimme kann man mit Überzeugungskraft und Charisma sprechen. Man muß noch weitergehen als bis zur Redekunst, d.h., man muß sich mit seinem Körper, seiner Atmung und seinen Gefühlen und ihrer Verbindung zur eigenen Stimme auseinandersetzen. Erst durch diese in die Tiefe gehende Beschäftigung und Bewertung können Sie den Eindruck, den Ihre Stimme hinterläßt, verbessern und Ihre Körperstimme entdecken.

Wie Sie selbst Ihre Stimme wahrnehmen

Die Bewertung der eigenen Stimme erfordert Ehrlichkeit und sorgfältige Aufmerksamkeit gegenüber Stimme und Körper. Ein besseres Verständnis Ihrer eigenen Stimme erreichen Sie, indem Sie die Körperstimme von mehreren Seiten betrachten. Sie sollten sich ganz besonders sorgfältig Ihren eigenen *Streßmechanismen* widmen. Ihre gesamten erlernten Muster im Umgang und zur Bewältigung von Streß üben einen wesentlichen Einfluß auf Ihre Stimme aus. Der angemessene Streßabbau ist ein wesentlicher Schritt zur Entwicklung Ihrer Körperstimme. Ebenso wichtig ist es, sich der *körperlichen Eigenschaften* bewußt zu werden, die darüber Aufschluß geben, wie sehr Sie mit Ihren Körperenergien im Einklang stehen. Die Lebendigkeit und die Ausdruckskraft Ihrer Stimme hängt davon ab, wie Sie atmen und wie wohl und kräftig Sie sich fühlen. Auch die *stimmliche Veranlagung* muß in Betracht gezogen werden. Das Wichtigste ist jedoch das Maß an Lebendigkeit, das Ihre Stimme ausdrückt. Zuletzt gilt es, den *Gesamteindruck* zu bewerten. All dies dient dazu, ein Gefühl dafür zu bekommen, wie verständlich und wirkungsvoll Ihre persönliche Art der Kommunikation ist, und wie nah oder wie fern Sie Ihrer Körperstimme sind, die Ihre natürliche Persönlichkeit zum Ausdruck bringt.

Nehmen Sie sich den Körperstimme-Selbstbewertungsbogen auf Seite 75 – 81 zur Hand, um die verschiedenen Dimensionen, von denen ich spreche, zu verstehen. Nehmen Sie sich etwa fünf bis zehn Minuten Zeit, um den Fragebogen sorgfältig auszufüllen. Er kann später als persönliche Bestandesaufnahme Ihrer physischen, emotionalen und stimmlichen Eigenschaften dienen, die wiederum wichtig sind für Ihre kommunikativen Fähigkeiten. Beachten Sie, daß der Fragebogen zwei Arten von Fragen bereithält:

* Die meisten Teile sind Auflistungen von Eigenschaften, Symptomen oder Situationen. Markieren Sie alle Punkte, die für Sie in Frage kommen. Sie können so viele anstreichen, wie Sie wollen. Die Anzahl der Punkte, die Sie markieren, hat nichts mit dem Ausmaß Ihrer Probleme zu tun, sondern dient als Anhaltspunkt für die Art der Probleme, die Sie möglicherweise bezüglich öffentlicher Reden, Ausdruckskraft oder Anspannung haben. Je klarer Ihr Bild davon ist, wie Sie in welchen Situationen kommunizieren, desto effektiver ist die weitere Arbeit.

* Der Fragebogen enthält außerdem Fragen, bei denen Sie auf einer Skala von 1 bis 10 markieren sollen, wie Sie sich bezüg-

lich Ihrer körperlichen Eigenschaften, Ihrer stimmlichen Veranlagung und Ihres Gesamteindruckes fühlen. Bitte gehen Sie nicht davon aus, daß diese Markierungen endgültige Beurteilungen Ihrer Stimme darstellen. Sie werden erkennen, daß Sie erst am Anfang sind.

Vielleicht fragen Sie sich beim Ausfüllen des Fragebogens, wie Sie sicher sein können, wirklich das Richtige anzukreuzen. Wie können Sie sicher sein, was tatsächlich angemessen ist? Sollen Sie beispielsweise im Teil»Stimmliche Veranlagung« ankreuzen, daß Ihre Stimme unangenehm hoch klingt, auch wenn Sie nicht wissen, ob Ihre Stimme immer so klingt? Vielleicht ist sie nur manchmal so entsetzlich hoch, wie an dem Tag, als Sie so nervös waren, weil ein Freund darauf bestanden hat, Ihre Stimme nur so zum Spaß auf Band aufzunehmen? Sollen Sie diese Situation als Problemsituation einstufen, auch wenn es nicht zu Ihrer Arbeit oder Ihrer Freizeitbeschäftigung gehört, Ihre Stimme regelmäßig auf Band aufzunehmen? Damit Sie mit diesem Fragebogen die besten Ergebnisse erzielen, empfehle ich Ihnen nachfolgende Techniken, um Ihr Gedächtnis aufzufrischen und sich auf die wirklich wichtigen Dinge zu konzentrieren:

* Versuchen Sie, sich an Ihre Gefühle und an Ihr Verhalten im Laufe eines ganz gewöhnlichen Tages zu erinnern, und dann in Streßzeiten und in ungewöhnlichen Situationen. Möglicherweise fallen Ihnen ganz bestimmte Muster auf; Sie könnten sich beispielsweise Ihrer ständigen Rückenverspannung oder Ihrer Atemlosigkeit bewußt werden. Vielleicht stellen Sie immer wiederkehrende Reaktionen auf bestimmte Anforderungen fest, wie Kopfschmerzen, wenn Sie Überstunden machen müssen, oder Ihr Beunruhigtsein über Ihren schnellen Herzschlag, wenn Sie unter Druck stehen.
* Denken Sie über die Zyklen und Veränderungen in Ihrem

72

Leben nach – Umzüge, Berufswechsel, neue Freundschaften und Beziehungen. Vielleicht fallen Ihnen Eigenarten oder Probleme auf, die in Krisenzeiten oder als Begleiterscheinung Ihrer persönlichen Entwicklung auftreten. Sie könnten feststellen, daß Sie sich auch jetzt mitten in einer solchen Phase befinden; vielleicht fühlen Sie sich schon monatelang ständig müde.

* Stellen Sie sich selbst an verschiedenen Orten vor, zu Hause, am Arbeitsplatz und in allen möglichen geschäftlichen und privaten Situationen, sowohl im formellen als auch informellen Rahmen. Wie sprechen Sie, wie bewegen Sie sich, wie fühlen Sie sich im Beisein von Freunden, wenn Sie eine Rede halten, streiten oder auch laut denken?

Sie können natürlich mit dem Körperstimme-Selbstbewertungsfragebogen mehr als einmal arbeiten. Ich empfehle, daß Sie ihn in gleichmäßigen Abständen immer wieder ausfüllen und somit Ihre Verbesserungen bezüglich Ihrer Stimme und Ihrer Kommunikationsfähigkeiten verfolgen, solange Sie mit der Kenley-Methode arbeiten. Sie können ihn natürlich auch dazu benutzen, um bestimmte Phasen oder Aspekte Ihres Lebens festzuhalten. Benutzen Sie ihn für Ihre ganz normale alltägliche Kommunikation mit Ihrer Familie, Ihren Freunden und Bekannten, um anschließend zu überprüfen, wie Sie sich fühlen, wenn an Ihre Stimme keine besonderen Anforderungen gestellt werden. Sie könnten ihn auch in den Situationen ausfüllen, in denen es sehr wohl darauf ankommt, wie Sie klingen. Benutzen Sie für die täglichen Situationen und Ihre Antworten einen andersfarbigen Stift als für die besonderen Situationen. Sie werden dadurch Ihre problematischen Bereiche sehr viel leichter bestimmen können.

Als Arthur beispielsweise den Fragebogen zum ersten Mal ausfüllte, markierte er die Situation, in der er die meisten

Schwierigkeiten mit seiner Stimme hatte: vor vielen Menschen zu sprechen. Er wurde sich klar darüber, daß auch der mündliche Austausch mit seiner Familie oft sehr anstrengend für ihn war, obwohl er keine Auswirkungen auf seine Stimme feststellen konnte. Nichtsdestotrotz entschloß er sich festzustellen, welche Schwierigkeiten in der jeweiligen Situation auftraten. Er füllte den Fragebogen noch zweimal aus, und zwar direkt nach einem Bankett, bei dem er den Hauptredner vorstellte, und direkt nach einem Essen mit seinen Eltern und anderen Verwandten, bei dem der Geburtstag einer Tante gefeiert wurde.

Arthur notierte seine Beobachtungen, als sie noch frisch in seinem Gedächtnis hafteten, und erkannte, daß er am Rednerpult mehrmals das Gefühl gehabt hatte, als würde ihm die Kehle zugeschnürt; er hatte feuchte Hände gehabt und ein Bedürfnis danach, die Augen zu schließen, um das Publikum aus seinem Blickfeld zu verbannen. Während des Familienessens hatte er bemerkt, daß er, obwohl er unaufhörlich in Gespräche verwikkelt war, nicht aufhörte, die Beine übereinanderzuschlagen und wieder nebeneinanderzustellen, so als ob er es nicht erwarten könnte, möglichst schnell den Tisch zu verlassen. Diese Entdeckung führte zu einem besseren Verständnis der Beeinflussung seines Körpers und seiner Fähigkeit zu kommunizieren durch die zugrundeliegenden Spannungen. Er war dadurch in der Lage, seine Angst vor öffentlichen Reden im Kontext der körperlichen und emotionalen Blockaden zu sehen, was ihm half, die Verbesserung seiner Stimme mit größerem Verständnis anzugehen, als er es jemals zuvor getan hatte.

Lassen Sie sich Zeit beim Ausfüllen des Fragebogens. Versuchen Sie so ehrlich und ernsthaft wie möglich zu sein. Sie haben jetzt die Gelegenheit, sich selbst und Ihr Leben neu und vollständig zu erfahren. Genießen Sie die Tatsache, daß Sie erfahren, was Sie über sich und ihre Stimme wissen – und daß Sie entdecken, was Sie *noch nicht* wissen.

Körperstimme-Selbstbewertung

Diese Bewertung erfolgt in sechs Teilen, die jeweils verschiedene Erfahrungsbereiche bezüglich Ihrer Stimme und Ihres kommunikativen Austausches mit anderen umfassen.

Die Erkennung von Streß

Markieren Sie die Symptome, die auf persönliche Streßverhaltensmuster hindeuten:

☐ Immer wiederkehrende Kopfschmerzen
☐ Beengendes Gefühl in der Brust
☐ Überanstrengte und heisere Stimme
☐ Mangelnde Konzentrationsfähigkeit
☐ Müdigkeit und ein Gefühl des Ausgelaugtseins
☐ Erhöhter Herzschlag
☐ Zittern
☐ Nervöser, verkrampfter Magen
☐ Schwierigkeiten beim Atmen
☐ Nachlassende sexuelle Bedürfnisse
☐ Schmerzen im unteren Rücken
Anderes: _____

Streß-Situationen für die Stimme

Die nachfolgenden Situationen betreffen zwischenmenschliche Kommunikation; bitte geben Sie an, in welchen Situationen Sie sich gestreßt fühlen.

Markieren Sie den Grad des Streßgefühls, das Sie mit der jeweiligen Situation verbinden (a niemals; b manchmal; c immer):

Interviews	a	b	c
Eine Rede halten vor einem großen Publikum	a	b	c
Ein Gespräch mit einem einzigen Menschen	a	b	c
Reden in einer kleinen Gruppe	a	b	c
Reden mit Fremden	a	b	c
Reden mit Freunden	a	b	c
Reden mit Ihrer Familie	a	b	c
Spontan über etwas Wichtiges reden	a	b	c
Sprechen vor der Kamera	a	b	c

Streß-Symptome in bezug auf Ihre Stimme

Kreuzen Sie alle Symptome an, die Sie beim Sprechen beobachtet haben:

☐ Zugeschnürte Kehle, Erstickungsgefühl
☐ Schweißige Handinnenflächen
☐ Zusammengepreßte Zähne
☐ Kopfschmerzen, Druck in der Augengegend
☐ Abwesenheit oder Zerstreutheit
☐ Nervöses Flattern im Magen
☐ Schulterverspannung
☐ Steife oder zitternde Knie
☐ Flache, schnelle Atmung
Anderes: _____

Körperliche Eigenschaften

Markieren Sie alle Eigenschaften, deren Sie sich bewußt sind:

Haltung
☐ Steifer Rücken
☐ Gesenkte Brust
☐ Beine scheinen linkisch/nicht tragend

- ☐ Kehle und Hals scheinen verspannt
- ☐ Neigung, sich zurückzulehnen
- ☐ Steife Knie
- ☐ Verkrampftes Gesicht
- ☐ Herabhängende Schultern
- ☐ Hochgezogene, verspannte Schultern
- ☐ Körper scheint unzusammenhängend
- ☐ Schlechte Haltung
- ☐ Neigung, sich vorwärts zu lehnen
- ☐ Mit sich im Lot/geerdet sein

Anderes: _____

Körperbewußtsein, Bewegungen, Gesten
- ☐ Unbeholfenheit oder Gefühl des Unbehagens beim Sitzen, Stehen, Laufen
- ☐ Mangel an Körperkoordination
- ☐ Steifheit oder Zögern in der Gestikulation und im Verhalten
- ☐ Gefühl der Leblosigkeit im körperlichen Ausdruck
- ☐ Handeln aus dem Verstand heraus mit minimalem Körperbewußtsein
- ☐ Gefühl der Integration von Körper und Bewegungen
- ☐ Inneres Gespür für Arme und Beine
- ☐ Das Gefühl, daß die sexuelle Energie Teil der Lebendigkeit ist
- ☐ Leichtigkeit und Anmut der Bewegungen
- ☐ Lebendigkeit und Kraft in den Bewegungen

Anderes: _____

Schlechte Angewohnheiten
- ☐ An den Lippen saugen oder lecken
- ☐ Zähne zusammenbeißen
- ☐ Ständige Veränderung der Haltung
- ☐ Anspannen der Augenbrauen/Stirn

- ☐ Hand am Mund während des Sprechens
- ☐ Kratzen am Kopf
- ☐ Augen schließen oder blinzeln
- ☐ Beine übereinanderschlagen
- ☐ Mit dem Haar spielen
- ☐ Gähnen
- ☐ Grimassen schneiden oder Gesicht verziehen
- ☐ Ablenkende Handbewegungen
- ☐ Mangel an ununterbrochenem Augenkontakt
- ☐ Durch die Nase atmen beim Sprechen

  Anderes: _____

Im allgemeinen würde ich sagen, daß ich mich durch meinen Körper (kreuzen sie eine Zahl an)

unwohl	enttäuscht	o.k.		wohl	lebendig/zuver-
					sichtlich
1 2	3 4	5 6		7	8 9 10

fühle.

Stimmliche Veranlagung

Markieren Sie alles, was für Ihre Stimme zutrifft:

Klangfarbe
Meine Stimme:
- ☐ neigt dazu, in bestimmten Situationen zu laut zu sein
- ☐ klingt durchschnittlich und/oder gewöhnlich
- ☐ klingt unangenehm hoch
- ☐ klingt schroff, schrill oder unstet
- ☐ ist eine Flüsterstimme
- ☐ klingt zu tief

78

☐ klingt verkrampft und wie unter Druck
☐ neigt dazu, schwach und unhörbar zu sein
☐ ist dem, was sie ausdrückt, angemessen
☐ klingt voll und entspannt
☐ klingt lebhaft und ausdrucksvoll
☐ ist klar, deutlich und lebendig
Anderes: _____

Sprachstil
Ich spreche/drücke mich aus:
☐ mit einem Mangel an Artikulation, Neigung zu nuscheln
☐ zu schnell und kann deshalb nicht ohne Mühe verstanden werden
☐ im allgemeinen zu langsam
☐ in unvollständigen Sätzen
☐ mit übertriebener Modulation
☐ leblos und monoton
☐ zögernd, mit vielen Pausen und »ahs«
☐ widersprüchlich zu dem, was ich sage
☐ wie ich fühle
☐ und unterstreiche das, was ich sage
☐ so daß ich andere anspreche
Anderes: _____

Im allgemeinen würde ich sagen, daß ich mich mit meiner Stimme (kreuzen Sie eine Zahl an)

unwohl	enttäuscht	o.k.		gut	lebendig/am Leben teilhabend
1 2 3	4 5 6	7		8 9 10	

fühle.

Gesamteindruck

Markieren Sie das, was für Sie zutrifft:

Wenn ich mit anderen Menschen spreche, fühle ich mich meistens:

- ☐ unsicher
- ☐ ängstlich
- ☐ nervös
- ☐ unreif
- ☐ unter Druck und ungeduldig
- ☐ wütend oder grollend
- ☐ als ob ich etwas verberge
- ☐ unfähig, das zu sagen, was ich meine
- ☐ arrogant
- ☐ schwach
- ☐ gleichgültig und uninteressiert
- ☐ traurig und allein
- ☐ schüchtern
- ☐ glücklich
- ☐ zuversichtlich
- ☐ lebendig und kraftvoll
- ☐ unbekümmert
- ☐ autoritär
- ☐ interessiert und sensibel
- ☐ rücksichtsvoll und anteilnehmend
- ☐ ehrlich

Anderes: _____

> *Im allgemeinen würde ich sagen, daß ich mich mit meiner*
> *Art zu sprechen (kreuzen Sie eine Zahl an)*
>
> *unwohl   enttäuscht   o.k.   wohl   lebendig/am*
>   *Leben teilhabend*
> 1   2   3   4   5   6   7   8   9   10
> *fühle.*

Wie andere Sie wahrnehmen

Eine ehrliche Bestandesaufnahme Ihrer Gefühle, Körperempfindungen und Selbstwahrnehmung ist nur der erste Schritt in der Bewertung Ihrer Stimme, deren Wirksamkeit und Verständlichkeit in Ihrem verbalen Ausdruck. Damit Sie mit einiger Sicherheit sagen können, wie andere den Klang Ihrer Stimme wahrnehmen und Ihre Art des Sprechens empfinden, ist es notwendig, daß die Menschen um Sie herum Ihnen Feedback geben.

Dieser Schritt kann zu einer der reichsten Erfahrungen in Ihrem Leben überhaupt führen. Ich möchte Sie auf jeden Fall dazu ermutigen. Höchstwahrscheinlich klingt Ihre Stimme besser, als Sie annehmen. Aus eigener Erfahrung mit Tausenden von Klienten weiß ich, daß die meisten Menschen annehmen, ihre Stimme sei nicht klangvoll genug, sie drückten sich nicht verständlich genug aus oder klängen gewöhnlich anstatt außergewöhnlich.

Es ist vielleicht gar nicht nötig, daß Sie eine große Veränderung vornehmen. Möglicherweise reichen sechs Wochen aus, um Ihre Stimme gesünder und lebendiger zu machen. Denken Sie an Ihr Körpergewicht; Sie wissen doch, daß es manchmal ausreicht, ein Kilo abzunehmen, damit Sie sich wieder wohl fühlen. Wenn Sie bezüglich Ihrer Stimme erst einmal so sensibilisiert sind, werden Sie erkennen, daß das gleiche für sie gilt und daß auch eine winzige Veränderung zu einem Gefühl der Zuversicht und des Wohlseins führen kann.

Wenn Sie Ihre Selbsteinschätzung mit der Wahrnehmung anderer vergleichen, werden Sie sich darüber bewußt werden, woran Sie bezüglich der Verbesserung Ihrer kommunikativen Fähigkeiten arbeiten müssen. Schließlich wird Ihnen beim Feedback durch andere klar, ob Sie sich auf die verständlichste Art und Weise mitteilen, und es wird Ihnen so eine Hilfe bei der Bewertung Ihrer sprachlichen Verständigung sein.

Machen Sie vom Körperstimme-Fragebogen Gebrauch, um das bestmögliche Feedback von anderen zu erhalten. Machen Sie sich Kopien der Seiten 84 bis 88 und bitten Sie fünf Menschen Ihres Vertrauens, den Fragebogen auszufüllen. Sie können diesen Fragebogen in Ihrer Gegenwart ausfüllen oder ihn mit nach Hause nehmen, ausfüllen und ihn Ihnen später zurückgeben. Das Ausfüllen des Fragebogens sollte nicht länger als zehn Minuten in Anspruch nehmen. Wenn möglich sollten Sie ihn Menschen aus verschiedenen Lebensbereichen geben, d. h. Arbeitskollegen, Freunden und Verwandten. Es ist nicht notwendig, daß alle Menschen Sie gut kennen. Wichtiger ist, daß diese Menschen Ihnen wohlgesonnen sind, daß sie ein gutes Wahrnehmungsvermögen haben, an Ihnen als Mensch interessiert sind und eine ehrliche Bewertung abgeben. Diese Menschen werden möglicherweise die Beschäftigung mit diesem Fragebogen als lehrreiche Erfahrung für sich selbst ansehen. Sie kann der Anstoß dazu sein, sich über ihre eigene Stimme und ihren verbalen Ausdruck Gedanken zu machen.

Emily, Computergraphikerin und Beraterin, zögerte, diesen Schritt zu tun. Endlich bat sie fünf Menschen um die Beantwortung des Fragebogens: Sue, ihre beste Freundin; Billy, ihren Steuerberater und Freund, dessen Wahrnehmungsvermögen und gesunder Menschenverstand sie immer beeindruckt hatten; Margo, ebenfalls Computergraphikerin, deren tiefe, musikalische Stimme Emily immer bewundert hatte; Eric, Lehrer an der Schule für Computergraphik, der ihr nach Abschluß eine Empfehlung gegeben, den sie aber lange Zeit nicht mehr gesehen hatte; und Joseph, ihren derzeitigen Freund.

Zu ihrer Überraschung und Erleichterung sagten alle spontan zu, den Fragebogen auszufüllen. Ihre Bewertungen, die sie unter Berücksichtigung der zu erwartenden Objektivität bzw. Subjektivität interpretierte, halfen ihr, bestimmte Probleme ganz gezielt anzugehen. So wurde beispielsweise die Klangfarbe ihrer Stimme ganz unterschiedlich bewertet, doch alle Befragten gaben an, daß ihre Schultern verspannt wirkten. Emily war sich dessen nicht bewußt gewesen, und als wir zusammen arbeiteten, erkannte sie, wie entscheidend es war, diese Verspannung zu lockern, um einen persönlichen Klang der Stimme zu entwickeln. Sie war überrascht darüber, daß Margo, trotz ihrer eigenen anziehenden Stimme, mit der sie auch zufrieden war, mehr über die Körperstimme-Idee erfahren wollte. Angeregt durch den Fragebogen wollte auch sie ihren Gesamteindruck überprüfen.

»Ich höre immer wieder von allen möglichen Leuten, wie wohlklingend meine Stimme ist«, erzählte sie Emily, »aber ich fühle mich irgendwie beengt. Ich habe das Gefühl, daß meine Stimme nicht immer das ausdrückt, was ich fühle. Mir ist klar geworden, daß ich ein breiteres Spektrum an emotionaler Ausdruckskraft haben möchte.«

Möglicherweise ist die Beschäftigung mit dem Fragebogen nur die erste Verbindung Ihrer Freunde zu Ihren stimmlichen Veränderungen. Sie können Ihnen in jeder Phase Ihrer Entwicklung helfen. Sie können Ihnen sagen, ob Ihr Kiefer verkrampft aussieht, helfen, ihre Stimme in bestimmten Situationen zu bewerten. Sie werden nicht immer alles über Ihre Übungen und

Ihre Fortschritte wissen, aber manchmal bringt auch eine noch so kleine Rückmeldung Sie ein Stück weiter.

Körperstimme-Bewertungsfragebogen

Diese Bewertung ist in drei Teile gegliedert, die sich darauf beziehen, wie ein Mensch sich in der Welt darstellt. Jeder Teil besteht aus zwei Untertiteln:

1. *Persönliche Eigenschaften, die Ihnen an dem Menschen aufgefallen sind*
2. *Eine Bewertungsskala von 1–10 für Ihren Gesamteindruck*

Die eigentliche Beurteilung basiert auf der Beantwortung der jeweils zweiten Frage, doch der erste Teil dient dazu, Ihre Wahrnehmungen möglichst genau zu benennen und dem Menschen, der die Beurteilung wünscht, ein möglichst aussagekräftiges Feedback zu geben.

Körperliche Eigenschaften

Markieren Sie alles, was Ihrer Meinung nach auf die Person zutrifft:

Haltung
- [ ] Steifer Rücken
- [ ] Gesenkte Brust
- [ ] Beine scheinen linkisch/nicht tragend
- [ ] Kehle und Hals scheinen verspannt

- ☐ Neigung, sich zurückzulehnen
- ☐ Steife Knie
- ☐ Verkrampftes Gesicht
- ☐ Herabhängende Schultern
- ☐ Hochgezogene, verspannte Schultern
- ☐ Körper scheint unzusammenhängend
- ☐ Schlechte Haltung
- ☐ Neigung, sich vorwärts zu lehnen
- ☐ Ist mit sich im Lot/geerdet
  Anderes: _____

Bewegungen und Gesten
- ☐ Unbeholfenheit oder Gefühl des Unbehagens beim Sitzen, Stehen, Laufen
- ☐ Mangel an Körperkoordination
- ☐ Steifheit oder Zögern in der Gestikulation und im Verhalten
- ☐ Körperausdruck scheint leblos und/oder mechanisch
- ☐ Harmonische Bewegungen
- ☐ Leichtigkeit und Anmut der Bewegungen
- ☐ Lebendigkeit und Kraft in den Bewegungen
  Anderes: _____

Schlechte Angewohnheiten
- ☐ An den Lippen saugen oder lecken
- ☐ Zähne zusammenbeißen
- ☐ Ständige Veränderung der Haltung
- ☐ Anspannen der Augenbrauen/Stirn
- ☐ Hände am Mund während des Sprechens
- ☐ Nervöses Lachen
- ☐ Kratzen am Kopf
- ☐ Augen schließen oder blinzeln
- ☐ Beine übereinanderschlagen
- ☐ Mit dem Haar spielen

☐ Gähnen
☐ Grimassen schneiden oder Gesicht verziehen
☐ Ablenkende Handbewegungen
☐ Mangel an ununterbrochenem Augenkontakt
☐ Durch die Nase atmen beim Sprechen
Anderes: _____

Ganz allgemein würde ich sagen, daß die körperlichen Eigen-
schaften dieses Menschen mich (kreuzen Sie eine Zahl an)
unwohl   desinteressiert   o.k.   wohl   lebendiger
1   2   3   4   5   6   7   8   9   10
machen.

Stimmliche Veranlagung

Markieren Sie alles, was Ihrer Meinung nach auf die Stimme des
Menschen zutrifft:

Klangfarbe
Die Stimme des Menschen:
☐ neigt dazu, in bestimmten Situationen zu laut zu sein
☐ klingt durchschnittlich und/oder gewöhnlich
☐ klingt unangenehm hoch
☐ klingt schroff, schrill und unstet
☐ ist eine Flüsterstimme
☐ klingt zu tief
☐ klingt verkrampft und wie unter Druck
☐ neigt dazu, schwach und unhörbar zu sein
☐ ist dem, was sie ausdrückt, angemessen
☐ klingt voll und entspannt
☐ klingt lebhaft und ausdrucksvoll

86

☐ ist klar, deutlich und lebendig
Anderes: _____

Sprachstil
Die Sprechweise dieses Menschen:
☐ weist einen Mangel an Artikulation, Neigung zu nuscheln auf
☐ neigt zum zu schnellen Sprechen und kann ohne Mühe kaum verstanden werden
☐ ist im allgemeinen zu langsam, und ich verliere das Interesse
☐ ist zögernd, mit vielen Pausen und »ahs«
☐ neigt zu unvollständigen Sätzen
☐ neigt zu übertriebener Modulation
☐ ist leblos und monoton
☐ widerspricht manchmal dem, was gesagt wird
☐ unterstreicht, das, was gesagt wird
☐ ist dynamisch und unterhaltend
☐ ist einnehmend und gewinnend
Anderes: _____

Ganz allgemein würde ich sagen, daß ich mich durch die Stimme dieses Menschen (kreuzen Sie eine Zahl an)

unwohl	desinteressiert		o.k.	wohl	lebendiger
1 2	3 4 5	6	7	8 9	10

fühle.

Gesamteindruck

Markieren Sie das, was Ihrer Meinung nach für diesen Menschen zutrifft:

Wenn ich mit ihm/ihr spreche, habe ich oft den Eindruck, mit einem Menschen zu sprechen, der

- ☐ unsicher
- ☐ ängstlich
- ☐ nervös
- ☐ unreif
- ☐ unter Druck und ungeduldig
- ☐ wütend oder grollend
- ☐ etwas verbirgt
- ☐ arrogant
- ☐ schwach
- ☐ gleichgültig und uninteressiert
- ☐ traurig und allein
- ☐ schüchtern
- ☐ glücklich
- ☐ zuversichtlich
- ☐ lebendig und kraftvoll
- ☐ unbekümmert
- ☐ autoritär
- ☐ interessiert und sensibel
- ☐ rücksichtsvoll und anteilnehmend
- ☐ ehrlich

ist.

Anderes: _____

Ganz allgemein würde ich sagen, daß ich mich durch den verbalen Ausdruck dieses Menschen (kreuzen Sie eine Zahl an)

unwohl		*desinteressiert*			*o.k.*	*gut*		*lebendiger*
1	2	3	4	5	6	7	8	9	10

fühle.

Die Auswertung des Fragebogens

Der Körperstimme-Selbstbewertungsfragebogen und die fünf Fragebogen, die von Ihren Freunden ausgefüllt wurden, liefern wichtige Informationen über Ihr Verhalten in Streßsituationen sowie über Ihre stimmlichen und körperlichen Eigenschaften, die Sie mit den Übungen im zweiten Teil dieses Buches verändern und verbessern wollen. Die drei Bewertungsskalen am Ende jedes Teilabschnittes dienen dazu, Ihnen die Auswertung der Fragebogen zu erleichtern. Übertragen Sie jetzt die angekreuzten Zahlen Ihres Bewertungsfragebogens und der anderen fünf Bewertungsfragebogen in die nachfolgende Körperstimme-Beurteilungstabelle.

Anhand der Häufigkeit der Antworten in einer Spalte können Sie erkennen, wie erfolgreich Sie als Gesprächspartner sind.

* Wenn Sie in den meisten Fällen mit 9 oder darüber bewertet wurden, sind Sie ein Mensch, der gerne redet und andere inspiriert.
* Wenn Sie in den meisten Fällen mit 7 oder darüber bewertet wurden, sind Sie in der Lage, sich verständlich zu machen und dabei eine positive Wirkung bei anderen zu hinterlassen.
* Wenn Sie in den meisten Fällen mit 5 oder darunter bewertet wurden, können Sie zur Entwicklung Ihrer Körperstimme und Verbesserung Ihrer Kommunikationsfähigkeiten eine Reihe von ganz bestimmten Fähigkeiten und Erkenntnissen bearbeiten.

Wenn die verschiedenen Bewertungen sehr unterschiedlich ausgefallen sind, sollten Sie sich auf alle Fälle Gedanken über die unterschiedliche Beurteilung Ihres verbalen Ausdrucks machen. Jonathan beispielsweise stellte fest, daß seine Freunde und seine Frau seine Stimme als ausdrucksvoller und einneh-

Körperstimme-Beurteilungstabelle

1. Feedback	Körper											
	Stimme											
	Eindruck											
2. Feedback	Körper											
	Stimme											
	Eindruck											
3. Feedback	Körper											
	Stimme											
	Eindruck											
4. Feedback	Körper											
	Stimme											
	Eindruck											
5. Feedback	Körper											
	Stimme											
	Eindruck											
Selbst-	Körper											
bewertung	Stimme											
	Eindruck											

　　　　　　　1　2　3　4　5　6　7　8　9　10

mender bewerteten als seine Arbeitskollegen. Er fand dadurch den Mut, seine berufliche Situation zu analysieren und seine Lebensziele sowie seine emotionale Anspannung, die wiederum seine Einstellungen und Entscheidungen beeinflußte, neu zu formulieren. Diese Neuorientierung gipfelte darin, daß er sich um eine neue und befriedigendere Arbeit bewarb und sie auch bekam. Ein Jahr später bat er seine neuen Arbeitskollegen um Beurteilung seiner Stimme und seiner kommunikativen Fähigkeiten und stellte fest, daß sie ihn sehr viel positiver wahrnahmen als seine früheren Arbeitskollegen.

Wenn Sie eine sehr große Diskrepanz zwischen der Bewertung der anderen und Ihrer eigenen feststellen, ermitteln Sie jeweils einen Durchschnittswert. Zusätzlich dazu kann Ihnen ein Sprechlehrer oder Sprechtherapeut eine professionelle Analyse Ihrer stimmlichen Veranlagung und Ihrer kommunikativen Fähigkeiten geben.

Greifen Sie immer wieder auf die Fragebögen zurück, die sozusagen als Bestandsverzeichnis dienen und Ihnen Problembereiche deutlich sichtbar machen können. Vielleicht ist die Tatsache, daß Sie nervös sind, wenn Sie vor vielen Menschen sprechen, daran schuld, daß Ihre Stimme nicht trägt. Sie werden vielleicht feststellen, daß mehrere Menschen, die Sie gebeten haben, einen Fragebogen auszufüllen, störende Körpergesten an Ihnen bemerkt haben. Diese Art des Bestandsverzeichnisses kann von besonders großem Nutzen für Sie sein, wenn Sie anfangen, mit der Kenley-Methode zu arbeiten. Sie kommen zu einem tieferen Verständnis der Auswirkung von körperlicher und emotionaler Anspannung auf Ihren Körper und Ihre Stimme. Sie werden sich der gegenseitigen Abhängigkeiten zwischen Gefühlen, verspannten Muskeln, nervösen Angewohnheiten und Ihrer Stimme sehr viel bewußter werden, wenn Sie mit der Entspannung, dem Körperbewußtsein und der Körperatmungstechnik arbeiten, und Sie werden gleichzeitig das Nachlassen der Spannungen zwischen Körper, Geist und Gefühl empfinden.

Wenn ich zu einer Gruppe von Menschen spreche, demonstriere ich für gewöhnlich auf sehr einfache Art und Weise, wie sehr unbewußte oder unangebrachte Gesten vom Gesagten ablenken können. Wenn ich solch einen Scheinvortrag halte, demonstriere ich beispielsweise die Ablenkung durch einen Stab, mit dem ich in der Luft herumfuchtle, oder indem ich meine Augen mit leerem Blick ziellos durch den Raum wandern lasse. Das Publikum erkennt sehr schnell, wie sehr die verschiedenen

Verhaltensweisen ablenken und stören. Wenn ich dann später mit jedem einzelnen Zuhörer alleine arbeite, gehe ich darauf ein, wie hilfreich es ist, sich dieser störenden Gesten bewußt zu werden, um dadurch zu einem besseren Ausdruck der echten Körperstimme zu gelangen.

Bernard beispielsweise hatte die Angewohnheit, sich beim Sprechen am Kinn zu kratzen und sich auf die Unterlippe zu beißen. Als er sich dieser Angewohnheiten bewußt wurde, kamen ihm erstmals Zweifel an seinen Kommunikationsfähigkeiten, die dann zur Folge hatten, daß er seine Furcht überwand, mit wichtigen Menschen in seinem Leben über seine Gefühle und Gedanken zu sprechen. Er war in der Lage zu erkennen, wie diese nervösen Gesten seine Möglichkeiten, mit Überzeugungskraft und Selbstsicherheit zu sprechen, einschränkten.

Wenn Sie sich die Fragebogen zunutze machen, um Ihre Stimm- und Kommunikationsfähigkeiten zu verstehen, werden Sie vielleicht zum ersten Mal auf Probleme im körperlichen, emotionalen oder verbalen Bereich stoßen, die professioneller Hilfe bedürfen. Ich empfehle Ihnen, diese erst auszuschließen oder aber behandeln zu lassen, bevor Sie mit diesem Buch weiterarbeiten. So könnten Sie beispielsweise feststellen, daß Ihr Brustkorb, Ihr Hals oder Ihr Rücken furchtbar steif oder daß Ihr Kiefer vollkommen unbeweglich ist. Vielleicht bemerken Sie auch, daß Ihre Wirbelsäule total verspannt ist oder daß Sie mit den Zähnen knirschen. In diesen und ähnlichen Fällen würde ich Ihnen raten, einen Arzt aufzusuchen. Wenn Sie schwerwiegende Aussprachefehler haben, wie z.B. Lispeln, sollten Sie die Hilfe eines Logopäden in Anspruch nehmen. Desgleichen sollten Sie sich in psychologische Behandlung begeben, wenn emotionale Schwierigkeiten zu bestimmten Unsicherheiten geführt haben. Diese Art der Unterstützung kann als hilfreiche Ergänzung zu den Übungen dieses Buches dienen. Meine Techniken zur Stimmverbesserung werden in fast allen Fällen zu neuen

Möglichkeiten der persönlichen Wahrnehmung der eigenen Person führen.

Denken Sie daran, daß der Ton Ihrer Stimme entscheidend ist. Ich kenne viele Menschen mit organischen Sprachfehlern, wie beispielsweise Barbara Wolters und Tom Brokaw. Sie haben ganz bestimmte sprachliche Eigenarten, die manchmal karikiert werden, und trotzdem sind sie erfolgreiche Fernsehjournalisten. Ihre größte Beeinträchtigung ist eine Stimme, der es an Lebendigkeit fehlt und eine Ausdrucksart, die Ihre inneren Eigenschaften nicht widerspiegelt.

Die Bewertung Ihrer Kommunikationsfähigkeit

Wenn Sie mit den Kenley-Übungen arbeiten, werden Sie lernen, Streß abzubauen und gleichzeitig Ihre Atemkraft und Ihre Ausdruckskraft zu erhöhen. Ich empfehle Ihnen, Ihre Kommunikationsfähigkeit anhand der drei folgenden Bereiche zu bewerten. Die von mir entwickelte Kenley-Methode-Bewertungsskala beschreibt drei Stufen für jeden Bereich.

* Stufe I weist auf Probleme im Bereich des Bewußtseins und der kommunikativen Fähigkeiten mit nachfolgendem Kräfteverlust der Körperstimme hin.
* Stufe II weist auf positive Veränderung, besseres Verständnis und Wirksamkeit hin.
* Auf Stufe III ist ein Mensch dann, wenn er die Techniken der Kenley-Methode erfolgreich angewandt hat und ein echter Gesprächspartner ist.

Lesen Sie jeden Abschnitt Ihrer Bewertungsskala sorgfältig durch und entscheiden Sie, wie jeder einzelne Punkt auf Ihre

Stimme und Ihre sprachliche Verständigung zutrifft. Tragen Sie dann die Ihnen entsprechende Stufe für jeden Bereich Ihrer sprachlichen Verständigung in der Bewertungsskala auf Seite 97 ein.

Die Kenley-Methode-Bewertungsskala

Streßabbau für die Körperstimme

Stufe I

* Ihr Mangel an Bewußtsein gegenüber Spannungsaufbau, sowohl körperlicher als auch stimmlicher Art, führt dazu, daß Sie unter Streß-Symptomen leiden: Kopfschmerzen, Bauchkrämpfe, Beengtheitsgefühl in der Brust, Magenschmerzen, Atembeschwerden, gereizte Stimmbänder, sexuelle Müdigkeit und Konzentrationsmangel.
* Sie agieren aufgrund von verstandesmäßigen Entscheidungen und empfinden Ihren Körper überhaupt nicht.
* Man nimmt sie als ängstlich, schüchtern, nervös und unglaubwürdig wahr, weil Ihr Körper linkisch, Ihre Stimme unsicher und Ihre Gesten mechanisch sind.

Stufe II

* Sie spüren, wo sich in Ihrem Körper chronische Anspannung anhäuft.
* Sie haben ganz bestimmte Techniken zur Kontrolle und zum Abbau von Spannungen erlernt.
* Sie stellen allmählich fest, daß Ihre Stimme und Ihr Körper immer weniger entkräftende Streß-Symptome aufweisen.
* Sie werden höchstwahrscheinlich als Mensch wahrgenommen, der ein Gefühl der Kompetenz und ein gewisses Maß an Glaubwürdigkeit vermittelt.

94

* Ihre Körpersprache und Ihre Stimme lenken nicht davon ab, was Sie sagen.

Stufe III
* Sie beweisen, daß Sie fähig sind, Streßsituationen mühelos zu bewältigen.
* Sie können Streß ausmachen und bewältigen, bevor er Ihnen schaden kann.
* Sie werden als entspannt, zuversichtlich, einnehmend und voller Lebendigkeit erlebt.

Körperatmungskraft

Stufe I
* Sie haben sich nie Gedanken darüber gemacht, wie Sie atmen oder wie sich Ihre Atmung auf Ihre Lebendigkeit und Ihre Gesundheit auswirkt.
* Sie wissen, daß sich unzureichende Atmung negativ auf Ihren Energiehaushalt, Ihre Atmungsorgane, Sexualität und Stimmung auswirkt.
* Sie werden höchstwahrscheinlich als schwach, ausdrucksarm, matt oder kraftlos empfunden werden.

Stufe II
* Sie wissen, wie Sie atmen, und atmen mit Ihrem ganzen Körper.
* Sie fangen an, das Mehr an Energie in Ihrem täglichen Leben erfreut zur Kenntnis zu nehmen.
* Sie fühlen sich immer wohler.
* Sie werden möglicherweise als ein Mensch empfunden, der ein gewisses Maß an Energie und Initiative ausstrahlt.
* Sie strahlen eine gewisse persönliche Präsenz und Stärke aus.

Stufe III

* Sie praktizieren Körperatmung.
* Sie machen sich die Kraft Ihres Unterkörpers zunutze, um Ihren Atem zu stützen.
* Sie empfinden ein beruhigendes Gefühl der persönlichen Stärke.
* Ihre Gesten und Bewegungen sind harmonisch.
* Sie werden als energiegeladen und zuversichtlich empfunden und strahlen eine starke persönliche Präsenz aus.

Charisma des Körpersprechens

Stufe I

* Ihrer Stimme mangelt es an Ausdruckskraft, Klangfülle und Kraft.
* Ihre Stimme steht nicht in Verbindung mit Ihren Beinen und Ihrem Unterkörper, Ihrer sexuellen Energie oder Ihrer Lebensenergie.
* Sie sind weder im Einklang mit dem, was Sie sagen, noch mit Ihren Zuhörern.
* Sie werden als Verstandesmensch empfunden, dessen Lebensenergie unecht wirkt, der sich mehr für sein Gesprächsthema als für seinen Gesprächspartner interessiert und der gewöhnlich oder gar unzulänglich klingt.

Stufe II

* Sie wissen, wann Sie mit einer Kopfstimme und wann Sie mit Ihrer Körperstimme sprechen.
* Sie erkennen, wie der Klang Ihrer Stimme andere und deren Wahrnehmung beeinflußt.
* Sie fangen an, Ihre Stimme durch Ihren Unterkörper zu stützen.
* Sie werden als Mensch empfunden, der auf harmonische

96

Weise, mit interessanter Stimme und einem ausdrucksvollen Körper spricht.

Stufe III
* Sie sprechen mit Ihrem ganzen Körper auf eine lebendige und anregende Art.
* Sie bringen mit Ihrem Körper und Ihrer Stimme zum Ausdruck, wer Sie sind.
* Sie werden als überzeugender, vollkommen lebendiger Mensch mit Charisma erlebt – als ein Mensch, der auf natürliche, sprühende Art spricht.

Die Kenley-Methode-Bewertungsskala der Kommunikationsfähigkeit

Kreuzen Sie die Stufe jedes Bereiches an, die auf Sie zutrifft, um sich einen Überblick über Ihre gegenwärtige sprachliche Wirkung zu verschaffen.

Sie können diese Bewertungsskala dazu benutzen, sich selbst nicht nur jetzt, sondern zu jedem Zeitpunkt Ihrer Übungen zu bewerten. Bringen Sie die Skala in regelmäßigen Abständen auf den neuesten Stand, um so Ihre Fortschritte zu messen.

Gehen Sie nicht zu streng mit sich selbst um. Wachsen Sie nach Ihrem eigenen inneren Maßstab. Seien Sie gut zu sich selbst und machen Sie weiter. Erfreuen Sie sich an Ihren Fortschritten.

Vergleichen Sie sich nicht mit anderen, und messen Sie sich nicht an einem willkürlichen Standard. Wetteifern Sie mit Ihren eigenen Fähigkeiten und nicht mit denen anderer.

Die Kenley-Methode-Bewertungsskala kann zu einem festen Bestandteil Ihres Lebens werden und Ihnen helfen, mit sich und Ihren besten Energien im Einklang zu bleiben. Vor einigen Jahren hatte ich geschäftlich in Spanien zu tun. Ich nahm einen ganzen Tag lang an verschiedenen Konferenzen teil, und im Anschluß daran war ich mit Leah, einer Dolmetscherin der Amerikanischen Botschaft, zum Abendessen verabredet. Leah hatte mich im Jahr zuvor aufgesucht; sie wollte ihre Stimme verbessern, um eine bessere Dolmetscherin zu werden. Nach unserer gemeinsamen Arbeit hatte sie große Fortschritte in ihrem Beruf gemacht und hatte es schließlich zur Dolmetscherin an der Amerikanischen Botschaft gebracht. Als sie mich im Auto in die Stadt mitnahm, war ich ziemlich überrascht, als sie eine Cassette einlegte und ich plötzlich meine eigene Stimme hörte:

»Hello Leah. Heute geht es darum, Körperlaute zu erzeugen.«

»Das ist doch das Band, das ich für dich gemacht habe«, rief ich aus.

»Si, Señora«, sagte sie lächelnd. »Ich höre es mir jeden Morgen auf dem Weg zur Arbeit an.«

Ich freute mich, daß sie sich immer noch jeden Tag die verschiedenen Schritte der Kenley-Methode ins Gedächtnis zurückrief und ihre Aufwärmübungen machte. Ich war sehr gerührt, als ich sah, wie sie sich in den vergangenen Monaten weiterentwickelt hatte.

»Ich benutze auch eine Bewertungsskala«, sagte sie. »Ich hab' sie so oft durchgearbeitet, daß ich sie auswendig kenne. Was meinst du? Bin ich heute auf Stufe II oder III?«

Ich erinnerte mich an Leah, als wir uns zum ersten Mal trafen: Sie war zwanghaft genau und oft über die Ungenauigkeit der Sprache frustriert. Irgendwann hatte sie sogar in Erwägung gezogen, ihren Beruf an den Nagel zu hängen, weil sie glaubte, nicht die richtige Veranlagung dafür zu haben. Sie beantwortete die Fragen des Körperstimme-Selbstbewertungsfragebogens und erkannte augenblicklich, daß alles auf ihre angespannten geistigen Anstrengungen hindeutete: Mangelnde Konzentration; Kopfschmerzen, Druck um die Augen herum; angespannte Augenbrauen/Stirn; nur verstandesmäßig handeln, fast ohne jegliches Körperbewußtsein. Die Entdeckung und das Vertrauen in ihre Körperenergien waren der Schlüssel für Leah gewesen, um an ihre inneren Energiequellen und Fähigkeiten zu gelangen.

Als wir nun die kurvenreiche Straße in Marbella hinunterfuhren, gab ich Leah eine kurze Bewertung. Ich sah, wie sie sich gab, diese gutaussehende fünfundvierzigjährige Frau, die Selbstvertrauen und Kompetenz ausstrahlte. Ihr Gesicht war lebhaft und strahlte, und ihre Stimme klang angenehm und ernst – genau die Art von Stimme, die man gerne hört inmitten des Wirrwarrs von durcheinandersprechenden Dolmetschern. Wenn ich ihren Gesamteindruck in Betracht zog, spürte ich die Gegenwart einer angenehmen, einfühlsamen Gesprächspartnerin. Ihr Stil und ihre Wirkung waren in der Tat inspirierend.

»Nun?« Leah lachte und wartete auf meine Antwort.

Ich lächelte zurück. »Ohne Zweifel Stufe III«, antwortete ich.

Ich hoffe, Sie haben einen Eindruck davon erhalten, wie Sie die Hilfsmittel in diesem Kapitel einsetzen können, um Ihre kommunikativen Fähigkeiten zu bewerten. Zum Abschluß möchte ich Ihnen noch folgende Empfehlungen geben:

* Legen Sie sich einen Ordner an für Ihren Körperstimme-Selbstbewertungsfragebogen, die Körperstimme-Bewer-

tungsfragebogen, die Körperstimme-Beurteilungstabelle und die Kenley-Methode-Bewertungsskala, oder legen Sie alles oder nur einen Teil so ab, daß Sie mühelos darauf zurückgreifen können.

* Gehen Sie die Fragebogen regelmäßig im Abstand von drei Monaten durch, um die Veränderungen in Ihrer Stimme und Ihres verbalen Ausdrucks zu bewerten und Ihre Fortschritte zu überprüfen.

* Sehen Sie in Ihrem Körperstimme-Selbstbewertungsfragebogen so oft nach, wie es Ihnen richtig erscheint, um Ihre Problembereiche und Ihre kritischen Situationen genau zu bestimmen.

* Bitten Sie Freunde und Bekannte ebenfalls in regelmäßigen Abständen, den Körperstimme-Bewertungsfragebogen für Sie auszufüllen. Ganz besonders wichtig ist Ihre Bewertung dann, wenn Sie Ihre Lebensumstände verändert oder neue Freunde oder Partner gefunden haben.

* Machen Sie, solange Sie mit dieser Methode arbeiten, von der Kenley-Methode-Bewertungsskala Gebrauch, um Ihre Stimme und Ihre kommunikativen Fähigkeiten zu bewerten.

Denken Sie daran, daß Ihre Stimme Teil Ihrer Körperstimme-Einheit ist und daß Sie durch regelmäßige Bewertung Ihrer stimmlichen und kommunikativen Fähigkeiten im Einklang bleiben mit Ihren persönlichen Energien – dies ist ein wichtiger Teil Ihrer Gesundheit, Ihres Erfolgs und Ihres Wohlbefindens.

4. Kapitel

Entstressen

Manchmal scheinen alle einen stressigen Tag hinter sich zu haben; man kann es fast schon vorhersehen, es liegt sozusagen in der Luft. Der Feierabendverkehr ist schlimmer als sonst, und die Wirtschaftsnachrichten lassen uns spüren, daß das Leben immer härter wird. Man kann es an den Gesichtern der Menschen in den vorbeifahrenden Autos sehen und am angespannten schroffen Ton in den Stimmen der Menschen hören, an der Tankstelle beispielsweise oder in der Schlange am Geldautomaten oder auf dem Anrufbeantworter, wenn man abends nach Hause kommt. Und wenn man mit seinen Freunden spricht, traut man sich kaum zu fragen: »Und wie ist es *dir* heute ergangen?«

Ich bin sicher, Sie alle kennen solche Tage. Es scheint so, als würde jeder eine Spannung mit nach Hause tragen. Aber was tun die Menschen, um diese Spannung loszuwerden und zu entspannen? Fast jeden Abend sehe ich eine meiner Nachbarinnen beim Jogging. In ihren kurzen Hosen und Turnschuhen, mit den Kopfhörern auf den Ohren, macht sie sich auf den Weg zum Laufpfad, der am Strand entlang führt. Sie sieht jeden Abend so gequält aus, daß ich mich frage, ob sie diese Strapazen nach einem arbeitsreichen Tag wirklich gern auf sich nimmt. Oft habe ich einen Arbeitstag mit einer Sitzung abgeschlossen und zugehört, wenn andere ihre Pläne für die abendliche Entspannung machen. »Das war ein langer Tag«, sagt ein Freund, »und ich brauche jetzt erst mal einen starken Drink.« Ich kenne seine Lieblingsbar. Sie ist heimelig und gemütlich, und trotzdem frage ich mich, ob ein paar Drinks und relaxte Gespräche an der Bar ausreichen, um die Verspannungen in seinen Schultermuskeln zu lösen.

»Es gibt nur eine Art der Entspannung«, sagt ein anderer, der vor Müdigkeit schon blinzelt. Wir anderen lachen, weil wir ganz genau wissen, was er meint. Er hatte uns bereits mitgeteilt, daß seine Frau gerade von einer ausgedehnten Geschäftsreise zurückgekommen war und er sich auf die heutige Nacht freute. Ich weiß, daß viele der Meinung sind, Sex sei die beste Entspannung; wenn ich mir allerdings den Nacken dieses Mannes anschaue, kann ich nicht umhin, mich zu fragen, ob es nicht möglich und sinnvoll wäre, die Verspannung erst gar nicht so weit kommen zu lassen.

Die Bewältigung von Streß und Spannung ist überaus wichtig für Ihre Gesundheit und Ihre Freude am Leben. Sie ist des weiteren von entscheidender Bedeutung für die Entwicklung einer echten Stimme und kommunikativer Fähigkeiten. Lassen Sie uns deshalb über die *Ursachen* von Streß in unserem Leben nachdenken, und nicht nur darüber, wie wir die Symptome vorübergehend ausschalten können. Viele Menschen versuchen, Streß dadurch abzubauen, daß sie ihre Körper mit Unterwerfung geißeln, anstatt einen ständigen energetischen Ausgleich zu schaffen. Streßbewältigung sollte mehr sein als nur Aerobicübungen zweimal die Woche oder gelegentliche Entspannung vor dem Fernseher und mehr als ein einwöchiger Skiurlaub oder ein heißes Bad. Es sollte etwas sein, das Sie in Ihren Tagesablauf miteinbauen als Teil des natürlichen Zyklus von Arbeit und Entspannung; nur damit beugen Sie dem anwachsenden Streß vor, der sich so zerstörerisch auf Ihr körperliches Wohlbefinden und Ihre verbale Ausdruckskraft auswirken kann. Bedenken Sie, daß

* Streß und Spannung Ihren Körper, Ihre Stimme und alle Bereiche Ihres persönlichen Umgangs mit anderen Menschen beeinflussen;
* Ihr gewohnheitsmäßiger Umgang mit Streß – die Art, wie Sie Gefühle zum Ausdruck bringen oder verstecken – zu chronischen Körperverspannungen führen kann, die Ihre verbale Ausdrucksfähigkeit wesentlich hemmen;
* es nicht einfach darum geht, Streß abzubauen, sondern darum, das Selbstwertgefühl eines streßfreien Körpers zu genießen, welcher Ihrer Körperstimme die Persönlichkeit, die Kraft und die Ausstrahlung verleiht.

Das Versteckspiel mit dem Streß

Den meisten von uns fällt es nicht allzu schwer, einige der oberflächlichen Streßquellen zu benennen. Zweifellos können auch Sie ohne großes Nachdenken viele spannungserzeugende Elemente in Ihrem täglichen Leben genau festlegen: den Kampf mit dem Geld, die Konkurrenz- und Machtkämpfe am Arbeitsplatz, das Bemühen, Beziehungen harmonisch zu gestalten, Termine zu planen für Autoreparatur und Zahnarztbesuch und all das so gut wie möglich zu erledigen. Manchmal sind es ganz bestimmte Situationen, die Ihre schrecklichste Seite hervorkitzeln. Vielleicht hat Ihnen der Körperstimme-Selbstbewertungsfragebogen geholfen, manche dieser streßhaften Zeiten, in denen Sie voller Anspannung sind und die größten Schwierigkeiten mit Ihrer Stimme haben, zu erkennen. Doch es ist sehr viel schwieriger, die tief verwurzelten Umgangs- und Reaktionsmuster auf die Anforderungen des Lebens zu finden, die ein großes Maß an Streß in Ihrem Leben hervorrufen. Möglicherweise können Sie einige offensichtlich traumatische Erlebnisse in Ihrem Leben benennen – eine Scheidung, der Tod eines geliebten Menschen, der Umzug in eine neue Stadt –, aber die tieferen Streßfaktoren und Ihre Ursachen sind sehr schwer zu identifizieren.

Ihre gesamte geistige, körperliche und emotionale Präsenz ist notwendig, um die Ausdruckskraft Ihrer Körperstimme genießen zu können und zu einem verbindlichen Gesprächspartner zu werden. Sie müssen auf Ihren Körper hören, Sie müssen lernen, ihn wahrzunehmen. Sie müssen verstehen lernen, sich durch Körperempfindungen leiten zu lassen. Die meisten von uns sind jedoch gut ausgerüstet mit einem Verteidigungsmechanismus, der uns vor unserem Körperbewußtsein schützt. In der Tat leben die meisten Menschen mit körperlichen Abwehrhaltungen, um chronische Schmerzgefühle oder unerwünschte Emotionen abzuwehren. Diese Abwehrhaltungen betäuben die Fähigkeit, persönliche Interaktionen im täglichen Leben vollständig zu erfahren.

Wenn der Mensch erst einmal erwachsen ist, ist der Vorgang des Nichtwahrnehmenwollens bereits so verfestigt, daß der Versuch, mit seinen eigenen angenehmen Gefühlen und Körperempfindungen im Einklang zu bleiben, einem Versteckspiel gleicht, bei dem das Gesuchte niemals gefunden wird: Der Mensch ist ganz einfach nicht mehr in der Lage, mit den Energien in Berührung zu kommen, die durch den Körper fließen würden, gäbe es keine chronischen körperlichen Hindernisse. Oft ist sich der Mensch seines schlechten körperlichen Zustandes gar nicht bewußt. Bevor es dem Menschen möglich ist, eine Anspannung zu lösen, muß er sich der Anspannung erst bewußt ein. So erkennen Sie beispielsweise nicht, wie verengt Ihre Kehle ist, bis sich diese Anspannung zu lösen beginnt. Manche Menschen empfinden tatsächlich Entspannung und die damit einhergehenden Körpergefühle anfänglich als etwas Unangenehmes und Schmerzhaftes, da mehr Energie in die blockierten Stellen des Körpers fließt, die so lange völlig taub gewesen sind. Diese Taubheit hat ihren Ursprung bereits in der Kindheit, wenn Sie lernen, sich durch Zusammenziehen bestimmter Körperteile vor Verletzlichkeit, Schmerz, Furcht, Weinen oder Angst zu schützen.

Dieses Bedürfnis nach *Kontrolle* – Kontrolle der Gefühle, des Verhaltens und der Lebensumstände – zeigt sich oft durch Anspannung und Verspannung der Kehle und des Halses. Gleichermaßen macht sich Furcht oft durch zusammengezogene Muskeln im Nacken bemerkbar. Wenn Sie nun ein Mensch sind, der sowohl Angst hat als auch ein Bedürfnis nach Kontrolle verspürt, ist es möglich, daß Sie sich buchstäblich stranguliert fühlen, sobald Sie versuchen, mit diesen Gefühlen umzugehen, und zwar, weil Sie Ihren Hals im psychologischen Würgegriff halten.[1]

Wenn Ihr Kiefer verkrampft ist, Ihre Kehle zusammengeschnürt, Ihre Lippen verschlossen und Ihre Schultern steif, können diese Symptome einzeln oder zusammen in Ihrer Stimme auftreten. Ihre Stimme klingt dann möglicherweise hart, kontrolliert oder schroff. Wollen Sie wirklich mit einer »steifen Oberlippe« oder einem »erhobenen Kinn« leben? Wollen Sie tatsächlich Ihre Wut oder Ihre Tränen »schlucken« oder sie »auf Ihre Schultern nehmen«? Es kann unter Umständen zu großen Schwierigkeiten führen, diese Art der Spannung aufzugeben, vor allem dann, wenn Sie das Gefühl haben, die Spannung diene Ihnen als Stütze und halte Sie aufrecht. Ihr Körper allerdings braucht eine entspannte, zuversichtliche Flexibilität, um eine ausdrucks- und klangvolle Stimme hervorzubringen.

1 Ron Kurtz und Hector Prestera, The Body Reveals (New York: Harper and Row, 1976), S. 68–69.

Die Höhen und Tiefen des Stresses

Ihrem Körper stehen mehrere Möglichkeiten der Streß- und Spannungsbewältigung zur Verfügung, von denen keine einzige Ihrem Körper oder Ihrer Stimme besonders dienlich ist. Bei manchen Menschen weckt Streß die Art von emotionaler Erregung, die zum »Kampf oder Flucht«-Verhalten führt mit dem begleitenden erhöhten Puls und der schnelleren Atmung. Vielleicht haben Sie diesen Zustand schon selbst erlebt, wenn beispielsweise Ihr Auto auf einer nassen Straße zu schlittern anfing oder ein Kunde in letzter Minute seine Unterschrift nicht unter den für Sie lebensnotwendigen Vertrag gesetzt hat. Sie kennen vielleicht auch einen Menschen, den Sie insgesamt als aufgedreht, hypernervös oder aufgekratzt bezeichnen würden, einen Menschen also, der fast jede Anforderung als Streß empfindet und der versucht, jeder Situation auf übertriebene Art und Weise zu begegnen. Dieser Mensch ißt schnell, spricht schnell, seine Gedanken rasen im Eilzugtempo durch seinen Kopf, und er füllt jede Minute seines Tages mit wahnsinnigen Aktivitäten. Diese gesamte nervöse Geschäftigkeit vermittelt zwar einen oberflächlichen Eindruck von Energie und Lebendigkeit, doch nur allzu schnell wird ersichtlich, daß darunter verspannte und steife Muskeln versteckt sind. Man kann sich im Bermuda-Dreieck, d.h. in der Spannung zwischen Kopf, Hals und Schultern, nur allzu leicht verlieren. Eine Blockade auf dieser Ebene trennt auf wirksame Art und Weise Ihren Verstand und Ihre Stimme vom Rest Ihres Körpers. Diese Verspannung im Hals, Nacken und in der Kehle ist vergleichbar mit einem Holzklotz, der das Fließen der Energie in Ihrem Körper verhindert.

Wenn Sie sich ständig in einem dermaßen aufgekratzten Zustand befinden, sind Sie buchstäblich nur mit Ihrem Kopf unterwegs und von einer konstruktiven Perspektive Ihrer Nervosität abgetrennt. Wenn Sie in einem Verkehrsstau steckenbleiben oder sich verspätet haben, sind Sie so verkrampft und verspannt, als ob Sie im Dschungel wären, wo Sie jeden Moment von einem wilden Löwen angefallen werden könnten. Diese Art der unnützen emotionalen Erregung kommt einer Verschwendung Ihrer Lebenskraft gleich, so als wollten Sie Ihre Wohnung mit einem ganzen Kraftwerk beheizen. Sie beraubt Sie Ihrer Gesundheit und Ihres Wohlbefindens und vermindert Ihre Kommunikationsfähigkeit. Ich habe tatsächlich beobachtet, daß aufgekratzte Menschen oft schlecht hören; ihre Aufmerksamkeit ist auf ganz andere Dinge gerichtet. Sie können wahrhaftig keinen vollständigen Gebrauch machen von ihren Körpern und Sinnen, geschweige denn sich ihrer erfreuen.

Andere Menschen reagieren mit einem gesteigerten Schlaf- oder Entspannungsbedürfnis, einhergehend mit einer Verlangsamung von Puls und Atmung. Wenn Sie diesen Zustand kennengelernt haben, wissen Sie, was es heißt, sich sozusagen in Zeitlupe zu bewegen, ohne Gedanken und ohne Bedürfnisse, außer vielleicht dem einen, sich vor den Fernseher oder das Radio zu setzen. Sie fühlen sich kraftlos und schlaff. Es fehlt Ihnen an Energie für eine ausdrucksvolle Stimme.

Menschen, die entweder in einem aufgekratzten oder schlaffen Zustand leben, haben oft mit sexuellen Problemen zu kämpfen. Im allgemeinen kann man sagen, daß jedes Energiedefizit zu einer Verminderung des sexuellen Interesses und der sexuellen Aktivität führt. Die Ursache für ein Zuviel an Stimulation ebenso wie für einen Mangel an Energie kann sowohl in biochemischen wie auch emotionalen Gründen gesehen werden. So können beispielsweise hormonelle Störungen, die mit Adrenalinproduktion oder Schilddrüsenfunktion zu tun haben, sich darauf auswirken, wie energetisch Sie sich fühlen und wie Ihre Stimme klingt.

Sie sollten deshalb versuchen, ein flexibles Gleichgewicht

zwischen Zuständen der Erregung und der Entspannung zu erreichen. Ein Zustand ständiger Kampfbereitschaft wird Ihnen viel weniger dienlich sein als die Fähigkeit, sich zu entspannen, wenn dies nötig ist, oder auf dem Posten zu sein, wenn die Situation es erfordert. Stellen Sie sich eine Katze vor, die zusammengerollt auf ihrem Lieblingskissen liegt, und sich ganz entspannt im Sonnenlicht putzt. In der Sekunde jedoch, wenn das Gebell eines Hundes an ihr Ohr dringt, ist sie hellwach, und ihr ganzer Körper signalisiert Alarmbereitschaft. Sobald sich herausstellt, daß kein Hund in das Zimmer eindringen wird, gibt sich die Katze fast augenblicklich wieder der Entspannung hin. Bedauerlicherweise setzen Menschen ihre Energie nur sehr selten auf solch ökonomische Weise ein.

Jeder legt sich im Laufe seines Lebens seine eigene Art zur Erhaltung seines seelischen Gleichgewichts zurecht, aber auch äußerlicher Erfolg läßt nicht darauf schließen, daß Sie einen wirksamen Weg, mit Streß umzugehen, auch nur angedacht haben. Ganz unabhängig von Ihrer gesellschaftlichen Stellung – Arbeiter, Sekretärin, Hausfrau, Ärztin oder Geschäftsführer einer Firma – alle haben wir irgendeinen Knopf, der, wenn er gedrückt wird, uns und unsere gewohnheitsmäßigen Reaktionen in Gang setzt, sei es die Woge der Hyperaktivität, die Verspannung, den Rückzug oder betäubte Vermeidung. Jeder trägt sein Streßpaket mit sich – auf dem Rücken –, wenn er die Erfolgsleiter hinaufklettert. Und in dem Maße, in dem der Druck wächst, wachsen auch die Auswirkungen dieser Anspannung auf Ihren Körper und Ihre Stimme.

Denken Sie einen Augenblick lang über verschiedene Situationen nach, über die Art von Menschen, die Orte und Situationen, sogar die Gesten, Gesichtsausdrücke und Stimmen, die ab und zu Ihre Spannungen auslösen? Was setzt Ihnen so zu? Der Versuch, von einem Menschen eine Antwort zu erhalten, der nicht mit der Sprache herausrücken will? Der Umstand, daß Sie

sich fast in Stücke reißen, um jedem in der Familie beim Fest-
tagsessen gerecht zu werden? Oder daß Sie wie verrückt het-
zen, um rechtzeitig zu einer früh einberaumten Konferenz zu
erscheinen? Kann es sein, daß Sie einen sarkastischen Ton in
der Stimme eines anderen vernommen haben, der Sie kränkt
und ärgert? Haben Sie ein Gespür dafür, wie Ihr Körper sich
auflädt oder abschlafft? Wie Ihr Verstand plötzlich blitzschnell
reagiert oder einfach wegtritt? Wie steht's mit Ihrer Stimme?
Schraubt sie sich in die Höhe, oder wird sie zu einem kaum
hörbaren, heiseren Flüstern? Können Sie irgendwelche Streßverhaltensmuster oder stimmlichen Hemmschwellen erkennen,
die schon da sind, seit Sie denken können? Sie entdecken möglicherweise mehr als eines dieser langbewährten Muster, denn
viele unserer Umgangsweisen mit den Arten von Streß, die
unsere Stimme beeinflussen, werden schon sehr früh im Leben
erlernt.

Die Geschichte Ihrer Stimme

Ihr persönliches Verhalten und Ihre Verarbeitungsmechanis-
men wurzeln in Ihrer eigenen Persönlichkeit, Ihrer Erziehung
und Umgebung. Genauso ist die Art, wie Sie als erwachsener
Mensch kommunizieren und interagieren – und die Beschaffenheit Ihrer Stimme –, mit Ihrer frühen Kindheit verbunden. Es
genügt, einen Blick aus der Körperstimme-Perspektive auf Ihre
frühe Kindheit zu werfen, um sich einen Eindruck von der Geschichte Ihrer Stimme zu verschaffen – mit welchen stimmlichen Anlagen Sie geboren wurden, welche Einflüsse Ihre
Stimme erlebt hat, und – und dies ist am allerwichtigsten –
welche stressigen und sogar traumatischen Erfahrungen sich in
Ihrer Art zu kommunizieren eingenistet haben. All diese Elemente sind Teil Ihrer stimmlichen Geschichte, und das Wissen

um diese Geschichte kann sehr hilfreich sein, die gegenwärtigen Verhaltensmuster in Ihrem Leben zu verstehen, die sich auf den Klang Ihrer Stimme und Ihre persönliche Kraft auswirken.

Genau wie jeder andere Mensch, sind auch Sie in dieses Leben getreten mit eindeutigen, charakteristischen Sprechfähigkeiten. Ihre Eltern erinnern sich wahrscheinlich noch ganz genau an Ihre erste verbale Äußerung: weinen. Sie werden sich erinnern, daß wir uns einen typischen Tag im Leben Ihrer erwachsenen Stimme angesehen und dabei festgestellt haben, daß die Klangfarbe Ihrer Stimme sich je nachdem, ob Sie mit Freunden, Geliebten und Geschäftskollegen sprechen, verändert. Ihre charakteristische Art, Ihre Botschaft zum Ausdruck zu bringen, erwarben Sie bereits als Neugeborenes, als Sie Ihre Bedürfnisse und Wünsche Ihren Eltern durch verschiedene Arten des Weinens mitgeteilt haben. Genau wie alle Babies teilten Sie Kummer durch Ihren Kummerschrei mit; sie wimmerten, und Ihre Mutter kam unverzüglich an Ihr Bettchen. Ihre Eltern waren sicher auch an Ihre Hungerschreie gewöhnt. Manche stillende Mütter sind so an diese regelmäßigen Schreie gewöhnt, daß dadurch automatisch ihre Milchproduktion angeregt wird. Zweifellos verfügten Sie ebenfalls über einen Zornesschrei, der ganz deutlich machte, daß Sie unglücklich waren, und über einen Aufmerksamkeitsschrei, der Ihnen Küsse und Geschaukeltwerden verschaffen sollte.[2]

Streß und seine Auswirkung auf Ihre Stimme fangen ebenfalls am Tag Ihrer Geburt an – und oft sogar schon vorher. Es ist erwiesen, daß Babies von Müttern, die eine komplizierte Schwangerschaft oder eine schwierige Entbindung hatten, mit höherer Stimme schreien als Babies von Müttern, deren

2 Edward Tronick und Lauren Adamson, Babies as People, New Findings on Our Social Beginnings (New York: 1980), Collier Books, S. 109–125.

Schwangerschaft ohne Komplikationen verlief.[3] Diese Unterschiede können ohne Schwierigkeiten von Erwachsenen beobachtet werden.

Das Weinen und Schreien des Neugeborenen wird schon bald von girrenden und plappernden Lauten begleitet. In dieser Phase Ihrer Entwicklung haben Sie bereits versucht, den Tonfall der Erwachsenen zu imitieren. Schon im Alter von sechs Monaten haben Sie auf spielerische Art und Weise mit Ihren Eltern kommuniziert. Sie haben Lächeln und Plapperlaute ausgetauscht sowie andere Laute, die die Reaktion auf das Spiel der Erwachsenen waren. Ihr gesamter kindlicher Körper war in dieses Spiel miteinbezogen – die Art, wie Sie Ihren Kopf und Ihre Augen bewegten, mit Ihren Zehen und Fingern wackelten, Ihre Hände und Füße drehten und Ihren kleinen Körper hin- und herbewegten. Natürlich machten Sie auch von Ihrer Stimme Gebrauch, einer Imitation und gleichzeitigen Reaktion auf die Erwachsenen, die auf lustige Art und höchstwahrscheinlich mit hoher Stimme in der Babysprache zu Ihnen redeten.[4] Sie nahmen sich in der Tat ein Beispiel daran, wie Ihre Eltern ihre Zunge, ihren Kiefer, ihren Hals und ihre Brust bewegten, und ahmten gleichzeitig ihren Atem und ihre Sprechgewohnheiten nach, gleichgültig, ob diese Gewohnheiten Ihrer eigenen Persönlichkeit entsprachen oder entgegenkamen. Diese Phase der Kommunikation hatte sehr wahrscheinlich auch ihre stressige Seite. Wenn Ihre Eltern sich nicht in einem für Sie ausreichendem Maße um Sie gekümmert haben, war Ihre erste Beziehung höchstwahrscheinlich schmerzhaft und diente dazu, Ihnen beizubringen, Ihre Gefühle und die Energie aus Ihrem Körper und Ihrer Stimme zurückzunehmen.

3 P.S. Zesking und B.M. Lester, »Acoustic Features and Auditory Perceptions of the Cries of Newborns with Prenatal and Perinatal Complications«, Child Development, 49 (1978), S. 1155.
4 Tronick und Adamson, Babies as People, S. 126–150.

Eine der schönsten Erinnerungen Ihrer Eltern ist wahrscheinlich der Tag, an dem das erste Wort über Ihre Lippen kam. Aber als Sie erst einmal gelernt hatten, sich durch Sprache auszudrücken, wurde Ihr kommunikativer Ausdruck vielleicht durch sich widersprechende Botschaften bezüglich Ihres Verhaltens und Ihrer Stimme von seiten der Eltern oder anderer Erwachsener geprägt und gehemmt. Die Spannung von Erwachsenen hat ihren Ursprung häufig in den Reaktionen, die in dieser Phase der Kindheit erlernt wurden. Viele Eltern verbieten ihren Kindern das Weinen durch Sätze wie »Hör auf zu weinen«. Wenn es Ihnen auch so ergangen ist, haben Sie möglicherweise versucht, Ihren Atem anzuhalten, Ihre Augen, Ihr Gesicht, Ihren Mund und Ihre Kehle zu verschließen, um keinen Laut und kein Gefühl entweichen zu lassen. Solche Erfahrungen sind so häufig anzutreffen, daß Psychologen vom Klang der Stimme auf die Fähigkeit eines Kindes, zu vertrauen und sich der Welt zu stellen, schließen. Das Sprechverhalten kleiner Kinder, die sich vor neuen Menschen und Situationen fürchten, deutet häufig auf größere Anspannung der Stimmbänder hin als das Sprechverhalten weniger gehemmter Kinder.[5] Ist dieses Sprechverhalten erst einmal erlernt, bleibt es solange das charakteristische Sprechverhalten eines Menschen, bis er in der Lage ist, es zu verändern.

Kinder auf dieser Entwicklungsstufe sind in hohem Maße sensibel für Kritik und die Art, in der Gefühle in ihrer Familie zum Ausdruck gebracht werden. Ihr Selbstwertgefühl, Ihr Umgang mit Ihrem Körper und die Entwicklung Ihrer Stimme hing zu großen Teilen davon ab, ob Ihre Eltern und Lehrer Ihnen mitteilten, daß Sie klug oder dumm, hübsch oder häßlich sind, geschätzt oder als Plage angesehen wurden. Ihre Eltern haben sich auf ganz chrakteristische Weise zueinander und auch Ihnen

---

5 Untersuchung von Jerome Kagan, in Psychology Today (April 1984), S. 68.

gegenüber verhalten und ausgedrückt. Jeder Elternteil hatte seine oder ihre Beziehungsstimme, um miteinander zu kommunizieren – um einander nahe zu sein, um zu streiten und Probleme zu lösen. Jede Familie hat ihre eigene Art, miteinander umzugehen – manche schreien, andere regen sich auf, singen oder streiten. Wieder andere gehen höflich miteinander um, sie beklagen sich nicht und versuchen Streitigkeiten zu mildern. Als Kind nehmen Sie wahr und imitieren unbewußt die sprachlichen Eigenarten, die schließlich zu Ihrer heutigen Stimme und deren Eigenarten in bezug auf Ausdruckskraft und Mundart geführt haben. Doch die gleichen Eigenarten können ebenfalls eine Quelle unerwünschter Sprechgewohnheiten sein.

Ich erinnere mich an einen Zwischenfall mit Lois, einer wirklich begabten Anlageberaterin und gleichzeitig alleinerziehenden Mutter, die meinen Rat suchte, weil sie stotterte und Ihre Stimme dumpf und zögerlich klang. Wir arbeiteten so lange, bis sie mit dem melodischen Klang ihrer Körperstimme zufrieden war. Körpersprechtechniken hatten ihr geholfen, ihr Sprechproblem zu lösen. Eines Tages rief ich sie zu Hause an, um einen Termin zu bestätigen, und ihre Tochter war am Apparat. Cathys Stimme klang genau wie die ihrer Mutter, als ich sie zum ersten Mal gehört hatte, nur eben jünger. Sie sprach ebenfalls in der leblosen zögerlichen Art, wie ihre Mutter es getan hatte. Später erkundigte ich mit bei Lois, ob ihr dies schon aufgefallen war. Sie verneinte. Nach unserem Gespräch hatte sie mit Cathy über ihre Stimme gesprochen. Zu Ihrem großen Erstaunen sagte ihre Tochter: »Ah, du meinst, ich sollte *so* sprechen?« und ahmte sofort den entspannten, vollen und zuversichtlichen Klang der Stimme ihrer Mutter nach.

Dieses Beispiel ist ein deutlicher Hinweis auf die Wandlungsfähigkeit von Kindern und daß Kinder die Sprechgewohnheiten ihrer Eltern übernehmen. Eine Stimme *kann* sich mit einem geschulten Gehör und der richtigen Anleitung sehr wohl ändern. Der Zwischenfall ließ mich auch darüber nachdenken, warum Lois Cathys Sprechgewohnheiten nicht aufgefallen waren, bevor ich darauf hingedeutet hatte. Ich erkannte, daß die vielen Anforderungen des täglichen Lebens den Menschen keine Zeit lassen, um sich lange mit den vertrauten Sprechgewohnheiten der Familienmitglieder oder langjähriger Partner zu beschäftigen.

Um sich einen Einblick in Ihre eigene stimmliche Vergangenheit zu verschaffen, sollten Sie sich folgende Fragen stellen:

* Habe ich immer wieder zu hören bekommen: »Ich will nichts von dir hören?«
* Wurde ich oft gerügt und gebeten, meinen Mund zu halten?
* Haben meine Eltern geschrien, oder haben sie leise gesprochen?
* Habe ich gelegentlich geschrien, oder war ich ein stiller Typ?
* Hat man mich für klug gehalten, oder wurde ich als dumm bezeichnet?
* Bin ich in einer behüteten oder verwahrlosten Umgebung aufgewachsen?
* Klingt meine Stimme wie die meines Vaters oder meiner Mutter?
* Habe ich eine freie oder autoritäre Erziehung genossen? Wurde meine körperliche Lebendigkeit unterstützt oder ignoriert?

Die Antworten auf diese Fragen können Ihnen helfen, die vielen eingefahrenen Pfade aufzuspüren, durch die stressige Situationen auf Ihren Körper Einfluß nehmen und Reaktionen auslösen, die sich im Klang Ihrer Stimme widerspiegeln.

Die Stimme, die angreift

Wenn Sie Ihre stimmliche Geschichte zurückverfolgen, werden Sie vielleicht feststellen, daß einer der gewichtigsten Streßfaktoren in Ihrem Leben Ihre eigenen selbstkritischen Gedanken sind – ein verinnerlichtes Gefühl der Selbstmißbilligung, das unablässig beobachtet, beurteilt und jeden Gedanken, jedes Gefühl, jede Wahrnehmung und jede Anstrengung herabsetzt. Dieser Teil Ihres Selbst greift Sie aufgrund eingebildeter Schwächen und Unzulänglichkeiten an. Diese innere, stille Angreiferstimme in Ihrem Geist bemächtigt sich des Flusses, der Ihre gesunde Körperstimme sein könnte, hemmt Ihren echten verbalen Ausdruck und entkräftet Ihre Körperenergien.

Vielleicht wollen Sie hier einen Augenblick innehalten und über die Art und Weise nachdenken, in der Ihre Angreiferstimme mit Ihnen spricht. Wenn Sie so etwas wie ein geistiges Tagebuch besitzen, werden Sie unschwer feststellen können, daß die täglichen Kommentare in der Hauptsache mit »Ich sollte, hätte sollen, könnte haben, wünschte, ich wäre dort« und »warum kann ich nicht...« anfangen. Sie kann unablässig oder periodisch, störend oder raffiniert auftreten. Sie kann von einem Thema zum anderen springen, ohne daß ein logischer Zusammenhang zu erkennen wäre, oder aber hartnäckig immer und immer wieder den gleichen Gedanken aufgreifen. Wissenschaftler haben immer wieder darauf hingewiesen, wieviel Energie durch diese Art der geistigen Aktivität gebunden sein kann. In der östlichen Meditation wird dieser Teil des menschlichen Verstandes zuweilen als ungezähmter wilder Ochse oder nicht aufzuhaltender wilder Elefant bezeichnet, die die geistige Klarheit niedertreten, oder als betrunkener Affe, der die Konzentrations- und Entscheidungsfähigkeit des Menschen zunichte macht. Es ist eine altbekannte Tatsache, daß stressige Situationen diese Art der Gedanken anregen und fördern, so lange, bis Ihr Geist so verwirrt ist, daß Sie nicht mehr klar denken können.

Zuweilen genügt es Ihrer Angreiferstimme nicht, Sie einfach zu verwirren oder fehlzuleiten, sondern sie will Schaden anrichten. Im schlimmsten Falle tritt sie als beharrlicher Quälgeist und Peiniger auf, der versucht, Ihr Leben zu bestimmen und großes Leid hervorzurufen. Einige der gebräuchlichsten selbstkritisierenden Kommentare sind:

* »Ich wünschte, ich sähe geschäftstüchtiger aus.«
* »Ich habe einen schlechten Eindruck hinterlassen.«
* »Ich hätte mehr leisten sollen.«
* »Ich hätte in der Lage sein müssen, es beim ersten Mal richtig zu machen.«
* »Warum kann ich nicht der/die Beste sein?«

Desgleichen können Sie wie besessen sein von dem Gedanken, was andere Menschen über Sie denken oder wie sie Sie wahrnehmen und beurteilen:

* »Respektieren mich die anderen?«
* »Was denken die bloß von mir?«
* »Haben die mich für ebenbürtig gehalten?«

Oder aber Sie verlieren Ihren Sinn für echte Leistung und verfallen in beunruhigende Selbstüberschätzung:

* »Bin denn ich der/die einzige, der/die überhaupt weiß, wo's langgeht?«
* »Ich höre nicht auf andere Leute.«
* »Ich schaffe das ganz alleine.«

Manche von Ihnen sind jetzt vielleicht nach kurzer Überlegung der Meinung, Sie hätten keine Angreiferstimme. Wenn Sie jedoch im allgemeinen lustlos und zurückgezogen sind, weigern Sie sich möglicherweise, dieser Angreiferstimme überhaupt Ihr Ohr zu leihen. Wenn es Ihnen gelingt, aus Ihrer emotionalen Zurückgezogenheit auszubrechen, ist es sehr wahrscheinlich, daß Sie anfangen, Schuld, Sorge und andere mit Selbstangriffen verbundene Reaktionen zu spüren. Bald schon werden Sie in der Lage sein, die Arten von Gedanken, die Sie unterdrücken, zu erkennen; unabhängig davon, ob sie in Ihrem Geist klar formuliert sind oder nicht.

Es gibt in der Psychologie verschiedene Theorien, die der Angreiferstimme unterschiedliche Namen gegeben haben – Über-Ich, Superego, strafende Eltern –, aber darin einer Meinung sind, daß keine entspannte, zuversichtliche Identität entwickelt werden kann, solange der eigene Verstand den Menschen zum Opfer macht. Wenn Sie vor den eigenen negativen Gedanken zu Kreuze kriechen, diese Gedanken Sie irreführen, können Sie aus objektiver Sicht nicht als Mensch funktionieren. Wenn Sie Ihrer Angreiferstimme auf Gedeih und Verderb ausgeliefert sind, während Sie gleichzeitig versuchen in Ihrem Beruf erfolgreich zu sein, kann es Ihnen passieren, daß die wichtigen Fakten, die Sie sich ins Gedächtnis rufen wollen, daß die Kunden, denen Sie sich gerade widmen wollen, und all die anderen Details Ihnen einfach entschwinden. Sie befinden sich oft im Nachteil, wenn Sie durch die negativen Kommentare der Angreiferstimme genervt und gestört werden oder wenn Sie körperlich unter den Reaktionen Ihres Körpers auf diese Angriffe leiden. Ihre Kehle kann eines der ersten Ziele sein, und Sie fühlen möglicherweise, daß Ihnen die Worte buchstäblich im Halse steckenbleiben, während Ihre Stimmbänder vor lauter Anspannung anschwellen.

Bedauerlicherweise ist die Angreiferstimme in unserer heutigen Gesellschaft eine weitverbreitete Einrichtung. Zu viele von uns haben bis zu einem gewissen Grad ein Bedürfnis nach übermäßiger Leistung verinnerlicht und sehen Rückschläge nicht als lehrreiche Erfahrung und Herausforderung, sondern als Versagen an. Andere Menschen haben in gewissem Grade gelernt, mit diesem Gefühl des Versagens zu leben, indem sie sich strengstens für jeden eingebildeten Charakterfehler kritisieren, der der Grund sein könnte, die hohen, ja sogar unmäßigen Ziele nicht zu erreichen. Ich habe diese Tatsache in verschiedenen Seminaren demonstriert, indem ich jeden einzelnen Teilnehmer gefragt habe:

»Wie haben Sie sich heute morgen auf dem Weg hierher angegriffen?«

Der ganze Raum füllt sich mit dem Gelächter der Anwesenden, denn alle erkennen sich selbst, wenn jeder einzelne die Lieblingsschikanen seiner Angreiferstimme zum besten gibt:

* »Ich habe mich nicht ausreichend vorbereitet.«
* »Ich hätte gestern abend früher ins Bett gehen sollen.«
* »Ich bin einfach nicht gescheit genug, um das zu tun, was man von mir erwartet.«
* »Jeder Anwesende wird denken, daß meine Beiträge völlig uninteressant sind.«

Alle Menschen sind immer überrascht – und gleichzeitig erleichtert –, wenn sie erfahren, daß andere ebenfalls unter Selbstvorwürfen leiden. Viele nehmen fälschlicherweise an, daß nur alle anderen sich ausreichend vorbereitet haben. Auch Sie empfinden möglicherweise ein Gefühl der Erleichterung, wenn Sie erfahren, daß Sie keineswegs allein sind und daß Ihre Selbstkritik höchstwahrscheinlich übermäßig hart, ganz und gar nicht konstruktiv und meist unzutreffend ist.

Setzen Sie sich einen Moment lang ruhig hin, und probieren Sie die Übung an sich aus. Welche wichtige Aufgabe hatten Sie sich für heute vorgenommen? Was meint Ihre Angreiferstimme

118

dazu? Hören Sie Ihrer Angreiferstimme aufmerksam zu; Sie werden feststellen, daß jeder Mensch in Ihrer Umgebung seine eigene Angreiferstimme hat, die in jede schwache Stelle im Selbstwertgefühl mit den gleichen oder ähnlichen Gedanken eindringt. Mit Hilfe der Vorgehensweise, die ich später in diesem Kapitel beschreibe, können Sie lernen, Ihre Angreiferstimme zum Schweigen zu bringen.

Die Anspannung in den Griff bekommen

Die negativen Auswirkungen von Streß und Spannung erzeugen eine ganze Reihe von Krankheiten, die es zu vermeiden gilt. Körperliche Anspannung wirkt der geistigen Klarheit und Kreativität entgegen, wirkt sich darüber hinaus negativ auf Ihr Herz, Ihren Blutdruck sowie andere Organe und Körperfunktionen aus und schwächt zusätzlich Ihr Immunsystem. Die gesamten Auswirkungen von Streß können Ihre Stimme zunichte machen, Ihre verbale Ausdruckskraft mindern und Sie außerdem entweder in wilde Aktivität oder aber in Lethargie und Zurückgezogenheit stürzen. Die Angreiferstimme kann Sie zu einem Leben des Zauderns, der Angst und Antriebsarmut nötigen. Immer wiederkehrende nervöse Erregungszustände können unter Umständen dazu führen, daß Sie das Gefühl haben, ständig in Gefahr zu sein, als ob ein feuerspeiender Drache Sie angriffe, auch wenn die Bedrohung nur in Ihrer Vorstellung existiert oder ein Problem betrifft, das Sie sehr wohl lösen könnten, wären Sie nicht durch diese Spannung ausgehöhlt.

Wie kann man dem begegnen?

Der erste und wichtigste Schritt besteht darin zu erkennen, daß Spannung tatsächlich zu bewältigen ist. Viel zu viele Menschen sind trotz der öffentlichen Aufmerksamkeit, mit der Streßmanagement bzw. -bewältigung bedacht wird, immer noch der Meinung, Spannung sei unvermeidlich. Sie sind immer noch davon überzeugt, daß ein arbeitsreicher Lebensstil zum Verlust von körperlichem Wohlbehagen führe und zu dem, was ich das Bermuda-Dreieck der Spannung genannt habe.

Jack war ein wortgewandter junger Mann, der sich zu Anfang unserer gemeinsamen Arbeit der Idee, daß Spannungsaufbau verhindert werden könne, stark widersetzte. Jack war dünn, sehnig, hatte dunkle, wache Augen und war insgesamt ein faszinierender Mensch. Er war klug und hatte einen Instinkt für kulturelle und wirtschaftliche Trends. Er brachte die besten Voraussetzungen für einen großartigen Journalisten oder Berichterstatter mit.

»Ich wollte schon immer ganz genau wissen, was um mich herum vor sich geht«, erzählte er mir während unseres ersten Treffens. »Ich habe zwanzig Zeitschriften abonniert und lese sie auch alle. Und ich frage jeden, den ich treffe, nach seiner Meinung zu dem, was in der Welt passiert, weil ich überzeugt bin, daß jeder irgendwelche Einsichten und einmaligen Ansichten hat. Ich würde sagen, ich bin neugierig und interessiert.«

Mit seiner Hingabe, seinem scharfen Verstand und seiner Empfindsamkeit verdiente er zweifellos den Erfolg ohne den hohen Preis der Spannung. Er kam jedoch mit einem Stimmproblem zu mir, das ihn, wie viele andere Menschen auch, letztlich veranlaßte, seinen Lebensstil neu zu bewerten.

Jack hatte es durch Begabung und Talent zum Journalisten einer der größten Zeitschriften des Landes gebracht und hatte gelernt, mit knappen Terminvorgaben zu leben. Doch jedesmal, wenn er mit seinem Redakteur oder Chef etwas Wichtiges zu besprechen hatte, versagte seine Stimme. Als ich ihn darauf hinwies, daß dieses Stimmproblem durch den ständigen Druck in seinem Kopf, Hals und seinen Schultern erzeugt würde, teilte er mir unverzüglich mit, daß er all das bereits wisse.

»Natürlich weiß ich, daß die Spannung sich dort verfestigt«, sagte er. »Jedesmal wenn ich einen Termin einhalten muß, arbeite ich total konzentriert und rühre mich nicht mehr von der Stelle. Im Normalfall liegen auf meinem Schreibtisch dann ungefähr hundertzehn lose Blätter herum, die ich zu einem interessanten und verständlichen Artikel zusammenfassen muß. Mir bleibt keine Zeit zur Entspannung.«

Jack war der Meinung, sich nach all diesen Jahren der harten Arbeit und Selbstdisziplin in- und auswendig zu kennen, d.h. seine Gewohnheiten, seine Stärken und Schwächen, seine körperlichen und seelischen Grenzen. In der Eile des letzten Augenblicks hatte er keine andere Wahl, als ganze Tage und Nächte am Schreibtisch zu verbringen, auf seinem Computer herumzuhacken, spät in der Nacht Uppers einzuwerfen, was unweigerlich zur Folge hatte, daß er geradezu spüren konnte, wie sich die Verspannung in den Muskeln des Nackens und der Schulterblätter und im Hinterkopf breitmachte.

»Ich lockere einfach meine Krawatte und mach' mich an die Arbeit«, sagte er. »Ich spüre ganz genau, wie sich meine Schulterblätter nach oben und gegeneinander bewegen und mein Kopf zwischen meine Schultern sinkt, bis ich mich schließlich wie ein Aasgeier fühle, der auf einem Ast kauert und auf einen leckeren Bissen wartet. Ich kann Ihnen versichern, daß ich jeden Krampf, jeden Schmerz und jedes Stechen in meinem Nacken und Rücken spüre und genau weiß, wann es wieder soweit ist. Aber das gehört zu meinem Job.«

Jack prahlte beinahe mit seiner Fähigkeit, die Schmerzen zu ertragen und diese Spannung auszuhalten. Er wußte, daß er wenigstens keine Kopfschmerzen bekommen würde, wenn er gelegentlich Minipausen einlegte und seinen Augen eine kleine Erholung gönnte. Er war jedoch der festen Überzeugung, daß gegen die immer stärker werdende Verspannung in den Muskeln, dieses ständige Gefühl von Stockung und Steifheit und die nachlassende geistige Klarheit kein Kraut gewachsen war.

»Man gewöhnt sich daran und lebt damit«, erklärte er mir. »Jeder Termin, jeder Engpaß erinnert mich an frühere Gelegenheiten und vor allem an das erste Mal, als ich im Büro des Chefredakteurs stand und mir der Schweiß übers ganze Gesicht lief und ich mich fragte, wie um alles in der Welt ich die Arbeit von drei Wochen in einer einzigen Nacht erledigen sollte. Natürlich hatte ich damals noch keine Ahnung von meiner Superzähigkeit. Ich habe noch nie einen Termin nicht eingehalten.«

»Was würde geschehen«, fragte ich ihn, »wenn Sie einsehen könnten, daß Entspanntheit Ihre Tatkraft steigert, ohne Ihre Fähigkeiten zu mindern?«

Jack dachte einen Augenblick lang nach, lächelte und sagte: »Tja, ich glaube, daß die Vorstellung, die ich von mir selbst habe, einer Figur in einem Agentenroman gleicht und ich mich als einen Mann sehe, der die Last der ganzen Welt auf seinen Schultern trägt. Als einen Mann, dessen Leben aus Plastiktassen und langen schlaflosen Nächten in verrauchten Zimmern besteht, in denen er geheime Aufzeichnungen anhört, oder der immer um drei Uhr morgens angerufen wird, um zu erfahren, daß wieder einer umgebracht wurde. Ich glaube, ich würde mich nicht wohl fühlen, wenn ich eines Morgens keine Ränder unter den Augen hätte. So wird nun mal in meinem Beruf gearbeitet. Man schuftet. Erst wenn der Termin eingehalten wurde, kann man sich ausruhen. Manchmal kommt man nicht umhin, seinen Körper einfach zu ignorieren.«

»Jack, das halte ich für keine gute Methode«, mußte ich einfach sagen. »Wenn die Anspannung sich vergrößert, schadet das nicht nur Ihrem Körper, sondern *Ihnen* – dem, der Sie sind, was Sie sind und was Sie sein könnten.«

Auf seinem Gesicht zeigte sich Beunruhigung und Unzufriedenheit.

»Es ist wirklich schade«, erwiderte er, »daß man die Kehle nicht genauso leicht lockern kann wie eine Krawatte.«

122

Später gestand er mir, daß er darüber nachgedacht hatte, wie er sich fühlt, wenn er seinem Redakteur gegenübersteht. Meist fühlt er sich dann überhaupt nicht mehr wie der superzähe Mann oder Supergeheimagent, sondern nur noch als ein Mensch, der unter Druck steht und dessen Stimme erstickt klingt.

Ich habe im Laufe meiner Arbeit mit meinen Klienten eine Methode entwickelt, die eine sehr wirksame Hilfe gegen die schädlichen Auswirkungen von Streß und Spannung auf die Stimme darstellt; die Methode ist eine Kombination von Entspannung, Körperatmung und Körperbewußtsein, und ich nenne sie die »Entstresser-Technik«. Das Wichtigste dabei ist, daß Sie Ihre Aufmerksamkeit auf die emotional neutralen Arme und Beine richten, und nicht auf das Schlachtfeld der seelischen und körperlichen Wirren in Ihrem Kopf, Ihrer Kehle, Brust und Ihres Bauches. Mit Hilfe der Körperatmung und indem Sie Ihren Atem auf ganz bestimmte Art anhalten, können Sie ein Gleichgewicht in Ihrem Körper und Geist herstellen, wenn Körper und Geist nicht mehr in der Lage sind, dieses Gleichgewicht auf ihre natürliche, gesunde Art zu erreichen. Wie wir bereits erfahren haben, besteht keine Veranlassung, daß irgendein Mensch unter ständiger Anspannung leidet, so als ob er immer zum Sprung bereit sein müßte. Wenn kein Grund zum Handeln vorliegt, sollten Sie in der Lage sein, das Gefühl der ruhigen Lebendigkeit zu genießen. Das heißt, daß Sie Ihrem Körper gestatten müssen, sich seiner überschüssigen Energie zu entladen; Sie sollten nicht erst am Ende eines arbeitsreichen Tages damit beginnen, sondern versuchen, die Wurzel des Übels auszumerzen. Wenn Sie gelernt haben, Spannung abzubauen, sobald Ihr Körper nach der Wiederherstellung seines Gleichgewichtes verlangt – indem Sie Entspannungstechniken, Körperatmung und Körperbewußtsein in Ihren Tagesablauf einbauen –, können Sie der chronischen Muskelverspannung, dem geistigen Wirrwarr und den Erregungs- oder Lethargiezuständen wirksam *vorbeugen.*

Wenn Sie die »Entstresser-Technik« anwenden und anfangen, Ihre Spannung abzubauen, werden Sie die Stärke, das Selbstvertrauen und die Entspannung finden, die sich ganz natürlich einstellen, wenn Sie sich im Einklang mit Ihrem Körper befinden. Zu dieser Technik gehört, daß Sie jede Körperempfindung, die sich einstellt, zulassen und spüren, vorausgesetzt, Ihr Bewußtsein ist ausschließlich auf Ihren Körper und seine Gefühle gerichtet. Sie empfinden möglicherweise einen Zustand der tiefen Entspannung, ähnlich der Entspannung, die durch Yoga und Meditation erzeugt wird. Vielleicht überkommt Sie bei der Bearbeitung der seelischen Schmerzen der Vergangenheit ein Gefühl, als ob Sie Wunden heilten. Oder aber Sie empfinden nichts weiter als ein unbeschreibliches, unverkennbares Gefühl Ihrer eigenen körperlichen Ruhe. Es gibt keine richtige oder falsche Art und Weise zu fühlen – nur Ihre eigene. Es spielt keine Rolle, ob Ihr Körper ein großes Vokabular an Empfindungen besitzt oder ob er einem gewaltigen stillen Fluß gleicht. Das Wichtigste ist, daß Sie der Verwüstung durch die Spannung Einhalt gebieten und sich des wohligen, streßfreien Zustands Ihres Körpers erfreuen. Diese Freude über die Lebendigkeit Ihres Körpers, sei sie laut oder leise, ist das Zeichen dafür, daß Sie sich aus der zur Gewohnheit gewordenen Spannung lösen und auf dem besten Wege sind, das Potential Ihrer Körperstimme zu entdecken.

Die Besänftigung Ihrer Angreiferstimme

Wenn Sie anfangen, sich zu entspannen und sich der Lebendigkeit Ihres Körpers bewußt zu werden, haben Sie gleichzeitig den ersten Schritt zur Besänftigung Ihrer Angreiferstimme getan. Die destruktive innere Stimme wird durch die geistige Anspannung gefördert und hat sozusagen freie Bahn, wenn Ihr Körper angespannt und verspannt ist. Sie können mit Hilfe der »Ent-

stresser-Technik« viele Ihrer Empfindungen und Gefühle freisetzen. Im Laufe unserer gemeinsamen Arbeit werden Sie feststellen, daß Sie in dem Maße, in dem Sie Spannung abbauen,
Energien Ihres Herzens, Ihres Unterleibs und Ihrer Sexualität
freisetzen. Diese freigesetzten Energien stärken Ihr Selbstvertrauen und lassen Ihre Angreiferstimme lächerlich und fehlge-
leitet erscheinen. Es wird Ihnen nicht mehr schwerfallen, einen
Angriff in der Art »Ich hätte mehr bringen müssen« auf Ihre
Stimme abzuwehren, wenn Sie die Kraft und Lebendigkeit in
Ihrem Körper und Ihrer Stimme fühlen.

Der Schlüssel zur erfolgreichen Streßbewältigung liegt darin,
daß die Wiederherstellung des körperlichen und seelischen
Gleichgewichts nach schmerzlichen Erfahrungen innerhalb
kurzer Zeit erfolgt. Das heißt, daß Sie in der Lage sind zu akzeptieren, daß die Spannung momentan steigt und sie fähig sind,
sofortige Gegenmaßnahmen einzuleiten.[6] Aus diesem Grund
habe ich die »Entstresser-Technik« als »tragbare« Übung konzi-
piert, die Sie vor einem Seminar, im Flugzeug, in einer Emp-
fangshalle, auf der Bühne, bevor Sie zum Podium schreiten
oder in jeder anderen Situation, in der Sie entspannen wollen,
bevor Sie zur Tat übergehen, benützen können.

Es wird für Sie außerordentlich hilfreich sein, eine wirksame
Technik zur Hand zu haben, mit der Sie Ihre Angreiferstimme
sowohl in stillen Momenten als auch in Streßzeiten besänftigen
können. Ich empfehle Ihnen eine ganz bestimmte Vorgehensweise im Umgang mit Ihrer Angreiferstimme. Es ist dies ein
Prozeß, den ich zusammen mit meinen Kollegen entwickelt
habe, der Ihnen hilft, ohne Verzögerung auf den Angriff Ihrer
inneren kritischen Stimme zu reagieren und Ihren Geist und
Ihren Körper vor den Auswirkungen dieses Angriffs zu schützen. Sie können lernen, diesen Angriff nicht an sich herankom-

6 Jerry Giles, Psychological Immortality (New York: Richard Marek Publishers, 1981), S. 181.

men zu lassen, die Anspielung, Sie seien ein schrecklicher oder untauglicher Mensch, nicht anzunehmen. Es ist unnötig, daß Sie sich selbst bestrafen, indem Sie die gesamte Spannung in Ihrem Körper aufnehmen.

Die Besänftigung seiner Angreiferstimme hat Jack sehr geholfen. Sie erinnern sich sicher an Jack, den Journalisten, der seinen Verhaltensmustern im Umgang mit Muskelverspannung scheinbar sehr zugetan war. Ich möchte Ihnen an seinem Beispiel verdeutlichen, wie die Technik anzuwenden ist. Jack brauchte die Entspannung am meisten, wenn er, nach seinen Arbeitsnächten, im Büro des Chefredakteurs Stellung beziehen mußte. Jack sah es als große Herausforderung an, sich seine Arbeit richtig einzuteilen; doch trotz seiner langjährigen Erfahrung mit der Einhaltung von Terminen gab es Dinge, die außerhalb seiner Kontrolle lagen. Er hing ständig von Informationen seiner Kollegen ab, die möglicherweise zu spät geliefert wurden und eine Verzögerung herbeiführten. Trotz jahrelanger Erfahrung fürchtete er sich jedes Mal vor dem Tag, an dem er das Zimmer des Chefredakteurs betreten mußte, dieser ihn durchdringend anblickte und sagte: »Nun, mein Lieber, es bleibt Ihnen nur noch eine kleine Galgenfrist.«

Sobald sich diese unvermeidliche Konfrontation näherte, überhäufte Jacks Angreiferstimme ihn mit Beschuldigungen.

»Ich habe nicht schnell genug gearbeitet«, war eine dieser Beschuldigungen. »Ich hätte mich nicht so lang beim Essen aufhalten dürfen. Ich müßte mindestens schon doppelt so weit sein, wie ich es bin.« Wenn Jack dann schuldbewußt das Büro des Chefredakteurs betrat, war es um seine Nerven geschehen, und seine Stimme klang erstickt und nach Verteidigung.

Jack verbesserte im Laufe unserer gemeinsamen Arbeit nicht nur seine Stimme, sondern er lernte gleichzeitig, wie er in sieben Schritten seine Angreiferstimme besänftigen und zum Schweigen bringen konnte. Im Verlauf von mehreren Wochen

126

lernte Jack, das Büro seines Chefredakteurs ohne Selbstan-
griffe und Selbstvorwürfe zu betreten.

1. Erkennen Sie den Angriff

Jack mußte als erstes erkennen lernen, wann seine Angreiferstimme wieder zuschlug. Sobald er sich darüber bewußt wurde,
daß er wieder dachte: »Ich hätte gestern abend schneller arbeiten sollen«, notierte er sich in Gedanken, daß die Angreiferstimme wieder angriff, und bereitete sich auf die Verteidigung
vor.

2. Sehen und spüren Sie die Wirkung des Angriffs

Jack lernte, sich des Spannungsaufbaus in seinem Körper sehr
bewußt zu werden, und konnte bald die Wirkungen dieses Angriffs voraussehen. Er wußte insbesondere, daß sein Hals sich
wie im Schraubstock fühlen und seine Stimme jegliche Kraft
verlieren würde.

3. Versuchen Sie festzustellen, welches Gefühl die Angreiferstimme in Ihnen wachrufen will

Jacks Angreiferstimme wollte, daß sich Jack wie ein unartiges
Kind mit einem schlechten Gewissen fühlte. Sie wollte, daß er
glaubte, er hätte es verdient, im Bermuda-Dreieck der Spannung sich selbst überlassen zu sein, daß er sich härter zur
Arbeit antrieb und sich selbst für jedes Verlangen nach Befriedigung seiner seelischen Bedürfnisse bestrafte. Und Jack
schämte sich auch, weil er nicht tadellos und unermüdlich wie
eine Maschine arbeitete. Wie konnte er es wagen, dem Chefre-
dakteur als gleichwertiger Mensch gegenüberzutreten, wenn er
sich selber schon schuldig gesprochen hatte?

127

4. Ermitteln Sie, wie dieses Gefühl Ihren Wert verneint

Jack empfand diesen Schritt als besonders hilfreich. Auch wenn es ihm in der Hitze des Gefechts nicht gelang, sich mit der Botschaft der Angreiferstimme zu beschäftigen oder sie als unwahr auszumachen, konnte er doch ganz klar erkennen, daß der offensichtliche Zweck der Angreiferstimme destruktiv und keinesfalls hilfreich oder auf seiner Seite war. Sobald er erkannt hatte, daß die Angreiferstimme, ungeachtet dessen, ob sie recht hatte oder nicht, ihn immer verletzte, empfand er ein Gefühl der Empörung. Er notierte wieder in Gedanken: »Auf keinen Fall handelt es sich hier um konstruktive Kritik eines möglichen Fehlers, den ich begangen habe, sondern um reine Einschüchterung. Unverschämt und ungehörig.«

5. Mobilisieren Sie Energie zur Befreiung

Dieser Schritt der »Entstresser-Technik« war für Jack von unschätzbarem Wert. Wo auch immer er war, selbst wenn er den Gang entlangschritt in Richtung Büro des Chefredakteurs, inmitten der allgemeinen Bürohektik, konnte er sich einige Augenblicke lang auf seine Arme und Beine konzentrieren, die Bewegung seiner Muskeln spüren, seine Füße in seinen Schuhen und den Notizblock in seiner Hand fühlen. Die »Entstresser-Technik« wirkte einer Vergrößerung der Spannung wirksam entgegen. Manchmal atmete er noch einige Male ganz tief ein und aus und streckte seine Glieder, um seinen Körper zu kräftigen.

6. Wählen Sie die für Sie beste Methode zur Befreiung

Nachdem Jack die vorhergehenden Schritte befolgt hatte, konnte er fühlen, daß sein Körper lebendig war und daß seine

Angreiferstimme nicht das übermächtige Ungeheuer war, für das er sie gehalten hatte. Nun war er in der Lage, ihr mit allen möglichen Einstellungen zu begegnen, die alle einem gefestigteren Selbstwertgefühl entsprangen. Der folgenden Auflistung können Sie einige dieser Methoden zur Besänftigung Ihrer Angreiferstimme entnehmen. Jack erkannte, daß in manchen Fällen Kapitulation am schnellsten zum Ziel führte. Er sagte ganz einfach zu seiner Angreiferstimme: »Mach nur weiter. Ich weiß, du bist nie zufrieden.« Ein andermal erwies sich Humor als die beste Gegenwaffe: »Du hast ganz recht. Natürlich habe ich nicht hart genug gearbeitet – ich bin ja nicht im Krankenhaus.« Jack stellte fest, daß diese Schlagfertigkeit seinerseits ihn gar keine Mühe kostete, sobald seine Gefühle befreit waren. Sie brachten zum Ausdruck, wie sein Selbstwertgefühl auf jeden unverdienten Angriff reagiert hätte.

Methoden zur Besänftigung Ihrer Angreiferstimme

Empörung	Lassen Sie Ihren Zorn und Ihre Würde anwachsen. »Ich will so nicht behandelt werden.«
Wahrheit	Verlassen Sie sich auf Ihren gesunden Menschenverstand. Ihre Angreiferstimme denkt nie logisch; sie verallgemeinert, reißt Dinge aus ihrem Zusammenhang heraus und neigt dazu, mildernde Umstände zu vergessen. Teilen Sie ihr einfach mit: »Das ergibt überhaupt keinen Sinn.«
Humor	Witz und Schlagfertigkeit entschärfen jede Situation und leiten jeden Angriff irre.
Den Angreifer bloßstellen	Ihre Angreiferstimme tritt ganz schnell den Rückzug an, wenn Sie versuchen, sie mit ihren

eigenen Waffen zu schlagen:»Wer bist denn du, um mich zu verurteilen?«

Übertreibung	Wenn Sie den Angriff ins Übermaß steigern, wird er sich bald als absurd erweisen:»Ja, ja, ich bin der dümmste Mensch im ganzen Land.«
Zustimmung	Widerstand erzeugt Widerstand. Warum also Energie damit verschwenden, sich selbst zu bekämpfen? »Na klar, du hast mal wieder recht.«
Gleich-gültigkeit	Sie sind ein vielbeschäftigter Mensch. Ihre Angreiferstimme muß erst einmal beweisen, daß Sie etwas Bedeutendes zu sagen hat, bevor Sie ihr Gehör schenken. »Ja und? Wen kümmert's?«
Kapitulation	Ihrer Angreiferstimme nachzugeben kann diese unter Umständen in die Enge treiben. Ganz plötzlich werden die großen Anschuldigungen wie unbedeutende Wortklaubereien aussehen. »Mach nur weiter. Gib's mir.«
Gegenständ-liche Visuali-sierungen	Stellen Sie sich eine Tat vor, die dem Angriff Einhalt gebieten würde. Stecken Sie die Anschuldigungen in eine Rakete und schießen Sie sie auf den Mond.

7. Vergewissern Sie sich der Befreiung, indem Sie Ihre Körperreaktionen testen

Jack erkannte, daß er ohne Schwierigkeiten feststellen konnte, wann er gewonnen hatte. Eine friedliche Zuversicht kehrte in seinen Körper zurück, und er betrat das Büro des Chefredakteurs gestärkt und bereit, darüber zu verhandeln, was er zur Einhaltung seines Termines benötigte. Seine Kehle war entspannt, und wenn er sprach, tat er dies mit der zuversichtlichen und natürlichen Autorität seiner Körperstimme.

Die Besänftigung Ihrer Angreiferstimme kann Ihnen in Fleisch und Blut übergehen. Wenn Sie erst einmal wissen, wie Sie selbstabwertende Angriffe erkennen und abwehren können, werden Sie sich erleichtert fühlen – »Ich weiß, wie ich damit umgehen kann« – und sich nicht länger als Opfer fühlen. Selbstverständlich können Sie die gleiche Technik anwenden, wenn Sie sich mündlich gegenüber jemandem verteidigen müssen, der Ihre Anstrengungen verunglimpft oder Sie beleidigt. Andere Menschen können Sie deshalb einschüchtern, weil Sie mit Ihren Worten die gleichen selbstentwertenden seelischen und körperlichen Reaktionen der Schuld und Unwürdigkeit auslösen. Wenn Sie aufhören, sich selbst schlechtzumachen, haben Sie eine Menge über die Erhaltung Ihres Selbstwertgefühles in kritischen Situationen gelernt. Indem Sie die von innen kommenden Angriffe, die Ihre Stimme schmälern, abwehren, sind Sie in der Lage, ein Mehr an stimmlicher Kraft aufzubieten, wenn Sie sie brauchen, um sich selbst zu verteidigen.

Die Entdeckung Ihrer eigenen Kraft

Keine Diskussion über Streß kann ohne einen Blick auf den Streß, der sich aus der Veränderung der persönlichen Lebensumstände ergibt, vollständig sein. Dies gilt im besonderen, wenn es sich um die Entwicklung Ihrer Körperstimme handelt. Die Entscheidung für eine Veränderung Ihrer Stimme kann als riskant und gefahrvoll empfunden werden. Man verfällt leicht wieder in das eingefahrene Streßverhalten – entweder man ist aufgedreht und aufgekratzt über die Veränderung oder skeptisch und zweifelnd und versucht sich selbst davon zu überzeugen, daß die Veränderung all den Ärger gar nicht wert ist. Viel-

131

leicht löst die Vorstellung von der Veränderung Ihrer Stimme und ihrer Wirkung auf die wichtigen Menschen in Ihrem Leben Angst aus.

Cheryl, deren mädchenhafte Stimme Ausdruck ihrer insgesamt scheuen Persönlichkeit war, fragte mich: »Wird mein Freund mir jetzt Vorhaltungen machen, weil ich mich stärker fühle und stärker klinge? Wird meine Mutter mir Vorhaltungen machen?« Leonard, ein bärbeißiger Betriebsleiter, der der Ansicht war, daß seine barschen Anweisungen ihm Respekt verschafften, hatte Angst davor, daß er, wenn er den harten Klang seiner Stimme zugunsten eines vollen Klangs aufgab, weniger männlich erscheinen würde. Peter, Geschäftsführer, der sich auf dem besten Wege befand, ein Workaholic zu werden und dessen ganze Persönlichkeit völlig in seiner Anspannung und seinem Widerstand gegenüber Empfindungen aufging, befürchtete einen Verlust seiner Kraft, wenn er seinen vertrauten Lebensstil aufgab. Er war sich sicher, jegliche Kontrolle zu verlieren und unterzugehen.

Der nachfolgende Verständnisvorgang soll Ihnen die Entwicklung Ihrer Körperstimme erleichtern; es handelt sich um eine Anleitung zu einer gesunden und nicht bewertenden Vorgehensweise. Wenn Sie die richtige Einstellung haben, wird der Streß der Veränderung Sie nicht unnötig belasten. Die folgende fünfstufige Vorgehensweise soll dazu dienen, jede neue Lernerfahrung oder Veränderung im Leben willkommen zu heißen.

Fünf Stufen zum Verständnis

Bewußtheit. Zu Beginn sollten Sie versuchen objektiv zu verstehen, wie eng Ihr Körper und Ihre Gefühle mit der potentiellen Ausdrucksstärke und der Kraft Ihrer Stimme verbunden sind.

Sie werden sich Ihrer selbst als Individuum, das über ein einzigartiges Streßverhalten und einmalige stimmliche Anlagen verfügt, bewußter werden. Wenn Sie sich bestimmte Körperenergien zunutze machen und Ihre angeborene ausdrucksvolle Körperstimme entdecken, können Sie sehr viel über Ihre eigene stimmliche Vergangenheit erfahren und Ihren eigenen Weg zum Abbau verborgener Spannungen bestimmen.

Neugierde. Begegnen Sie den Veränderungen in Ihrer Stimme mit Wißbegierde, und forschen Sie nach Ihrer wahren Persönlichkeit und Ihrem verborgenen Potential. Sie werden feststellen, daß Sie in der Lage sind, in einem Maße über sich selbst hinauszuwachsen, das Sie nicht für möglich gehalten hätten. Wenn Sie Ihrem Körper und Ihrer Stimme mehr Aufmerksamkeit widmen, werden Sie auch Körper und Stimmen anderer Menschen sehr viel deutlicher wahrnehmen. Ihr ganzes Leben wird reicher werden, wenn Sie den ständigen Austausch an persönlicher Energie, die menschliche Kommunikation bedeutet, wahrnehmen. Versuchen Sie offen zu sein für neue Erfahrungen, und freuen Sie sich an der neuen, persönlicheren Art zu sprechen und mit anderen Menschen umzugehen.

Mitgefühl. Verlieren Sie, wenn Sie wachsen und an Stärke gewinnen, nicht Ihr Mitgefühl und Ihre Freundlichkeit gegenüber sich selbst und den anderen. Vielen mangelt es an Mitgefühl gegenüber sich selbst in ihrem beruflichen und privaten Leben. Ständig bekomme ich zu hören: »Ich finde meine Stimme schrecklich. Ich finde mein Haar schrecklich. Ich finde meine Kleider schrecklich.« Selbsthaß raubt Ihnen jegliche Energie und macht es schwierig, andere zu schätzen. Je mehr Sie sich selbst lieben und Ihre eigenen Schwächen und Fehler vergeben können, desto großzügiger können Sie anderen Menschen gegenüber sein. Mitgefühl sich selbst gegenüber wird eine Veränderung Ihrer Stimme sehr viel wahrscheinlicher machen.

Mut. Warum verhärten sich die Herzen der Menschen, warum werden Ihre Unterkörper unempfindlich, und warum verlieren sie ihre Sinnlichkeit? Viele Menschen scheinen sich einfach sicherer zu fühlen, solange sie in ihrer eigenen geschlossenen Welt leben. Es erfordert Mut, die alten Schranken niederzureißen und das Leben in vollen Zügen zu leben. Es gehört manchmal auch Mut dazu, den wichtigen Menschen gegenüberzutreten, wenn diese über die Veränderungen, die sich mit der Entwicklung der Körperstimme vollzogen haben, bestürzt sind. Wie wir noch sehen werden, wird eine Frau, deren Stimme piepsig und kindlich klingt, manchmal das Gefühl haben, es fehle ihr an Kraft, für sich selbst einzutreten. Cheryl hat beispielsweise die Erfahrung gemacht, daß Männer, aber auch andere Menschen in ihrem Leben, an ihre entgegenkommende Art gewohnt gewesen waren und sich an ihre Körperstimme und ihre neue Selbstbestimmtheit gewöhnen mußten. Einige ihrer Freunde konnten sie als Menschen, der wie eine erwachsene Frau aussah, handelte und klang, akzeptieren. Beziehungen mit anderen Menschen, die ihr nahestanden, mußten neu definiert werden.

Geduld. Räumen Sie dem äußerlichen und inneren Veränderungsprozeß soviel Zeit wie nötig ein. Lassen Sie sich nicht durch Ihre Angreiferstimme beeinflussen, weil Sie das Gefühl haben, nicht schnell genug voranzukommen. Ich kann Ihnen aus meiner Erfahrung mit Hunderten von Menschen versichern, daß Sie viel schneller Fortschritte machen und Ihre Körperstimme entdecken und entwickeln werden, wenn Sie Geduld mit sich haben. Geduld wird Ihnen helfen zu entspannen und offen zu sein für die Erfahrung Ihrer körperlichen Lebendigkeit.

Seien Sie bewußt, wißbegierig, mitfühlend, und fassen Sie sich ein Herz; Sie werden Ihre Körperstimme entdecken und verstehen, wie sehr sie ganz viele Aspekte Ihres Lebens bereichern kann.

5. Kapitel

Vom Körperatmen zum Körpersprechen

Sie hatten es in einer Zeitschrift gelesen: Die Angst, die von Amerikanern zur Angst Nr. 1 ernannt wurde und noch vor der Angst vor dem Fliegen rangierte und noch schlimmer war als die Angst vor der Krankheit, war die Angst vor dem Reden in der Öffentlichkeit.

Sie hieß Julie. Er hieß Frank. Sie waren Angestellte einer großen Firma und arbeiteten in der technischen Schulungsabteilung; sie waren zu mir gekommen, weil sie lernen wollten, ihre Art der Präsentation während der Schulungen für Kunden ihrer Firma zu verbessern. Julie war groß und dunkelhaarig, hatte klare, lebhafte braune Augen und glattes glänzendes Haar, das zu einer klassischen Frisur gekämmt war. Frank war breitschultrig, blond und trug eine Designerbrille, die seinen hellen Augen einen eindringlichen Blick verlieh, der ihm in Verbindung mit seinem breiten Lächeln den Eindruck eines Mannes verlieh, der alles unter Kontrolle hatte.

Ich beobachtete beide ganz genau. Ich bemerkte, daß Julie ein paar unbewußte Eigenarten hatte, die mich ablenkten, während sie sprach. Sie legte erstens überlange Pausen ein, die, anstatt das Gesagte zu betonen, ihre Aussage verwirrten. Dazu kam, daß sie während der Pausen ihre Augen spazierenführte und sie überall hingerichtet waren, nur nicht auf mich. Und trotz ihrer gepflegten äußeren Erscheinung verriet ihre Haltung einen Mangel an Energie. Wir saßen uns beim ersten Interview gegenüber. Ganz instinktiv hatte sich Julie in einen der großen bequemen Sessel gesetzt, der eher als Zufluchtsort denn bequem wirkte.

Frank dagegen saß auf einem Stuhl mit Rückenlehne und schien sehr wachsam, fast eine Spur zu wachsam. Er saß aufrecht und steif auf seinem Stuhl, zog seinen Bauch ein, wenn er sprach, so daß man trotz seiner energiegeladenen Ausstrahlung das Gefühl hatte, er fühle sich unwohl, als ob er irgendwo mit Sicherheitsnadeln zusammengehalten und aus ihm wie aus einem Luftballon die Luft entweichen würde, sollte sich eine Nadel an der falschen Stelle in ihn hineinbohren.

Ich horchte auch sehr aufmerksam auf ihre Stimmen. Julies Stimme vermittelte den Eindruck eines Menschen, dem es an Stärke und Leidenschaft fehlt. Franks Stimme klang angenehm voll, doch gleichzeitig verkrampft und enthielt trotz seines freundlichen Lächelns eine Spur von Härte. Er sprach schnell und sagte auch lange Sätze in nur einem Atemzug. Er schien in seine eigenen Gedanken versunken und ganz zu vergessen, daß es ein Gegenüber gab, dem er sich mitteilen wollte.

»Erzählen Sie mir von Ihrer Arbeit«, bat ich die beiden.

»Wir arbeiten für eine große Herstellerfirma von Textverarbeitungssystemen, die sich den Unternehmergeist einer kleinen Firma bewahrt hat und in der jeder seine Arbeit gern tun soll«, führte Frank ausführlich aus. »Wir programmieren, stellen Berichte, Verkaufs- und Schulungsunterlagen zusammen.«

»Ja, mit den Schulungen fingen die Schwierigkeiten an«, unterbrach Julie. »Wenn eine andere Firma eines unserer Systeme kauft, installieren wir es und schicken einen Mitarbeiter aus unserer Firma hin, der dort an Ort und Stelle Schulungen durchführt. Das Schulungspersonal wechselt. Und in diesem Jahr sind wir dran.«

138

»Klingt nach Abwechslung und Spaß«, sagte ich.

»Nun, es könnte Spaß bedeuten«, erwiderte sie. »Ich reise gern und lerne gerne neue Menschen kennen. Aber wenn ich die Schulungen halten soll und vor einer Gruppe von zwanzig Menschen stehe, nun, dann zittere ich vor Angst.«

»Mir geht es ähnlich«, pflichtete Frank bei. »Aber nicht jedesmal. Ich meine, es hat etwas damit zu tun, wie wichtig und wie neu die Kunden sind. Wenn ich weiß, daß viel Geld auf dem Spiel steht, mache ich mir darüber Sorgen, während ich spreche, und kann mich deshalb nicht auf das, was ich sage, oder wo ich gerade bin, konzentrieren.«

»Mir«, grübelte Julie, »macht die Anzahl der Menschen zu schaffen. Fünf, zehn, sogar fünfzehn kann ich verkraften. Aber wenn es mehr sind, habe ich das Gefühl, alle Augen sind auf mich gerichtet und erdrücken mich.«

»Dazu kommt«, gab Frank zu, »daß manche Schulungsteilnehmer schon verdammt viel wissen. Sie kennen sich mit jedem System auf dem Markt aus. Dann stehst du da, vor all diesen versteinerten Gesichtern, die dein Schulungsmaterial skeptisch beäugen und dich herausfordern zu beweisen, daß gerade dein System nicht nur Schwierigkeiten machen wird.«

»Ich weiß«, sagte Julie. »Es liegt nicht daran, daß ich unvorbereitet bin oder meinen Stoff nicht kenne. Ich nehme mir immer ausführliche Notizen und Anschauungsmaterial mit. Und ich kenne unsere Software in- und auswendig.«

Es war unschwer zu erkennen, daß Julies Angst, vor einer großen Gruppe von Menschen zu sprechen, nichts mit einem Mangel an Kompetenz zu tun hatte. Ihr Problem hing auch nicht mit einem Mangel an stimmlichem Potential zusammen. Wenn sie mit mir sprach, entwich ihre Stimme augenblicklich dem Gefängnis in ihrer Kehle und klang, sobald sie von ihrer Arbeit berichtete, enthusiastisch, und das Gefühl ihrer eigenen Stärke schwang in ihrer Stimme mit. Ihr Sprechproblem war auf eine erlernte tiefsitzende Angst zurückzuführen, die in streßbeladenen Situationen in ihr aufstieg, ihre Energie und ihr Selbstvertrauen zunichte machte und sie ihrer wunderbaren Stimme beraubte, die ich zu hören bekam.

Dann ereignete sich etwas Interessantes und Aufschlußreiches. Sobald Julie bemerkte, daß ich positiv auf sie reagierte, indem ich die Energie, die sie ausgestrahlt hatte, aufnahm, wurde sie verlegen und blaß, als ob sie etwas Falsches getan hätte, und fiel offensichtlich in sich zusammen. Ich beobachtete, wie sie ihren Atem anhielt und ihren Bauch einzog. Ich bemerkte das alles, weil ich darauf achtete, wie sie atmete.

Die Besonderheiten Ihrer Atmung – der Klang, der Rhythmus, das Volumen, die Geschwindigkeit und die Muskelbewegungen Ihrer Brust und Ihres Bauches – lassen Rückschlüsse auf Ihre seelische und körperliche Verfassung zu. Sobald Sie sich Ihrer Atmung bewußter sind, werden Sie anfangen, die Bedeutung der verschiedenen Atmungsarten in sich selbst und in Menschen Ihrer Umgebung zu bemerken. Wenn Sie beispielsweise extrem schnell sprechen, sind Sie möglicherweise nicht im Einklang mit Ihrem Körper, sondern funktionieren nur im Kopf. Wenn Sie zu langsam sprechen, könnte dies auf die Angst, etwas Falsches zu sagen, zurückzuführen sein; vielleicht haben Sie auch einen trockenen Mund, was häufig der Fall ist bei übergroßer Nervosität, genauso wie das Gegenteil, eine Überproduktion von Speichel. Die Beobachtung Ihrer Atmung kann Ihnen ebenfalls ein Gefühl dafür verschaffen, wie wohl Sie sich in Ihrem Körper fühlen. Eine flache Atmung deutet im allgemeinen auf Spannung hin. Ein unbewegliches Gesicht kann in Verbindung mit schneller Atmung auf die Gespaltenheit Ihrer Gefühle hinweisen.

Frank schüttelte unterdessen den Kopf.

»Wir müssen etwas unternehmen, um bessere Schulungen abhalten zu können«, sagte er. »An den Fragen der Kunden erkenne ich manchmal, daß ich mich nicht verständlich genug ausdrücke.«

»Haben Sie das Gefühl, daß es besser läuft, wenn Sie nur einen Kunden schulen?« fragte ich.

Julie und Frank schauten einander an, als hätten sie auf der Suche nach einer Antwort diesen Aspekt bereits diskutiert.

»Manchmal«, antwortete Julie, »wenn ich das Gefühl habe, daß die andere Person verständig ist und ich technisch bleiben kann. Wenn es allerdings auf eine Diskussion irgendwelcher Art hinausläuft, fühle ich mich genauso unwohl.«

»Ich auch«, sagte Frank. »Ich scheine mich zu verlieren, und meine Gedanken schweifen ab.«

»Ich versteife mich«, fügte Julie hinzu. »Oder ich bemerke, wie eigenartig sich mein Körper benimmt, meine Hände ziellos herumfuchteln und meine Knie zittern.«

»Und meine Stimme«, Frank runzelte die Stirn, »klingt, als ob sie aus einem Lautsprecher tönte und überhaupt nicht nach mir.«

Beide sahen in dem Moment ziemlich bestürzt aus.

»Was können Sie mir über Ihre Atmung sagen?« fragte ich.

»Nun, ich hab's versucht«, erwiderte Julie. »Man hat mir geraten, mit dem Zwerchfell zu atmen. Also habe ich die tiefe Brustatmung geübt, bis ich glaubte, ganz gut zu sein. Aber als ich dann vor meiner Gruppe stand, stieg die Panik wieder in mir auf. Ich habe dann mit meinem Zwerchfell geatmet, doch es hat nichts genützt. Ich war immer noch viel zu aufgeregt. Mein Kopf fühlte sich ganz leer an, und mein Magen verkrampfte sich.«

»Das ist mir auch schon so ergangen«, sagte Frank. »Einmal wurde mir richtig schwindlig, und ich mußte die Schulung kurz unterbrechen, bis ich mich wieder gefangen hatte.«

Julie nickte und schien zu zögern, bevor sie fortfuhr. »Mir ist noch etwas Unangenehmes aufgefallen. Wenn ich tief geatmet hatte, habe ich mich manchmal noch schlechter gefühlt. Ich spürte ... ich weiß nicht genau, wie ich es beschreiben soll, fühlte mich traurig und wollte am liebsten weinen.«

Sie schaute mich an, als ob sie erwartete, ich würde sie für verrückt erklären.

Als ich nur zustimmend nickte, fuhr sie fort. »Ich habe deswegen aufgehört mit dieser Atmung; ich habe außerdem festgestellt, daß ich, wenn ich so flach wie möglich atme, wenigstens das Gefühl habe, die Dinge unter Kontrolle zu haben. Ich gehe dann für gewöhnlich in meine Schulungen mit dem Gefühl, an einem dünnen Faden zu hängen. Und fühle mich natürlich schrecklich. Ich fühle mich so, als würde ich mich vor mir selbst verstecken. Aber ich weiß einfach nicht, was ich dagegen tun soll.«

»Ich glaube, ich kann Ihnen helfen«, sagte ich. »Sie beide müssen als erstes an Ihrer Atmung arbeiten, und zwar auf eine Art, die Ihnen helfen *kann*, Ihre Probleme zu bewältigen – ich nenne diese Art Körperatmung. Sie werden entdecken, was Ihre Atmung mit Ihrer Angst vor dem Reden in der Öffentlichkeit, Ihrem Mangel an Lebendigkeit und Ihrem Gefühl, daß Ihre Emotionen direkt unter der Oberfläche lauern, zu tun hat.«

Die vielen Aufgaben der Atmung

Ich möchte an dieser Stelle einen kurzen Exkurs machen, bevor ich zu Julie und Frank zurückkehre, und berichten, wie die beiden ihre Angst vor dem Reden in der Öffentlichkeit in mehreren Stufen bewältigt haben. Ich möchte als erstes darauf zu sprechen kommen, warum es unendlich wichtig ist, daß Sie, ganz besonders, wenn Sie Julie oder Frank ähnlich sind, Ihre Atmung genau kennen- und den Begriff Körperatmung verstehen lernen. Wie die meisten Körpervorgänge, hat die Atmung mehr als eine wichtige Funktion und ist ein integrierter und unzertrennlicher Bestandteil der Stoffwechsel-, Nerven- und Organfunktionen und somit der gesamten Gesundheit des Menschen.

Die Art, wie Sie atmen, kann Ihnen helfen, die Reaktion Ihres Körpers auf Streß zu beeinflussen. Bestimmte Atemtechniken können Ihren Körper mit zusätzlicher Energie versorgen, wenn Sie zur Tat schreiten wollen, oder Sie zur Ruhe bringen, wenn Sie sich entspannen wollen, oder auch Ihr Energiegleichgewicht nach einer belastenden Erfahrung wiederherstellen. Spannung bewältigen und einen streßfreien Körper erleben sind die wichtigsten Schritte, um die Kraft und die Zuversicht Ihrer Körperstimme zu entwickeln.

Die Atmung leistet noch einen weiteren wichtigen Dienst in Ihrem Leben. Wie Sie vielleicht schon wissen, erzeugen Ihre Stimmbänder mit Hilfe der ausgeatmeten Luft Laute, d.h. Primärtöne, aus denen der Mensch dann Worte bildet. Die Atemführung, d.h. die Art des Einatmens und Ausatmens, ist direkt mit der Stärke, dem Ton und der Klangbeschaffenheit Ihrer Stimme verbunden. Ihr Atem gleicht einer Luftstütze, die Ihre Stimme stützt, und Ihr Atem kann Ihrer Stimme entweder als Grundlage dienen oder sie dieser Grundlage berauben.

Ihre Atmung steht ebenfalls in direktem Zusammenhang mit Ihrer Körperhaltung und Ihrer Muskelspannung sowie mit Ihrer Fähigkeit, Gefühle zu spüren und auszudrücken. Die Atemgewohnheiten dienen zudem als Schlüssel zum Verständnis der Beziehung zwischen seelischer und körperlicher Spannung in Ihrem Leben. Damit Sie sich lebendig fühlen und sich im Einklang mit Ihren Körperenergien befinden können, brauchen Sie die Körperatmung.

Warum ist Körperatmung so wichtig?

Die Körperatmung ist die natürlichste und beste Art zu atmen. Ihr Körper und Ihre Stimme ziehen aus dieser Art der Atmung den größtmöglichen Nutzen. *Körperatmung bedeutet, daß die Atembewegungen sich auf den ganzen Körper erstrecken, im besonderen auf Ihren Unterkörper, und nicht nur auf Ihr Zwerchfell und Ihre Brust.*

Viele Stimmtherapeuten empfehlen ihren Schülern, ihre Aufmerksamkeit beim Atmen auf die Bewegungen des Zwerchfells zu richten, einer muskulösen Haut, die am Brustbein angewachsen ist. Wenn Sie jedoch seelisch und körperlich angespannt sind und die Idee, eine öffentliche Rede zu halten oder jemandem zu erzählen, wie Sie sich fühlen, Angstgefühle in Ihnen auslöst, was glauben Sie, welcher Muskel zuerst zusammenbrechen wird? Viele Menschen spüren die Angst und den seelischen Druck zuerst in der Zwerchfellgegend. Wenn Sie sich gestreßt oder ängstlich fühlen, haben Sie das Gefühl, als sei Ihre Körpermitte ausgehöhlt oder als hätte Ihnen jemand einen Schlag in die Magengrube versetzt. Wenn Ihr Atem dort ruht, wird er, wenn Sie sich angespannt fühlen, keinen Ausweg haben. Ihr Atem bleibt in der Brust und im Hals stecken, und Ihre Stimme schwankt und klingt erstickt. Ihr Körper zieht sich buchstäblich zurück und schneidet Ihre Gefühle ab. Sie fangen vielleicht an, wild zu gestikulieren und nach Worten zu suchen.

Wenn Sie jedoch mit dem ganzen Körper atmen, und Ihren Atem in den Muskeln des Unterkörpers konzentrieren, die Sie üblicherweise zum Husten gebrauchen, unterstützen Sie Ihre Stimme mit der Lebendigkeit Ihres Beckens und der Kraft Ihrer Ober- und Unterschenkel und den kräftigen Muskeln Ihres Gesäßes. Wenn Sie einem Publikum gegenüberstehen und Ihr Sonnengeflecht sich träge fühlt, können Sie Ihr seelisches und körperliches Gleichgewicht mit Hilfe der Unterstützung Ihres

Unterkörpers wiederherstellen. Ihre Kehle, Ihre Brust und Ihr Bauch können sich entspannen, wenn Sie sich auf die Unterstützung dieser kräftigen Muskeln verlassen. Körperatmung gleicht der Heizung im Keller eines Hauses, wo sie sicherlich auch hingehört. Die Wärme kann von unten aufsteigen und so das ganze Haus erwärmen. Ihr Atem kann von unten in Ihrem Körper aufsteigen und Ihre Stimme unterstützen. Sie können mit einem energiegeladenen ganzen Körper sprechen, ohne das Gefühl zu haben, von der Angst und Nervosität in zwei Hälften gerissen zu werden.

Das Recht auf diese Art der Atmung haben Sie sich bereits mit Ihrer Geburt erworben. Gesunde Babies und Tiere benützen die Körperatmung, ohne sie erst erlernen zu müssen. Im Laufe unseres Lebens ändert sich die Art der Atmung, ohne daß wir uns dessen bewußt sind. Die Atemgewohnheiten eines Erwachsenen sind nicht angeboren, sondern Imitationen der Atemgewohnheiten unserer Eltern und anderer Vorbilder. Die Art zu atmen, die wir im Laufe unseres Lebens erlernt haben, gehört zu unserer stimmlichen Geschichte. Auch unsere Haltung und die Art, wie wir unsere Brust und unseren Bauch einziehen, haben wir durch unser Zuhause und unsere Umgebung erlernt. Selbst unser Hals, unsere Kehle und unsere Kiefermuskeln funktionieren so, daß wir so sprechen, wie unsere Eltern und andere Bezugspersonen gesprochen haben.

Nehmen Sie sich einen Moment Zeit, und fragen Sie sich: »Wie haben meine Eltern geatmet?« Versuchen Sie sich zu erinnern, wie sie gesprochen haben. Haben sie schnell oder langsam gesprochen? Waren ihre Rücken gerade und ihre Schultern hochgezogen oder hängend? Haben sie ihre Köpfe zur Seite geneigt oder gerade gehalten? Ich kann mich an einige Atemgewohnheiten meiner Eltern erinnern. Meine Mutter hat viele Seufzer ausgestoßen, ganz charakteristische Seufzer, die aus der Mitte ihres Körpers aufstiegen. Mein Vater hat tief geatmet. Erinnerungen an gemeinsam eingenommene Mahlzeiten oder große Familienessen können Ihr Gedächtnis diesbezüglich auffrischen. Tischgespräche können sehr viel Aufschluß geben bezüglich der Interaktion und Kommunikation und Atemgewohnheiten der einzelnen Gesprächsteilnehmer.

Allzu häufig werden Sie vielleicht auf die gehemmten Atembewegungen Ihrer Kindheit stoßen, die Sie sich dann irgendwann zu eigen gemacht haben. Versuchen Sie deshalb, sich die Atmung eines Babies vorzustellen. Ein gesundes Baby atmet mit dem ganzen Körper, und sein ganzer Körper bewegt sich harmonisch und ungehemmt. Auch die Gefühle eines Babies sind ungehemmt. Alles ist Gefühl im Körper eines Babies, denn es hat keine Möglichkeit, seine körperlichen Reaktionen zu selektieren, sich dagegen zu wehren oder sie abzuschwächen. Wenn Eltern den Säugling ihre Billigung oder Mißbilligung seiner Freude oder seines Schmerzes spüren lassen, lernt er sehr schnell, nicht zu laut zu schreien, um seine Freude auszudrükken, und nicht zu viel zu weinen, um seinen Schmerz kundzutun. Auch ein Baby kann seine Emotionen und Körperempfindungen am besten dadurch zurückhalten, daß es seinen Atem anhält, d.h. seine Muskeln, die es zum Atmen gebraucht, ganz besonders das Zwerchfell, zusammenzieht. Dies führt dazu, daß die Ganzheit der Atembewegungen zerbrochen und die Erfahrung der natürlichen Gefühle gehemmt wird. Auf diese Weise verliert das Baby einen Teil seiner natürlichen Lebendigkeit und seiner ganzheitlichen Freude an seinem Körper.

Vielleicht halten Sie auch noch heute Ihren Atem an, wenn Sie versuchen, mit starken Gefühlen umzugehen, genau wie Julie, als wir uns zum ersten Mal begegnet sind. Sogar Tiere halten ihren Atem an, wenn sie einer Gefahr begegnen. Was macht ein Reh, wenn es das bedrohende Geräusch raschelnder Blätter vernimmt? Es erstarrt. Einen Augenblick lang steht es bewegungslos da und traut sich nicht einmal zu atmen. Es ver-

146

sucht jede Körperempfindung auszuschalten, die es daran hindern könnte, das nächste Geräusch zu hören. Sobald die Gefahr vorüber ist, fängt das Reh wieder an zu atmen und sich in der gewohnten Art zu bewegen und zu äsen. Wenn es jedoch die Gefahr gewittert hat, vollziehen sich augenblicklich alle möglichen Reaktionen in seinem Körper: Sein Atem wird schnell, und es springt in gewaltigen Sätzen davon.

Das Anhalten des Atems in solch einem Moment erfolgt ganz instinktiv. Ich bin sicher, daß Sie nach Luft ringen und Ihren Atem anhalten, wenn die Spannung in einem Film schier unerträglich wird, und daß Sie sich genauso verhalten, wenn Sie sich in echter Gefahr befinden. Frauen halten oft den Atem an, wenn sie sich konzentrieren, um ihr Make-up aufzulegen. Männer tun das gleiche beim Rasieren. Wenn Menschen sich darauf einstellen, eine schlechte oder bedrohliche Nachricht zu erfahren, versuchen sie vielleicht ganz instinktiv die Reaktionen ihres Körpers zum Stillstand zu bringen, indem sie ihren Atem anhalten.

Ein Kind jedoch kann das Atemanhalten zu einem Dauerzustand machen, so, als ob es sich immer in Lebensgefahr befände und immer alle Gefühle, die es von der anhaltenden Konzentration ablenken, unterdrücken müßte. Es ist ungesund, ständig auf der Hut zu sein, denn das damit verbundene Gefühl löst chronische Muskelverspannung und seelische Spannung aus, die wiederum die Lebendigkeit Ihrer Stimme schmälern.

Versuchen Sie das Gefühl der Körperatmung zurückzurufen, versuchen Sie sich daran zu erinnern, wie es war – und wie es wieder sein könnte. Stellen Sie sich Ihre Atmung und den Klang eines echten Lachens aus vollem Herzen vor, ein Lachen, das aus Ihnen herausbricht, unkontrolliert und von Tränen begleitet, die Ihre Wangen bedecken, »kein Lachen des Gesichts oder des Zwerchfells, sondern des ganzen Menschen, von Kopf bis

Fuß«.[1] Ein derartiges Lachen vereinnahmt den ganzen Menschen. Genauso sollte Ihr Atem, zwar auf ruhigere, aber vielleicht sogar noch vollständigere Weise, Ihren ganzen Körper miteinbeziehen.

Möglicherweise haben Sie bereits mit anderen Arten der Atmung Bekanntschaft gemacht durch eine sportliche Betätigung, durch Tanz, Joggen oder Yoga oder irgendeine andere Technik, die Ihnen ebenfalls Hilfe für die Streßbewältigung oder die Verbesserung der Klangbeschaffenheit Ihrer Stimme anbietet. Viele Radfahrer experimentieren mit einem »umgekehrten« Atemrhythmus, d.h. sie atmen die Luft nicht ein und wieder aus, sondern stoßen die Luft zuerst aus, wobei sich der Bauch senkt, und lassen dann die Luft wieder einströmen. Yogis praktizieren mehrere Arten der Atmung zur Lockerung des Zwerchfells. Aktive Schwimmer, deren Zwerchfellmuskeln oft stärker ausgebildet sind als die Zwerchfellmuskeln von Nichtschwimmern, atmen hauptsächlich in die Brust, und zwar mit kurzen, schnellen Atemzügen. Gewichtheber haben ihre eigene Vorstellung davon, wie Einatmung und Ausatmung mit den Anforderungen an ihre Muskeln beim Heben, Stoßen und Stemmen zu vereinbaren sind. Tänzer des modernen Tanzes versuchen ihre Bewegungen ganz spontan durch ihren Atem leiten zu lassen. Ballettänzer dagegen lernen, ihren Atem und dadurch ihre Muskeln zu kontrollieren, ganz besonders in unnatürlichen Körperstellungen.

In Anbetracht all dessen bleibt Körperatmung die beste Atmung für Ihr Leben und Ihre Stimme. Im Gegensatz zu den meisten Atmungsarten soll die Körperatmung jeden Tag, jede Stunde, jede Minute praktiziert werden, so lange, bis sie zu einem natürlichen, unbewußten Teil unseres Lebens geworden ist; wie damals, als wir ein Baby waren. Wir atmen im Laufe

1 Thomas Carlyle, Sartor Resartus (New York: The Odyssey Press, 1937), S. 33.

148

eines Tages unzählige Male ein und aus. Wenn wir in einer Minute ungefähr zehnmal ein- und ausatmen, dann sind das sechshundertmal pro Stunde und etwa fünfzehntausendmal pro Tag. Sie haben also ausreichend Gelegenheit zu üben, und wenn Sie gewissenhaft sind, werden Sie die Körperatmung in kurzer Zeit erlernen und daraus Nutzen für Ihre Gesundheit, Ihre Lebendigkeit und Ihre Stimme ziehen können.

Ich habe die Vorteile der Körperatmung noch einmal für Sie zusammengestellt:

* Sie setzt die Energie Ihrer körperlichen Lebendigkeit frei und versorgt Ihren Körper mit mehr Sauerstoff.
* Sie läßt Ihrer Stimme die Unterstützung der größten und stärksten Muskeln Ihres Körpers angedeihen.
* Sie gibt Ihnen in Zeiten der Belastung ein starkes Gefühl der Verbundenheit mit Ihrem Körper.
* Sie trägt dazu bei, Ihrer Stimme Gefühl und Ausdruckskraft zu verleihen.

Es mag Ihnen schwerfallen, an diese Art der Atmung zu glauben oder zu ihr zurückzukehren, ganz besonders, wenn Sie, wie viele Menschen unserer heutigen Zeit, kopflastig sind. Der Verstand neigt dazu, der Verwirklichung und der Erfahrung, daß der Körper über seine eigene Weisheit verfügt, zu widerstehen. Vielleicht erfordert es eine Art Umerziehung und Sinneswandel, um sich eingestehen zu können, daß eine Veränderung in Ihrem Leben und eine Verbesserung Ihrer Stimme sich nicht durch eine neue Technik oder noch mehr Wissen bewerkstelligen läßt, sondern dadurch, daß Sie die natürlichen Gewohnheiten Ihres Körpers wiederentdecken. Sie werden Fortschritte machen, sobald Ihr Atem den Widerstand Ihres Verstandes durchbricht. Zu große Anstrengungen im Erlernen eines neuen Atemverhaltens hemmt nicht nur die Entspannung, sondern macht die Atmung unwirksam. Es ist eine wunderbare Erfahrung, das alte, steife, gefühllose und kopflastige Verhalten endlich hinter sich zu lassen und zu wissen, daß Sie Ihrem Körper vertrauen und sich am Reichtum der Körperatmung erfreuen können.

Atmen und Entstressen

Nach unserem ersten gemeinsamen Gespräch arbeitete ich mit Julie und Frank in getrennten Sitzungen. Julie kam zu ihrer ersten Einzelstunde und gab sich den Anschein, als wäre sie entschlossen, sich zu ändern, und wüßte nur noch nicht ganz, in welche Richtung sie gehen sollte. Sie trug ein strenges dunkles Kostüm und hatte ihre Haare zu einem Knoten zusammengebunden, so als wolle sie durch ihr Äußeres zeigen, daß sie auf harte Arbeit eingestellt war. Sie ließ ihre braunen Augen durchs Zimmer schweifen. Mir war klar, daß sie aufs äußerste gespannt war. Es sollte sich herausstellen, daß sie immer auf diese ihre gewohnte Art mit Veränderung und Wachstum umging – sie glich einer Feder, die bis zum Äußersten in ihrer eigenen körperlichen Spannung angezogen war. Es war ihre Art, sich zu konzentrieren und sich auf die Erfüllung der an sie gestellten Anforderungen und die dazu nötigen Anstrengungen einzustellen. Sie gehörte zu den Menschen, die immer hart mit sich selbst sind, sich nur selten genügend Schlaf gönnen, viel lernen und sich genau vorbereiten. Sie war sich darüber im klaren, daß außergewöhnliche Leistungen sehr viel Anstrengung erforderten, doch nicht darüber, wie wichtig ein Zustand umsichtiger Entspannung für echte Tüchtigkeit und Kreativität ist. Infolgedessen sah sie fast immer müde aus, und wenn sie sich selbst auf Touren brachte, um irgend etwas auszuführen, war etwas

Fiebriges in ihrer Energie. Sie lieferte ihre Arbeit immer termingerecht ab, aber jeder Auftrag kam einer Katastrophe gleich, und nach Abschluß hörte sie häufig:»Hey, du siehst aus, als hättest du Urlaub nötig.«

Julie erging es wie anderen unzähligen Menschen auch; mit ihrem persönlichen Stil hatte sie es zu einem gewissen Erfolg gebracht, und deshalb vertraute sie darauf. Da er aber auf Spannung und zeitweise sogar auf mehr schlechte als rechte Atmung aufgebaut war, hatte sie Angst, davon abzulassen, weil sie glaubte, Entspannung würde zu Untätigkeit und Versagen führen. Sie war in einem einschränkenden Verhalten gefangen, das ihrer Stimme überhaupt nichts nützte.

Ich bat sie, sich hinzulegen und es sich für die Anleitung zur »Entstresser-Technik« bequem zu machen. In ihrem Gesicht machte sich ungläubiges Staunen darüber breit, daß sie mit ihrem Körper entspannter umgehen mußte. Es war unschwer zu erkennen, daß sie mit allen Mitteln versuchte, sich selbst unter Kontrolle zu halten. Als sie den ersten Schritt gemeistert hatte, war sie ruhiger. Als ich sie dann allerdings mit der Körperatmung vertraut machte, durchfuhr sie ein anderer beunruhigender Gedanke. Sie sah besorgt auf ihren losen Gürtel und lachte verlegen.

»Hm, ich werde doch durch die Körperatmung keinen Bauch bekommen?«

Nun mußte ich lachen. »Nein. Sie werden sich keinen Baby- oder Buddhabauch zuziehen. Es handelt sich ja um keine große Bewegung. Es fühlt sich nur groß an, weil sie es nicht gewohnt sind, auf diese Art zu atmen.«

Julie hatte sich an chronische Muskelverspannung und flaches Atmen längst gewöhnt. Beides war ihr in jeder Situation, die sie erlebte, vertraut. Ich wollte ihr helfen, durch die Körperatmung zu einem Gefühl, sowohl mehr Energie zu haben als auch entspannter zu sein, zu gelangen.

»Ich möchte auf keinen Fall erreichen, daß Sie eine bestimmte Regel im Kopf haben, wie zum Beispiel ›Ich muß langsam atmen‹ oder ›Ich muß tief atmen‹«, erklärte ich ihr. »Es geht darum, Ihre eigenen Rhythmen zu finden, die dann Teil Ihres ganzen Körpers werden, sich verändern und mit Ihnen fließen während des Tages und der Nacht durch all ihre Höhen und Tiefen.«

Im Verlauf der folgenden Wochen fing Julie an, sich darüber bewußt zu werden, auf welche Weise ihr Körper verspannt war. Bestimmte Teile ihres Körpers, die sie früher schlichtweg ignoriert hatte, empfand sie nun als verspannt. Sie fühlte, wie sie durch die Körperatmung ihren Körper mehr spürte. Anfänglich handelte es sich bei diesen Empfindungen um Spannungen. Irgendwann schließlich war sie in der Lage, den Widerstand gegen die Entspannung zu fühlen, und damit verbunden war eine Erfahrung, die sie verstehen ließ, warum die tiefe Atmung sie nervös gemacht hatte und sie manchmal sogar den Tränen nahe gewesen war.

Eines Tages, ungefähr vier Wochen nach Beginn unserer gemeinsamen Arbeit, als sie mit der »Entstresser-Technik« arbeitete und Körperatmung in Vorbereitung für die Körperlaute praktizierte, fing sie an, leicht zu zittern.

»Ich bin so verspannt, wie es schlimmer nicht geht«, sagte sie.

»Was würde passieren, wenn Sie losließen?« fragte ich.

»Ich glaube«, antwortete sie, »ich würde mich zum Narren machen.«

»Wirklich«, stachelte ich.

Ich sah, wie sie zusammenzuckte und mit sich kämpfte. Ich erahnte den Grund dieses Kampfes. Sie hatte ihre Grenze erreicht; obwohl sie Körperatmung praktiziert und ihre Stimme verbessert hatte, hatte sie sich nicht wirklich entspannt. Jetzt war es meine Aufgabe, sie zu ermutigen, behutsam mit der Körperatmung fortzufahren und sich gleichzeitig der Erfahrung hinzugeben, daß sie mit jeder Ausatmung mehr und mehr mit dem Boden verschmolz.

»Es braucht Sie nicht zu kümmern, ob Sie's richtig machen«, sagte ich leise. »Kümmern Sie sich nicht um Ihre Stimme. Genießen Sie das Gefühl der Verschmelzung.«

Mit der nächsten Ausatmung fing sie an, ganz leise zu weinen. Tränen liefen ihre Wangen hinunter. Dann atmete sie tief ein, und ich bemerkte zum ersten Mal, daß die Spannung mit der Ausatmung ihren Körper verließ. Genauso leise fing sie jetzt an zu lachen.

»Was für ein Tag«, sagte sie. »Was für ein Leben.«

»Und was für eine Stimme«, fügte ich hinzu.

Mit dem Abbau der Spannung durch die Körperatmung begann Julies Stimme zu fließen, ohne das Zögern, das ihre Sätze abgehackt hatte. Sogar die einfachen kurzen Sätze, mit denen sie ihre Erleichterung und das Gefühl der Entdeckung ausdrückte, sprach sie mit tragender, ausdrucksvoller und lebendiger Stimme.

»Die Spannung hat sich soeben von einer sehr tiefen Ebene losgelöst«, sagte ich. »Sie klingen wunderbar.«

»Ich hab's endlich geschafft loszulassen«, sagte sie. »Ich hab's wirklich geschafft. Ich hab' losgelassen und auf einmal ein Gefühl der Wärme und Ganzheit verspürt.«

»Wo?« fragte ich.

Sie sah mich mit einem tiefen, ruhigen, frohen Blick an. »Da«, antwortete sie und deutete auf ihren Unterleib. »Meine ganze Verspanntheit ist verschwunden. Ich hab' geweint, weil es sich so gut angefühlt hat, mich so ganz zu fühlen – es ist ein volles, frisches und neues Gefühl.«

»Ja«, sagte ich und lächelte. »Körperatmung scheint verjüngend zu wirken. Wenn man mit vollem Klang und mit voller Atmung spricht, schickt die Stimme unaufhörlich gesunde Schwingungen durch den Körper. Das heilt. Vielleicht ist das der Grund, warum Stimmlehrer im allgemeinen eine höhere Lebenserwartung haben als Menschen mit anderen Berufen.«

Wir hatten noch Zeit zur Verfügung, und ich bat Julie, fortzufahren und diese tiefe Entspannung mit ihren Körperlauten zu verbinden, um zu erfahren, wieviel voller und reicher sie klingen würde.

»Und wenn Sie heute nach Hause gehen«, sagte ich, »möchte ich Sie bitten, über einige Dinge nachzudenken. Heute haben Sie erfahren, welche Verbindung zwischen Ihrer Körperatmung, Ihrer chronischen körperlichen Verspannung und Ihrer Stimme besteht. Und ich weiß, daß es Sie freut. Diese Art der Erkenntnis wird von einem Gefühl der Heiterkeit begleitet. Und an eines müssen Sie denken – daß Sie sich jeden Tag so entspannt und frei fühlen wollen. Sie wollen, daß Ihre Stimme immer so ausdrucksvoll ist wie heute. Das heißt, daß Sie sich immer noch bewußt darin bestärken müssen, Körperatmung zu praktizieren, damit Sie sie zu einem festen Bestandteil Ihres Lebens machen. Es ist natürlich viel leichter, richtig zu atmen und zu sprechen, wenn Sie hier bei mir sind, aber die echte Wirksamkeit ergibt sich nur dadurch, daß Sie Tag für Tag so atmen und sprechen. Es geht nicht nur darum, so lange richtig zu atmen, wie wir zusammen arbeiten, sondern um den Rest Ihres Lebens.«

Julie saß ganz ruhig da und beobachtete mich mit wachen und lächelnden Augen. Ein Lächeln huschte über ihr Gesicht. In entspanntem, zuversichtlichen Ton sagte sie: »Sicher. Jeden Tag!«

Atmung und Gefühle

In der Zwischenzeit arbeitete ich auch mit Frank. Seiner Stimme fehlte es an Kraft und Stärke. Er sprach schnell, atmete flach und erging sich in seinen eigenen Gedanken, ohne wirklich mit seinem Gegenüber zu kommunizieren; ich erkannte daran, daß er in seiner Fähigkeit, seine Stimme als Ausdrucksmittel seiner Gefühle und seiner Persönlichkeit einzusetzen, blockiert war und daß diese Blockade bereits seit langer Zeit bestehen mußte. Irgend etwas zwang Frank dazu, sich zurückzuhalten, ohne daß er sich dessen bewußt gewesen wäre. Ich ermutigte ihn deshalb, seine stimmliche Vergangenheit zu erforschen, während er die »Entstresser-Technik« und die Körperatmung erlernte.

Nach mehreren Wochen war Frank erstmals in der Lage, Ursachen für seinen Kommunikationsstil zu erkennen.

»Ich habe darüber nachgedacht«, sagte er, »was meine gegenwärtigen Probleme ausgelöst haben könnte. Ich wurde am stärksten in der Schule und durch meine Freunde beeinflußt, aber auch noch später in der Arbeit. Ich wurde früher eingeschult als die meisten anderen Kinder; ich war also im Vergleich zu den anderen jünger. Ich war nicht so groß und nicht so kräftig wie die anderen Jungs, und es kostete mich Mühe, körperlich mit ihnen mitzuhalten. Ich erinnere mich, daß ich mich aufblähte, um tapfer und stark zu erscheinen. Ich bin mir sicher, daß etwas davon haften geblieben ist und meine Vorstellung davon, wie ein erwachsener Mann sich im Beruf zu verhalten habe, dadurch geprägt wurde. Manchmal täusche ich ein Selbstvertrauen vor, das ich gar nicht habe.«

»Ich verstehe Sie sehr gut«, antwortete ich. »Die Gründe, warum Sie so steif dastehen oder sitzen und Ihre Atmung einschränken, sind höchstwahrscheinlich in Ihrer Vergangenheit zu suchen; damals wurden Mittel und Wege bereitgestellt, wie Sie Ihren Schutzwall aufrechterhalten können. Es ist in der Tat so, daß Ihre Art der Steifheit, Haltung und flachen Atmung als weit verbreitete Reaktion auf gesellschaftlichen Druck angesehen werden kann.«

Während wir uns unterhielten, bat ich Frank, sich vor den Spiegel zu stellen, um seine Haltung genau zu beobachten. In gewisser Weise war seine Haltung geradezu makellos. Das Idealbild männlicher Stärke in unserer Gesellschaft schreibt dem Mann eine breite Brust und breite Schultern sowie einen flachen Bauch zu, nach dem Motto »Brust raus, Bauch rein«. Das gilt sowohl für Männer als auch für Frauen. Männer werden für ihre steife, militärische Haltung bewundert, und von Frauen wird erwartet, daß sie ihre Bäuche durch Gymnastik oder durch straff sitzende Miederhöschen beseitigen.

Diese Haltung, zu der wir durch die Werbung im Fernsehen und in Zeitschriften angehalten werden, fördert durch das eingezwängte, sich verhärtende Zwerchfell eindeutig die Brustatmung. Dieser Wandel von der natürlichen Körperatmung eines Säuglings zu der unnatürlichen Atmung eines Erwachsenen steht im Einklang mit unserer gegenwärtigen Idealvorstellung eines Menschen; die dem Menschen zuträglichste Atmung und der Energiefluß im Körper bleiben auf der Strecke.

»Ich glaube«, sagte ich, »daß ein Teil Ihrer stimmlichen Probleme auf den Einfluß Ihrer Familie zurückzuführen ist.«

»Nun«, überlegte Frank, »ich kann mich an die Eindrücke erinnern, die ich als Kind von der Stimme meiner Mutter und der meines Vaters hatte. Die Stimme meiner Mutter ist melodisch – wie ein Vogel. Die meines Vaters ist rauh, aber irgendwie lustig und freundlich.«

»Denken Sie bitte nicht nur an den Klang ihrer Stimmen«, sagte ich, »sondern an den ganzen Einfluß ihres Sprechverhaltens. Es ist außerdem äußerst wichtig zu wissen, wie Ihre Familie mit Gefühlen umgegangen ist und wie sie sie zum Ausdruck gebracht hat.«

Die Erinnerung zeigte, daß die Familie nie besonders gut mit Zorn umgehen konnte.

»Meine Mutter wurde niemals zornig«, berichtete er. »Ich will damit sagen, daß sie nie geschrien oder gebrüllt, geschweige denn etwas durch die Gegend geworfen hat. Sie kompensierte ihren Zorn immer durch maßlose Aktivität. Ich kann mich entsinnen, daß mein Vater einmal nicht rechtzeitig zum Abendessen nach Hause kam und ich das Gefühl hatte, als wäre noch etwas anderes im Busch. Meine Mutter sagte nicht ein einziges böses Wort oder erhob ihre Stimme. Sie blieb einfach in der Küche und kochte – und kochte. Ich habe noch nie jemanden gesehen, der so viel Energie in eine einzige Mahlzeit gesteckt hat.«

»Und sie hat dabei wahrscheinlich ihren Atem angehalten«, kommentierte ich.

»Wahrscheinlich. Tatsächlich habe ich, wenn ich jetzt so zurückdenke, nicht nur gehört, wie sie mit den Töpfen und Pfannen hantierte, sondern auch diesen schneidenden, fast zischenden Ton, wenn sie einatmete. Kein Wort, nur dieses schnelle Atmen. Ich kann Ihnen sagen, das war ein zorniger Ton. Und sie hat sich geweigert, um Hilfe zu bitten. Ja wirklich, keins von uns Kindern hätte sich getraut, etwas zu sagen oder die Küche zu betreten. Als das Essen dann schließlich auf dem Tisch stand, starrte ich auf die Schüsseln, die aussahen, als ob sie durch all die Energie, die meine Mutter hineingegeben hatte, explodieren müßten. Mein Vater hat kein Wort gesagt. Wir haben einfach angefangen zu essen. Ich werde nie mein erstes Wort vergessen, als ich jemanden bitten mußte, mir etwas herüberzureichen. Meine Stimme war ein ersticktes Flüstern, so, als ob ich gerade meinen Kaugummi verschluckt hätte.«

»Was war mit Ihrem Vater?« fragte ich.

Frank schüttelte den Kopf. »Mein Vater hielt ebenfalls nicht viel davon, die Stimme zu erheben. Er gehörte zu der Sorte von Menschen, die ruhig und verschlossen werden, wenn sie wütend sind, und nur leise in sich hineinlachen, wenn sie etwas lustig finden. Er liebte klassische Musik und legte auf eine friedliche Atmosphäre Wert.«

Frank beschrieb ein Heim, in dem ganz bestimmte Emotionen nicht ausgesprochen wurden. Franks Stimme klang sowohl ein bißchen wie die melodische Stimme seiner Mutter als auch wie die rauhe, humorvolle seines Vaters. Franks Ausdruckskraft stand auf einem ganz anderen Blatt. Er hatte sich im Laufe der Jahre eine sehr gespannte, steife Haltung und Atmung angewöhnt, deren Beeinflussung durch die beschränkte emotionale Kommunikation seiner Eltern nicht zu verkennen war.

»Natürlich«, sagte Frank, »bin ich der Meinung, daß ich viel offener und ausdrucksvoller bin, als sie es je waren. Ich habe für meinen Erfolg sehr hart gearbeitet, aber ich habe die Anregungen und Herausforderungen doch auch genossen. Ich lache gern über Witze, verteidige meine Überzeugungen und lasse andere wissen, wie ich mich fühle. Bisher bin ich eigentlich nicht der Meinung gewesen, meine Stimme und mein Kommunikationsstil seien ausdrucksschwach.«

»Diese frühen Prägungen sind sehr stark«, erklärte ich ihm. »Auch wenn Sie gewillter und fähiger sind, Gefühle zuzulassen und auszudrücken, müssen Sie und Ihre Stimme erst geschult werden in der Enthüllung Ihrer Gefühle.«

Mit seiner neuen Einsicht in die Prägungen der Kindheit war Frank in der Lage, sein mit der Körperatmung verbundenes Ziel sehr viel besser zu verstehen. Er achtete jetzt darauf, wie er mit seinem Körper umging und ihn kontrollierte. In jeder nachfolgenden Sitzung gelang es ihm durch die Körperatmung mehr und mehr, seine Kehle und seine Brust zu entspannen und seinen Unterkörper freier zu bewegen. Genauso wie er gelernt hatte, unabhängig von seinem Vater zu denken, entwickelte er jetzt, als er das Körpersprechen erlernte, seine natürlichen Muskelbewegungen. Er war in der Lage, seine Kehle und seine Brustmuskeln freizumachen, die zuvor wie die seines Vaters steif und starr gewesen waren. Ganz allmählich lösten die Rhythmen der Körperatmung die Verkrampfung seines Unterkörpers, die in seiner Kindheit durch den unterdrückten Zorn seiner Mutter entstanden war. Seine Stimme wurde langsam flexibler. Seine Atmung glich nicht mehr der Atmung des kleinen Jungen, der Mut vortäuschen wollte. Seine Stimme entsprach nun dem sicheren Erwachsenen, zu dem er sich entwickkelt hatte. Franks Sprechgeschwindigkeit verringerte sich in dem Maße, in dem sich seine Atmung vertiefte und er die »Brust raus Bauch rein«-Steifheit seines Körpers mit der natürlichen bequemen Haltung ersetzte. Sein Selbstvertrauen wuchs, und seine Stimme gewann an Kraft.

Franks Freude an dieser Veränderung war echt. Er mußte seine Stimme nicht länger verstecken. Er genoß es jetzt, sich mit anderen Menschen zu unterhalten, und die Folge davon war, daß er seinen Gesprächspartnern bewußter und interessierter gegenübertrat. Er entwickelte ein sehr viel größeres Einfühlungsvermögen für die Menschen und ihre Reaktionen.

»Alle sind der Meinung, daß ich ein viel besserer Gesprächspartner geworden bin«, erzählte er mir.

»Und was meinen Sie selbst?« fragte ich.

»Ich habe das Gefühl, einer Falle entkommen zu sein«, sagte er nachdenklich. »Ich glaube, ich wußte eigentlich immer recht gut über mich Bescheid, aber ich war mir nicht im klaren darüber, wieviel besser ich anderen Menschen dies mitteilen konnte. Ich weiß jetzt, daß das, was ich zu sagen habe, meine Freunde und Bekannten auch wirklich interessiert. Ich fühle mich jetzt bei der Arbeit sehr viel nützlicher und insgesamt viel, viel lebendiger.«

»Dieses Gefühl für sich selbst wird sich noch verstärken, wenn Sie fortfahren, noch mehr über Körperatmung zu lernen«, versicherte ich ihm.

»Ich freue mich darauf«, gab Frank mit einem entspannten und ausdrucksvollen Lächeln zurück.

Füße auf dem Boden

Nach einiger Zeit fing ich an, mit Julie und Frank gemeinsam zu arbeiten und sie auf ihre nächste Schulung vorzubereiten. Irgendwann war es soweit. Julie sollte in zwei Wochen eine Schulung in Dallas durchführen und Frank in der darauffolgenden Woche in Chicago. Es war verständlich, daß beide von einer Frage gequält wurden: Würde unsere gemeinsame Arbeit sich positiv auf ihren nächsten öffentlichen Vortrag auswirken?

Eines stand fest: Ihre Stimmen und ihre kommunikativen Fähigkeiten sowie ihre Teamarbeit hatten sich erheblich gebessert. Sowohl Julies lange Pausen als auch Franks Selbstversunkenheit waren verschwunden. Beide klangen und handelten sehr viel selbstsicherer in dem Bewußtsein ihrer eigenen Kraft. Ich war mir sicher, daß sie, sobald sie vor ihrem nächsten Publikum stehen würden, sehr schnell den Nutzen der Techniken, die sie erlernt hatten, erkennen würden, d.h. das davon ausgehende Gefühl der Ruhe und des In-sich-Gefestigtseins. Gefestigt sein bedeutet wörtlich, mit beiden Beinen fest auf dem Boden stehen und den Körper stützen. Es handelt sich um mehr als um die innere Einstellung, die besagt, daß Sie die Dinge unter Kontrolle haben, daß Sie wissen, was Sie tun, oder daß Sie zuversichtlich sind. Dieses Gefühl, mit sich selbst im Einklang zu sein, ist das Ergebnis davon, daß Ihr Körper sicher getragen wird. Wenn dem nicht so wäre, würde die ganze schöne geistige Stabilität und Klarheit durch den ersten Windstoß von Angst und Nervosität zusammenbrechen. Sie erinnern sich sicher, daß Julie alle möglichen Arten der geistigen Vorbereitung für Ihre Schulungen ausprobiert und daß keine einzige sich in der Praxis bewährt hatte. Mit Hilfe der Körperatmung und der Unterstützung durch Ihren Unterkörper machen Sie sich jedoch die stärksten Muskeln Ihres Körpers zunutze. Wenn Sie gefestigt sind, sind Sie außerdem viel weniger in Gefahr, sich in Gedanken oder Begriffen zu verlieren. Ich möchte hier noch anfügen, daß Sie gerade dann, wenn es darauf ankommt, klar, verständlich und überzeugend zu sprechen, gut daran tun, nicht an ihren Wortschatz oder Ihre verbalen Fähigkeiten zu denken, sondern viel mehr entspannen und auf Ihren eigenen inneren Plan vertrauen müssen, der am besten durch die natürliche, zuversichtliche Lebendigkeit Ihres Körpers getragen wird. Erst dann werden Ihre Worte nur so fließen.

»Tja, ich glaube, es wird Zeit«, sagte Julie ein paar Tage vor ihrer Abreise. »Ich fühle mich entspannt. Ich bin gespannt, was passieren wird, wenn ich vor dem Publikum stehe.«

Kurz nachdem Julie aus Dallas und Frank aus Chicago zurückgekehrt waren, trafen wir uns, um gemeinsam über ihre Erfahrungen zu sprechen. Julie betrat lächelnd das Zimmer und setzte sich auf einen Stuhl mit Rückenlehne, auf dem sie aufrecht und entspannt saß, stolz und glücklich aussah. Frank setzte sich diesmal in den bequemen Sessel, atmete gleichmäßig und sah uns mit wachsamen Augen an.

»Ja«, antwortete Julie auf meine unausgesprochene Frage, »es ist gutgegangen. Bei uns beiden.«

»Es war eine lohnende Erfahrung«, pflichtete Frank ihr bei.

»Erzählen Sie mir mehr«, bat ich.

Julie und Frank tauschten Blicke aus, bevor Julie anfing.

»Am Anfang war ich ziemlich nervös«, sagte sie. »Der Raum war groß, und alle Geräte waren installiert. Weil der Zeitplan irgendwie durcheinandergeraten war, mußten wir zwei Gruppen zusammenlegen. Mir war klar, daß ich mich doppelt so viel Menschen gegenübersehen würde, als ich erwartet hatte – genau das, was mir noch gefehlt hatte! Sobald die Teilnehmer sich auf ihre Plätze begaben, fühlte ich die Spannung in mir aufsteigen. Sie ging von meinem Magen aus. Jemand fragte mich, wie lang die Schulung dauern würde, und als ich antwortete, hörte ich, wie ich mitten im Satz eine lange Pause machte.

Während ich dann die Unterlagen verteilte, fing ich an, mit der »Entstresser-Technik« zu arbeiten; ich achtete auf meine Arme und Beine, während ich im Raum herumging, und praktizierte die Körperatmung. Ich habe ungefähr dreißig Sekunden der Konzentration und des Vertrauens in mich selbst gebraucht. Und es hat tatsächlich funktioniert. Ich habe es geschafft, mich auf meinen Körper unterhalb meines verrückten Magens zu konzentrieren, und habe fast augenblicklich meine Hüften gespürt, habe gefühlt, wie sich meine Knie entspannten und meine Füße fest auf dem Boden standen. Und Joan, bevor ich wußte, was ich eigentlich tat, drehte ich mich zu der Gruppe hin, sah jedem einzelnen direkt in die Augen, lächelte, weil ich mich wirklich stark fühlte, und sagte: ›So, sind Sie bereit, den Computer zu besiegen?‹ Kein Zögern und keine Pause.«

Julie reflektierte ernsthaft. »Der Rest der Schulung verlief großartig. Gewöhnlich bin ich körperlich danach immer so angespannt, daß ich wie ein Ackergaul daherkomme und jeden Abend wie tot ins Bett falle, jeden Tag, an dem ich nicht vollkommen zusammenbreche, als ein Wunder betrachte. Aber dieses Mal habe ich mich so voller Energie gefühlt. Ich war ruhig und aufmerksam und habe die Energie jedes einzelnen Teilnehmers genossen. Ich hatte schon von Lehrern gehört, die davon sprechen, daß Unterrichten stimulierend wirken könne und daß sie genausoviel zurückbekämen, wie sie gäben. Aber erst jetzt weiß ich, was sie gemeint haben.«

»Ich bin sicher, es wird nicht die letzte Erfahrung dieser Art sein«, sagte ich. »Wie ist es Ihnen ergangen, Frank?«

Er lächelte. »Bei mir war's am Anfang ebenfalls zum Fürchten. Gerade als ich daran war, alles aufzubauen und mir zurechtzulegen, kam der Schulungsleiter der Firma herein und kündigte an, daß der stellvertretende Marketingleiter der Schulung beiwohnen würde. Genausogut hätten sie mich mit einem Zehntausend-Watt-Scheinwerfer anstrahlen und ankündigen können, daß ich live im Fernsehen auftreten würde! Meine Techniken haben mir wirklich das Leben gerettet. Während ich mit den Vorbereitungen fortfuhr, war ich in der Lage, mir mein Gefühl des Gefestigtseins zu erhalten; ich fühlte mich durch den Teppich und den Fußboden hindurch mit der Erde verbunden. Und Sie müssen wissen, wie die Fußböden dort aussehen – Steckdosen, dicke elektrische Kabel, Stromverteilerdosen, Stromstabilisatoren, *Strom* überall. Ich dachte im stillen: ›Entspann dich und praktiziere weiterhin die Körperatmung, und du wirst deinen eigenen Strom erzeugen. Und die anderen werden es spüren!‹«

Frank fuhr fort: »Ich spürte, daß ich einen guten Draht zu der Gruppe hatte. Die Zeiten sind endgültig vorbei, in denen ich mich in meinen eigenen Gedanken verlor, ohne auf mein Publikum Rücksicht zu nehmen. Aller Augen waren auf mich gerichtet, die Gesichter lächelten mich an. Und ich spürte eine innere Befriedigung, weil ich wußte, daß ich genau das zum Ausdruck brachte, was ich fühlte. Ich kannte die Probleme und die Belastungen der Menschen. Ich wußte, was mein System leisten konnte und was nicht. Ich fühlte mit ihnen, und ich wollte ihnen helfen. Und das hab' ich auch zum Ausdruck gebracht.

Und erst meine Stimme! Eine der anwesenden Damen hat mich auf Band aufgenommen. Mann, war ich überrascht. Ich klang großartig!«

»Sie klingen beide großartig«, sagte ich. »Und Sie sehen auch gut aus. Sie haben die emotionale, körperliche und energetische Wirkung der Körperatmung kennengelernt und wissen, daß sie die Basis für das Körpersprechen ist. Sie haben auf verschiedenen Ebenen erfahren, wie *Körperbewußtsein* und *Atmung* Ihre Art zu *sprechen* beeinflussen kann.«

6. Kapitel

Die sexuelle Verbindung

Sie ging an der Telefonzelle vorbei, kehrte um und kam zurück. Dann ging sie noch einmal an ihr vorbei. Mr. Henderson hatte ihren Anruf am Nachmittag erbeten, um ihr die endgültige Zusage oder Absage zu geben. »Seine Antwort muß einfach positiv sein«, dachte sie. Eine Zusage würde bedeuten, daß sie in einer der angesehensten Anwaltskanzleien der Stadt als Rechtsanwältin arbeiten würde. Sie war spät zum Mittagessen gegangen, damit sie außerhalb des Rathauses telefonieren konnte; doch jetzt hatte sie Angst.

Während sie so dahinschlenderte, sah sie ihr Spiegelbild in einem Ladenfenster – dunkelblondes Haar, blaues Kostüm, ernsthaftes Gesicht. Sie war der Meinung, sie sähe geschäftstüchtig aus, und hoffte, daß es ihr gelungen war, diesen Eindruck auch beim Vorstellungsgespräch in der letzten Woche zu vermitteln. Sie war nervös und betrat ein Postkartengeschäft. Sie sah viele Karten, die ihr gefielen, und sie kaufte einige für ihre Eltern, für ihre beste Freundin und für ihren Mann Neil, einen erfolgreichen Musikkomponisten für Schallplatten und Filmproduktionen. Als sie an ihn dachte, kamen ihr seine ermutigenden Worte in den Sinn: »Ich glaube, sie werden dich sehr mögen.« Dann ging sie zurück zur Telefonzelle und ging wieder weiter. Am Eisstand war sie versucht, sich ein Eis zu kaufen.

Nein, diese Kalorien schaden nur. Sie ging zur Telefonzelle zurück und suchte in ihrer Tasche nach Kleingeld.

Sie hatte Angst davor anzurufen. Wenn sie die Zusage nun doch nicht bekam? Ihre Knie zitterten. Das war eine einmalige Chance. Es wäre ein sicherer Schritt nach oben, und sie würde als Anwältin die Arbeit tun, die sie schätzte, und das Gehalt bekommen, das sie verdiente; es wäre der Schritt heraus aus dem öffentlichen Dienst in die freie Wirtschaft. Wenn sie jedoch eine Absage bekäme . . . Ihr Blick richtete sich auf das Schaufenster einer reizenden Boutique auf der gegenüberliegenden Straßenseite. Was für ein tolles Kostüm!

Eine innere Stimme legte unverzüglich los: »Toll, Sandra. Obwohl du nicht weißt, ob du die Stelle bekommst, willst du schon wieder Geld ausgeben. Du solltest lernen, dich zu beherrschen. Du solltest sich zusammenreißen. Du hättest . . .«

Das reichte! Sie erkannte all diese »solltest« und »hättest«. Sie erkannte ihre Angreiferstimme. Sie versuchte auf schnellstem Wege, sich davon zu befreien. Sie wandte die Übertreibungstaktik an. »Aber sicher«, erwiderte sie, »ich bin der einzige Mensch auf der ganzen weiten Welt, der frustriert ist, weil er sich das, was er haben möchte, nicht leisten kann.«

Sie verbannte ihre Angreiferstimme endgültig, indem sie die Münzen in den Apparat steckte und die Nummer wählte. Während sie wählte, bemerkte sie, daß sie ihren Atem unbewußt angehalten hatte.

Nein! Ich kann auch weiterhin körperatmen – behutsam und ganz natürlich. Und ich kann die »Entstresser-Technik« anwenden. Ich kann mit meinem Atem meine Spannung bewältigen. Ganz sicher. Was geschieht in meinen Armen und Beinen? Zu ihrem Erstaunen wurden sie nicht zu Wachs, wie es früher immer in solchen Situationen passiert war. Sie verspürte ein Gefühl der Schwere und Festigkeit, und dann langsam aber sicher Energie und Zuversicht. Sie merkte, wie sie langsam tief in ihren Unterkörper einatmete und ein warmes, sicheres Gefühl sie durchströmte. Sie richtete ihre Aufmerksamkeit einen Moment lang auf die Empfindung im Genitalbereich, und ein Gefühl der Selbstsicherheit durchströmte ihren Körper.

Am anderen Ende der Leitung klingelte das Telefon, und dann vernahm sie eine Stimme.

»Hallo«, sagte sie. Sie lächelte jetzt und war ernst und klar.

»Rachel? Hier spricht Sandra Brady. Mr. Henderson erwartet meinen Anruf.« Ihre Stimme klang zielstrebig und selbstsicher.

»Oh Sandra«, antwortete Rachel, »ich bin ja so froh, daß Sie anrufen.«

Nach kürzester Zeit war Mr. Henderson am Apparat. Als erstes sagte er: »Wie wär's, wenn Sie am Montag bei uns einsteigen würden?«

Sandra konnte die Erleichterung und Aufregung im ganzen Körper fühlen. Gleich nach Beendigung des Gespräches rief sie ihren Mann an.

»Neil? Rate mal, was passiert ist.«

Er zögerte keinen Augenblick.

»Du hast die Stelle bekommen.« Er lachte in seiner besonderen Art in sich hinein, die, wie sie wußte, Ausdruck seiner Freude für sie war.

»Wie hast du's erraten?«

»An der Art, wie du es gesagt hat«, lachte er. »Der Klang deiner Stimme. Ich habe dich noch nie so triumphierend ›Rate mal, was passiert ist‹ sagen hören.«

Alles, was Sie schon immer wissen wollten

Nachdem Sandra ungefähr drei Monate lang mit mir gearbeitet und mehr und mehr Selbstvertrauen und Lebendigkeit in ihrer Stimme entwickelt hatte, boten sich ihr auch neue Möglichkeiten in ihrem Beruf. Waren Sie überrascht, daß sie, um ihren Körper voll und ganz zu entspannen und sich auf ihn einzustellen, ihre Aufmerksamkeit auch auf die Empfindungen in ihrem Genitalbereich richtete? Ich halte es für wichtig, daß Sie einen Moment lang über diesen Teil von Sandras Geschichte und über Ihre eigene Reaktion darauf nachdenken. Fanden Sie ihn anregend? Peinlich? Verwirrend? Faszinierend? Haben Sie gedacht: »Ja, bleib im Einklang mit der sexuellen Lebendigkeit deines Körpers. Das wird dir helfen, dich gefestigter und sicherer zu fühlen. Das wird dich deiner eigenen Kraft näherbringen.« Oder fanden Sie es merkwürdig, daß ein Mensch, der vor einer wichtigen beruflichen Entscheidung steht, seine Aufmerksamkeit ganz bewußt auf diesen Teil des Körpers lenkt?

Die Lebendigkeit Ihrer Stimme und die Lebendigkeit Ihres ganzen Körpers wird aus vielen Energiequellen gespeist – Ihrer Muskelenergie beispielsweise, Ihrer emotionalen Energie und, obwohl dies oft übersehen wird, Ihrer sexuellen Energie. Viele Menschen haben eine sehr begrenzte Vorstellung von Sexualität, als ob sexuelle Lebendigkeit nur mit der Reaktion auf sexuelle Stimulation und mit sexueller Betätigung zu tun hätte. Wenn ich von sexueller Energie in Verbindung mit der Körperstimme spreche, meine ich keinesfalls sexuelles Interesse oder Erregung, sondern eine überaus wichtige Komponente Ihrer gesamten körperlichen Energie:

Sexuelle oder energetische Lebendigkeit ist eine der Energien Ihres Unterkörpers, die als wichtige Quelle Ihrer natürlichen Lebendigkeit, Kreativität und Kraft bezeichnet werden kann. Sie kann als Gesundheit, Wohlbefinden und Lebendigkeit Ihres ganzen Körpers und im Klang Ihrer Stimme erlebt werden.

Wenn Sie diese erweiterten, ganzkörperlichen Aspekte der sexuell-energetischen Lebendigkeit verstehen, werden Sie begreifen, wie diese Energie Ihnen in den folgenden wichtigen Bereichen Ihres beruflichen und privaten Lebens helfen kann:

* Entwicklung der Eigenschaften Ihrer Stimme, die Ihre persönlichsten, anziehendsten Qualitäten mitteilen.
* Erlangung und Ausdruck emotionaler und persönlicher Reife, angefangen mit Sprachgewohnheiten und stimmlichen Veränderungen in der Pubertät.
* Erforschung von Partnerschaftsproblemen, die durch die Wahrnehmung der Stimme des Partners beeinflußt werden.
* Überwindung von Gefühlen der Verletzlichkeit und der eigenen Unzulänglichkeit, die die Lebendigkeit Ihrer Stimme beeinträchtigen können.

Anziehende Menschen haben anziehende Stimmen

Sowohl Männer als auch Frauen wenden unglaublich viel Energie, Geld und Intelligenz auf für Kleidung, Schmuck, Make-up und Frisur und legen viel Wert auf Einstellungen und Verhaltensweisen, die als sexuell aufgeklärt gelten. Aber die schöne, charmante oder männliche Erscheinung eines Menschen reicht nur für eine anfängliche Anziehung aus, wenn er oder sie nicht in der Lage ist, eine innere, gesunde und sinnliche Lebendigkeit zu erfahren, sich an ihr zu erfreuen und sie auch mitzuteilen. Man hört sie aus der ausdrucksvollen belegten Stimme von Debra Winger heraus, aus Marilyn Monroes gehauchtem Flüstern und aus Jaclyn Smiths sanftem Schnurren. Man spürt sie in der starken persönlichen Anziehungskraft von Paul Newman, der ruhigen Ausstrahlung von Harry Hamlin und der vollen verführerischen Stimme von James Earl Jones. Die Stimmen von Yves Montand und Simone Signoret vereinen all diese anziehenden Eigenschaften und sind deshalb Bestandteil ihres anhaltenden Erfolges.

An der Stimme eines Menschen erkennt man seine sexuellenergetische Lebendigkeit. Ein Mann findet eine Frau möglicherweise nur solange anziehend, bis sie den Mund aufmacht und ihm, wenn er ihre dumpfe, grelle oder heuchlerische Stimme hört, das Herz in die Hose rutscht. Eine Frau wird vielleicht weiche Knie bekommen beim Anblick eines gutaussehenden Mannes, doch zurückschrecken, sobald sie hört, daß er mit seiner erstickten Stimme nur über sich selber spricht. Eine Stimme, die monoton klingt und deshalb den Eindruck vermittelt, als sei der Sprechende ein windiger Hund. Eine dumpfe, schwerfällige oder falsche Stimme wird auch die beste Garderobe und das verführerischste Parfum zunichte machen. Wenn Ihr bestes »Darf ich Sie heute abend zum Essen einladen?« leblos oder gestellt klingt, werden Sie höchstwahrscheinlich nicht halb so anziehend und begehrenswert erscheinen, wie Sie es gerne sein möchten.

Ich möchte Ihnen an einem Beispiel demonstrieren, wie sich eine Stimme anhört, die eine starke, erregende sexuelle Lebendigkeit ausdrückt. In San Francisco gibt es einen sehr bekannten Rundfunksprecher mit einer natürlichen Körperstimme, die die Menschen nur so dahinschmelzen läßt. Eines Tages sollte ich eine Werbesendung mit ihm machen. Er war im Aufnahmeraum, und ich stand mit den Toningenieuren und Kunden im Kontrollraum. Ich fragte alle Anwesenden: »Wo in Ihrem Körper spüren Sie seine Stimme?«

Zuerst schauten sie mich mit seltsamem Blick an, doch ich ermutigte sie, sich auf die wirkliche körperliche Erfahrung seiner Stimme zu konzentrieren. Manche von ihnen schlossen einen Moment lang die Augen. Danach schauten sie mich ziemlich überrascht an.

Alle Anwesenden hatten die Wirkung seiner Stimme hauptsächlich als wohliges Gefühl in ihren Unterkörpern gespürt. Seine Stimme hatte einen tiefen und vollen Klang und strahlte sexuelle Lebendigkeit und menschliche Stärke aus.

Eine der Kundinnen sagte:»Man könnte in dieser Stimme nach Perlen tauchen.«

Ein anderes Mal habe ich mit einer berühmten Schauspielerin gearbeitet, deren Körper furchtbar unter lang angestauter Spannung litt. Sie war der Inbegriff einer Schönheit und deshalb der Traum eines jeden Fotografen. Ihrer Stimme allerdings mangelte es an warmer, echter innerer Lebendigkeit, die das Publikum erst vollständig in den Bann einer Vorstellung zieht. Trotz ihrer Schönheit war ihr spannungsgeladener Körper unfähig, die vielschichtigen Eigenschaften zu verkörpern, die sie hätte verkörpern sollen.

Wodurch hat eine Stimme einen angenehmen, anziehenden, sinnlichen Klang? Das Geheimnis liegt in der Art der Entspannung und der vollen Körperatmung, die es Ihrer gesamten körperlichen Lebendigkeit ermöglicht, durch Ihren Körper zu strömen, von Kopf bis Fuß, ohne von muskulöser oder seelischer Spannung und Steifheit behindert zu werden. Ihr ganzer Körper und Ihre Stimme sollte dieses von Energie Durchströmtwerden als etwas Angenehmes empfinden; ich habe festgestellt, daß man am besten mit dieser Energie im Einklang ist, wenn man ein Bewußtsein für seine Genitalien entwickelt.

Viele Menschen sind irrtümlicherweise der Meinung, daß es natürlich und normal sei, Empfindungen im Unterleib nur während sexueller Betätigung zu spüren. Ich bin dagegen der Meinung, daß Ihr ganzer Unterkörper sich aufgrund Ihrer sexuell-energetischen Bewußtheit ständig lebendig und warm anfühlen sollte. Kindern wird schon in frühen Kindheitsjahren verboten,

»dort unten« hinzuschauen, »das da unten« zu berühren, »dort« zu fühlen, »darüber« zu sprechen. Wenn sie dann erwachsen sind, haben sie verlernt, »dort« irgend etwas zu fühlen. Sicherlich überrascht es viele Menschen, irgendeine Art von genitaler Bewußtheit in Verbindung mit ganz normalen privaten oder beruflichen Gesprächen zu bringen.

Führen Sie bitte an dieser Stelle einen einfachen Versuch mit sich durch. Fragen Sie sich, ob Sie sich irgendwelcher Gefühle in Ihren Genitalien bewußt sind bzw. ob Sie ihre Existenz überhaupt spüren. Wenn Sie sich keiner Empfindung bewußt sind, ist es sehr unwahrscheinlich, daß Sie entspannt sind, daß Sie richtig körperatmen oder daß Ihre Körperenergien Ihren Körper so frei und vollständig durchströmen, wie sie es sollten. Es könnte bedeuten, daß Sie nicht so vollständig im Einklang mit sich selbst sind, wie Sie es sein könnten, und daß Ihre Stimme wahrscheinlich nicht in bester Verfassung ist.

Carl war literarischer Agent und erkannte während einer Sitzung bei mir, wie hilfreich es für ihn war, sich seiner Empfindungen in den Genitalien immer wieder zu vergewissern, um daran zu erkennen, ob er tatsächlich mit seiner Körperstimme sprach oder ob sich der Klang seiner Stimme zum Negativen hin veränderte. Er erzählte mir, wie selbstsicher er sich an diesem Morgen fühlte, wenn er an seine Rede während des bevorstehenden Autorenworkshops dachte, und versprach, sie für mich auf Videoband aufzuzeichnen. Wir arbeiteten noch nicht lange zusammen, und Carl war noch dabei zu lernen, sich selbst zur Genauigkeit der Wahrnehmung seiner Leistung und seiner Wahrnehmung bezüglich des Klangs seiner Stimme zu erziehen. Als er mir das Videoband vorspielte, war er bestürzt über die fehlende Körperpräsenz, den Mangel an Augenkontakt und spontaner Energie.

Carl konzentrierte sich, nachdem wir uns das Video gemeinsam angesehen hatten, einen Augenblick lang auf seinen Körper und stellte fest, daß sein Körper unterhalb der Gürtellinie so gut wie nicht existierte. Als ich ihn fragte, wo seine Genitalien gewesen waren, als er seine Rede gehalten hatte, antwortete er: »Ich glaub', in Topeka, Kansas.«

»Nun«, sagte ich lachend, »ich schlage vor, Sie holen sie wieder zurück.«

Ich empfehle diese ständige Überprüfung der genitalen Bewußtheit, um mit Ihrer eigenen energetischen Lebendigkeit in Einklang zu bleiben, ganz besonders während Sie arbeiten. Viele Firmen wenden sehr viel Zeit und Geld auf für Management- und Organisationsseminare, die dazu dienen sollen, die Flexibilität und Produktivität der Angestellten und gleichzeitig deren Befriedigung und Zufriedenheit durch die tägliche Arbeit zu erhöhen. Doch alles, was über Flexibilität, Kreativität, Offenheit und Menschlichkeit am Arbeitsplatz gesagt wird, bleibt nur Gerede, solange die Menschen keine Möglichkeit haben, die zugrundeliegende Körperbewußtheit zu erfahren, die diese Ziele est realisierbar macht. So werden Abteilungsleiter beispielsweise geschult, ihren Umgang mit ihren Vorgesetzten und Mitarbeitern persönlicher zu gestalten. Aber wie können sie das bewerkstelligen, ohne daß es unecht wirkt und dem eigentlichen Ziel schadet? Sie können andere an Ihrer eigenen Energie und Lebendigkeit teilhaben lassen, wenn Sie sie durch Ihre starke Körperstimme zum Ausdruck bringen. Der ständige Kontakt mit der sexuellen Komponente der Lebendigkeit Ihres Körpers – und die Überprüfung des Maßes Ihrer genitalen Bewußtheit – kann Ihnen helfen, Ihre Arbeitssituation auf angemessene Weise zu verändern und persönlicher zu machen.

Wenn Sie Ihre Körperstimme entwickeln, müssen Sie dafür sorgen, daß Ihr ganzer Körper von den gesunden sexuellen Energien durchströmt wird. Sie kennen dieses Gefühl wahrscheinlich aus Zeiten, in denen Sie frisch verliebt waren. Wenn Ihr Körper von diesen Energien tagtäglich durchflutet wird, erfährt er, daß es o.k. ist, sich in sich selbst zu verlieben. Als ganz natürliche Folge davon wird sich auch Ihr Spaß an der Sexualität vergrößern. Ich habe dies viele Male miterlebt und bin deshalb keineswegs überrascht, wenn jemand, mit dem ich seit einiger Zeit arbeite, lächelnd zur Tür hereinkommt und sagt: »Ich weiß zwar nicht warum, aber mein Sexualleben wird immer besser.« Es ist keine Seltenheit, wenn jemand erkennt, daß eine entspannte Bewußtheit seiner sexuellen Lebendigkeit alle Bereiche seines Lebens positiv beeinflußt.

Allen, der geglaubt hatte, er würde für den Rest seines Lebens, sobald er den Mund aufmachte, ins Fettnäpfchen treten, egal ob er nur versuchte, höflich zu einem Kunden zu sein oder eine Frau um einen Tanz zu bitten, dieser Allen erkannte, daß er immer dann, wenn er ausschließlich im Kopf lebte und völlig abgeschnitten war von seiner Körperenergie, anscheinend die größten Dummheiten von sich gab. Wenn er jedoch losließ und sich mit seinem Körper und seiner sexuellen Energie wohl fühlte, hatte er ein sehr viel besseres Gespür für Angemessenheit, war sensibler für mitmenschliche Belange und in der Lage, spontan zu reagieren.

Ihr ganzes Leben könnte bedeutender, stimulierter und erfüllter sein, wenn Sie aufhören könnten, nur im Geiste zu leben. Sie werden kreativer und offener sein, wenn Sie im besseren Einklang mit Ihren sexuellen Energien als Teil Ihrer gesamten körperlichen Lebendigkeit sind.

Aus weiblicher Sicht

Der Vorgang der Verbindung der sexuellen Energie mit der Stimme ist grundsätzlich für Mann und Frau der gleiche. Es gibt allerdings für Frauen einige Besonderheiten, die bereits im Pubertätsalter beginnen.

Wie viele Entwicklungsvorgänge in unserer Gesellschaft wird auch die Veränderung und Reife der weiblichen Stimme nicht durch einen besonderen Ritus gekennzeichnet. In den meisten Fällen wird schlichtweg vorausgesetzt, daß die Stimme einer Frau mit der Reife ihres Körpers einhergeht. Das trifft allerdings nicht immer zu. Frauen kennen im Gegensatz zu Männern keinen Stimmbruch. Sie entwickeln keinen Adamsapfel, und ihre Stimmbänder sind keiner drastischen Veränderung ausgesetzt. Die Stimme einer erwachsen werdenden Frau verändert sich allmählich und weniger offensichtlich. Manchmal verändert sich ihre Stimme auch überhaupt nicht. Ungelöste sexuelle und Identitätsprobleme, die in der Kindheit und der Pubertät auftreten, können dazu führen, daß die Stimme einer Frau hoch und kindlich bleibt, auch dann, wenn ihr Körper voll ausgereift ist.

Nicht selten ist die Mädchenhaftigkeit einer Frau, ihr äußerer Anschein von Jungfräulichkeit oder Unschuld, der sich auf den Klang ihrer Stimme auswirkt, auf Einflüsse in der Kindheit zurückzuführen. In den meisten Fällen wurden die Frauen, die unter diesem Problem leiden, wegen ihrer Mädchenhaftigkeit übermäßig bewundert, oder sie hatten Angst davor, sich zu einer erwachseneren Weiblichkeit zu bekennen. Es ist normal, sich wohl zu fühlen als Vatis kleines Mädchen oder sich davor zu fürchten, mit der Mutter zu konkurrieren, doch sollte dies nur vorübergehend so sein. Im anderen Fall wird die Frau höchstwahrscheinlich immer versuchen, in ihrem Aussehen, ihrem Wesen und ihrer Stimme jung und geschlechtslos zu bleiben.

Dieses häufig auftretende Problem ist so vielschichtig, daß sich möglicherweise auch Sie in irgendeiner Art damit konfrontiert sehen. Auch wenn Ihre Stimme nicht hörbar hoch, stimmlos oder süß klingt, können Sie sich scheuen oder unwohl fühlen, wenn Sie daran denken, Ihrer Stimme die Kraft und sexuelle

Lebendigkeit Ihres fraulichen Körpers zu verleihen. Eine mir bekannte Frau spürte sehr viel inneren Widerstand gegen die Körperatmung und die Entwicklung ihrer Körperstimme. Endlich, nach langem Hin und Her, gestand sie, daß sie nicht wollte, daß ihre Stimme sexy klang. Ein beschwingter lebendiger Klang, der ihre ganze Weiblichkeit zum Ausdruck brachte, erschreckte sie. Schuld daran war, daß sie erst noch lernen mußte, sich gefestigt zu fühlen. In *The Body Reveals* weisen Kurtz und Prestera genau darauf hin:

Sich harmonisch zu bewegen hieße, die Energie durch den Körper strömen zu lassen, und das ist mehr Energie, als körperlich oder gefühlsmäßig bewältigt werden kann. Um nicht daran zu zerbrechen, wird der Energiestrom von ihm oder ihr nicht zugelassen.[1]

Die gesellschaftlichen Erwartungen an männliches und weibliches Verhalten tun das Ihre, um Ihre Angst zu begünstigen.

In unserer Gesellschaft gibt es bestimmte Männer, die sich nur in den kindlichen Typ von Frau mit kindlicher Stimme verlieben. Corinne war eine attraktive, zierliche Diätassistentin, die genau mit solch einem Mann Schwierigkeiten hatte. Scott war ein wohlhabender Krankenhausverwaltungsangestellter, der schöne junge Frauen wie Schmuckstücke behandelte. Nach jeweils zehn Jahren Ehe ersetzte er seine Frau durch ein neueres Modell, denn seine Frau mit der jungen Stimme hatte keinen jungen Körper mehr. Er war leidenschaftlich und großzügig, solange er um Corinne warb, aber nach acht Jahren zog es ihn

1 Ron Kurtz und Hector Prestera, M.D., The Body Reveals (New York: Harper and Row, 1976), S. 40.

zu einer Jüngeren, so wie er es bereits zweimal vorher getan hatte.

Ich habe allerdings festgestellt, daß die Kleinmädchenstimme einer Frau beim Mann genau die gegenteilige Reaktion auslösen kann. Howard und Michelle hatten sich schon in der Schule kennen- und liebengelernt, doch erst zehn Jahre später führte Michelles Shirley-Temple-Stimme zu Eheproblemen. In dem Maße, in dem Howard in seinem Beruf aufstieg, war er von Michelles angeblicher Unreife immer mehr enttäuscht. Nach seinem Verständnis verhielt und sprach sie immer noch wie ein kleines Mädchen anstatt wie eine erwachsene und reife Frau. Dabei hatte sich Michelle genau wie Howard menschlich weiterentwickelt, nur ihre Stimme war die gleiche geblieben.

Ihre Beziehung war nahe am Scheitern, als Howard sich in eine Arbeitskollegin verliebte, die scheinbar sein Niveau hatte. Glücklicherweise entschied sich Michelle dann dazu, an ihrer Stimme ernsthaft zu arbeiten. Erst als ihre Stimme allmählich anfing, erwachsener zu klingen, war Howard in der Lage, seine falsche Vorstellung von ihrer Persönlichkeit, die er sich aufgrund ihrer Kleinmädchenstimme gebildet hatte, aufzugeben und zu erkennen, daß sie beide in Wirklichkeit gemeinsam gewachsen waren.

Für einen anderen Typ Frau ist die Kleinmädchenstimme der Ausdruck ihrer Angst davor, wichtige Menschen in ihrem Leben zu enttäuschen oder zu verärgern. Weil es ihr an Selbstvertrauen, das sie aus ihrer sexuellen Lebendigkeit schöpft, fehlt, verhält sie sich Männern gegenüber, die ihre entgegenkommende Art bewundern, und ihr damit verbundenes scheues und sanftes Verhalten ausnützen, oft unterwürfig. Eine in diesem Verhaltensmuster gefangene Frau hat möglicherweise sowohl ihr Verhalten in Beziehungen als auch ihre stimmlichen Eigenarten unbewußt von der Mutter übernommen, ohne zu erkennen, daß sie dadurch ihre eigene aufkeimende stimmliche Identität nicht finden kann. Es ist häufig der Fall, daß mit der Entwicklung der Körperstimme die seelische Reife und das Vertrauen in die eigene erwachsene Persönlichkeit einhergeht.

Millie war eine hübsche kleine Frau, die ihr Leben jahrelang nach den Bedürfnissen und Erwartungen ihres Mannes ausgerichtet hatte. Sie hatte schwarzes Haar und dunkle Augen, und sie schien ständig zu lächeln. Ihre Stimme hatte den fröhlichen, quiekenden Klang eines artigen Kindes, das sich mit Freude anderen anpaßt, wenn es dafür mit Aufmerksamkeit und Zuneigung beschenkt wird. Im Herzen jedoch fühlte sie sich gefangen und ängstlich.

»Ich erzähle ihm nichts von meinen Gefühlen«, sagte sie zu mir, »weil es einfach lächerlich klingen würde. Alles, was ich sage, klingt entzückend – selbst wenn ich vor Wut koche oder aus lauter Trauer weinen möchte. Er glaubt einfach, daß alles mit einem freundlichen Klaps erledigt ist.«

Als Millie eine tiefere, schöne Stimme bekam, spürte sie zum ersten Mal die Kraft und das Selbstvertrauen, das einer intelligenten und gepflegten Frau entsprach. Eines Tages trat sie ihrem Mann gegenüber, und ihr Zorn klang auf einmal nicht mehr sanft und leicht abzuwehren. Er sah sich plötzlich gezwungen, ihre wirklichen Bedürfnisse als Herausforderung an seine dominierende Rolle in ihrer Beziehung anzuerkennen. Ich hatte Millie nicht vor dieser Möglichkeit gewarnt, weil ich keine Erwartungen züchten will. Ich wollte, daß Millie die Chance hatte, sich zu entfalten, und freute mich, als ihr dies so gut gelang. In den folgenden Monaten wurde Millie klar, daß nicht nur ihr Mann, sondern auch viele andere ihr nahestehenden Menschen, die sie als sanftmütige, fröhliche und süße Frau kannten, bestürzt zur Kenntnis nahmen, daß es auch eine selbstbewußte Millie gab.

Ein anderes Ehe- oder Partnerschaftsproblem tritt immer

dann auf, wenn Frauen einen Mann haben, der sich weigert, mit ihnen über Gefühle zu sprechen. Die Ehe von Laurie, einer jungen Verkäuferin, begann unter der Schweigsamkeit ihres Mannes Doug zu zerbrechen. Sie erzählte mir, daß es nicht ungewöhnlich war, daß sie und ihr Mann Streit hatten und er brüllte, er wolle in Ruhe gelassen werden, ihr aber niemals seine Gefühle zeigte oder sich darüber ausließ, was er über das Streitthema dachte, das sie angeschnitten hatte.

»Rede mit mir!‹ schrie ich, und er verließ einfach das Zimmer«, erzählte sie mir. »Ich war jedes Mal so weit, die Beziehung abzubrechen, weil ich mir sicher war, er würde mich verlassen. Aber am nächsten Tag rief er vom Büro aus an und fragte mich freundlich und fröhlich: ›Hättest du Lust, heute chinesisch essen zu gehen?‹ – so als ob nichts geschehen wäre.«

Frauen verfügen in der Regel über einen größeren emotionalen Wortschatz als Männer. Männer werden in der Kindheit bereits angehalten, ihre Gefühle zu verstecken und ihre Tränen und Gefühlsäußerungen für sich zu behalten. Sie lernen, Männlichkeit mit starken, aber sprachlosen Reaktionen und der Weigerung, über gefühlsbetonte Themen zu sprechen, gleichzusetzen. Viele Männer halten es für ein reiferes Verhalten, während eines Streites ruhig zu sein und einer seelischen Befragung nicht nachzugeben. Männer brauchen viel, viel Mut und Verständnis, bis sie ihre Gefühle zeigen und äußern können; und Frauen, die unter einem schweigenden Partner leiden, sollten sich immer wieder vor Augen halten, daß der Mann sich nicht verschließt, nur um schwierig oder grausam zu sein; es ist sehr viel wahrscheinlicher, daß er selbst Gefangener seiner eigenen Vergangenheit ist. Wenn ein Mann zu mir kommt, weil er Hilfe sucht für seine Stimme, entdeckt er vielleicht, daß Körperatmung und die Entspannung seiner angespannten Muskeln emotionale Energie freisetzen. Mit einem erhöhten Bewußtsein seiner sexuellen Lebendigkeit und einer ausdrucksvolleren

Stimme verspürt er vielleicht sogar Befriedigung, wenn er offen über seine Gefühle spricht.

Sowohl Männer als auch Frauen sind in Gefahr, in bestimmte Verhaltensmuster zu verfallen, weil sie nicht wissen, daß sie noch ungenutzte kommunikative Fähigkeiten haben. Rosalind, eine robuste Frau vom Land, wollte sich von mir helfen lassen. Sie lebte in Kentucky und war Mitbesitzerin von einem Obst- und Gemüsegeschäft, das in dem Ruf stand, die beste Ware in der ganzen Stadt zu verkaufen. Sie war in dritter Ehe verheiratet und nicht gewillt, sich irgendeinem Mann unterzuordnen. Sie erwähnte ein ganz besonders heftiges Streitgespräch mit ihrem Mann und meinte dazu: »Ich habe drei Tage lang nicht mit ihm gesprochen.«

Ich fragte sie, warum sie glaube, daß diese Taktik wirksam sei, und ihre Antwort lautete: »Ich war wütend. Das wird ihm eine Lehre sein.«

Vielleicht kennen Sie jemanden wie Rosalind, der die Schweigetaktik und die kalte Schulter perfektioniert hat oder sich gerade gegenteilig verhält, d.h. seinen Ärger und seine Frustration in heftigen Worten entlädt, und mit seinem verbalen Maschinengewehr auf die Psyche seines Opfers zielt. Beide Verhaltensmuster – das Schweigen und der Wortschwall – sind kein Ersatz für echte Kommunikation mit einer ausdrucksstarken Körperstimme. Ich wußte durch meine Arbeit mit Rosalind, daß sie große Schwierigkeiten hatte, ihre Gefühle zum Ausdruck zu bringen. Ihre Beziehungen waren immer frustrierend gewesen, und es fiel ihr deshalb schwer, das Durchströmtwerden von sexuell-energetischer Lebendigkeit zu spüren. Die Muskelverspannung und die emotionale Spannung glichen Holzblöcken und Felsen, die den Strom, der durch sie hindurchfließen sollte, behinderten. Als sie lernte, die emotionalen Barrieren zu überwinden, war sie in der Lage, ihrer Stimme die warme Empfindsamkeit ihrer sexuellen Lebendigkeit zu verleihen. Sie erkannte ebenfalls, daß sie viel besser daran tat, ihre Wut und ihren Zorn direkt, klar und ehrlich zum Ausdruck zu bringen, anstatt ihren Mann zu bestrafen, indem sie sich von ihm abwandte.

Der Grad Ihrer sexuell-energetischen Lebendigkeit hängt sehr stark davon ab, wie frei oder gehemmt Ihre Körperatmung erfolgt, und davon, wie die verschiedenen emotionalen und körperlichen Energien in Ihrem Ober- bzw. Unterkörper verteilt sind. Vielleicht verfahren Sie ähnlich wie ein Zauberer, der eine Frau in der Mitte durchsägt, und durchtrennen mit Ihrer Spannung in der Körpermitte den Energiefluß Ihrer Geist-Körper-Kommunikation. Wenn es Ihnen gelingt, diese Spannung zu lösen und mit Ihrem ganzen Körper zu atmen, werden Sie wieder ein Gefühl der Lebendigkeit in Ihrem Unterkörper wie auch in Ihrer Brust, Ihrer Kehle, Ihrer Stimme und Ihrem Verstand spüren.

Vielleicht ist es Ihnen noch nicht in den Sinn gekommen, daß dieser ungehinderte Fluß der ganzheitlichen energetischen Lebendigkeit auch für Ihre berufliche Tätigkeit von größter Bedeutung ist. Wenn Sie es allerdings zulassen, daß der stille Zauberer Sie in zwei Hälften zersägt, werden auch die Kräfte Ihrer geistigen Klarheit und Kreativität von Ihren Energiequellen im Unterkörper abgeschnitten sein. Dieser Zustand ist weder für Männer noch für Frauen gesund oder produktiv. Wie nun können Sie feststellen, ob Ihre sexuelle Lebendigkeit blockiert ist? Wenn Sie sich auf Ihre Oberschenkel, auf den unteren Teil Ihrer Wirbelsäule, Ihr Gesäß, Ihre Genitalien und Ihren Unterbauch konzentrieren, werden Sie allmählich feststellen, ob Sie mit den stärksten Quellen Ihrer eigenen Energie verbunden sind oder ob der stille Zauberer Ihres neuen Bewußtseins die beiden Hälften erst wieder zusammenfügen muß.

Aus männlicher Sicht

Im allgemeinen arbeite ich zu jeder Zeit mit ebenso vielen Männern wie Frauen, und ich bin dankbar für die besonderen Belange und Entdeckungen von Männern bezüglich ihrer Stimmen und Körper.

Männer erleben während der Pubertät zum erstenmal in ihrem Leben eine physiologische stimmliche Veränderung. Die ersten Anzeichen in der Stimme eines Knaben mögen von vielen als reizend empfunden werden, doch wenn die tiefe Stimme erst einmal hörbar ist, sind viele Knaben peinlich berührt durch den Klang ihrer Stimme. Brian, den ich erst kennenlernte, als er bereits Nachrichtensprecher im Radio war, erzählte mir, daß seine Stimme nach dem Stimmbruch so voll und laut geklungen habe, daß alles, was er gesagt habe, wie der Donner einer heiligen Verkündigung oder wie die Ankündigung einer todesmutigen Zirkusnummer geklungen habe.

»Ich war einfach ein Kind, das am Tisch saß, aber wenn ich sagte: ›Reich mir bitte die Kartoffeln‹, kamen die Worte wie Kanonenkugeln aus meinem Mund.«

Monatelang getraute sich Brian nicht, überhaupt etwas zu sagen, weil er Angst hatte, lächerlich zu wirken.

»Ich war der Meinung, das, was ich sagte, müsse wenigstens intelligent oder bedeutungsvoll sein. Zumindest meine Stimme klang so.«

Brians Familie reagierte positiv auf seine erwachsene Stimme und half ihm damit, Vertrauen in den neuen Klang zu gewinnen. Viele Jungen allerdings, deren Stimmen scheinbar ohne Übergang tief werden, schämen sich und entwickeln eine übermäßig leise, unterdrückte Stimme. Ein Junge braucht in dieser Zeit ganz besonders die Unterstützung und das Verständnis seiner Familie. Es ist für einen Jungen sehr hilfreich, Eltern zu haben, die diese stimmliche Veränderung erkennen und ihn in seiner neuen Stimme bestärken. Ganz sicher ist, daß Brian einen Teil seiner stimmlichen Zuversicht seinen Eltern und deren Reaktion auf seine Stimme verdankte; sie bestätigten ihn in jeder erdenklichen Weise und ließen ihn wissen, daß sie den Klang seiner neuen Stimme wunderbar fanden.

Die meisten Männer mit guten Stimmen sind darauf mindestens ebenso stolz wie ein Pfau auf seine Federn. Männer, deren Stimmen von Natur aus nicht tief und stark klingen, versuchen alles mögliche, um ihrer Stimme den Klang zu verleihen, den ihre Männlichkeit ihrer Meinung nach verdient. Ian war der Inbegriff eines gutgebauten Mannes, der tagsüber seinen Geschäften als Steuerfachmann einer Firma nachging und abends Amateurbodybilder war. Ian verfuhr mit seiner Stimme in der gleichen Art, in der er Bilanzprüfungen vornahm oder Gewichte stemmte. Als er zu mir kam, hatte er eine eindrucksvolle Stimme – laut und brummig, aber nicht volltönend und häufig heiser. Er spannte die Muskeln in seinem Hals so sehr an, als wolle er seine Stimme ebenso hervortreten lassen wie seinen Bizeps. Sein Kiefer war so eng und straff wie der Helm eines Footballspielers[2], und sein Kinn war vorgeschoben. Im Laufe unserer gemeinsamen Arbeit erkannte Ian, daß er in einer Art und Weise sprach, die seine Stimme in Wirklichkeit einengte, weil er Muskelkraft in seinem Nacken und seinem Bauch irrtümlicherweise für die Quelle seiner stimmlichen Kraft hielt.

Als Ian lernte, mit seinem ganzen Körper zu atmen, konnte mehr Energie durch seine harten Muskeln und in seine inneren Energiepunkte fließen. Er wurde sich gleichzeitig darüber bewußt, daß die Spannung, die sich wie ein Schraubstock um seine Körpermitte schloß, seinen Körper in zwei Hälften teilte und den Fluß seiner sexuell-energetischen Lebendigkeit behin-

2 Im American Football tragen alle Spieler Helme.

derte. Er war wirklich erstaunt darüber, wie gezielt und tief er sich entspannen konnte. Eines Tages verkündete er zu Beginn einer Sitzung, daß er schwimmen gewesen war und sich wirklich frei und locker fühlte. Doch nachdem er eine Zeitlang mit der »Entstresser-Methode« gearbeitet hatte, lachte er plötzlich.

»Du meine Güte – raten Sie, was passiert ist. Und ich habe mir eingebildet, ich wäre entspannt! Ich habe eben gespürt, wie meine Hoden sich entspannt haben. Es war mir gar nicht bewußt, daß sie es nicht waren.«

Im Laufe mehrerer Wochen entkrampften sich seine Kehle, sein Kiefer und sein Unterkörper mehr und mehr und wurden immer beweglicher. Ian lernte, dieses von Energie Durchströmtwerden zu genießen, und seine Stimme drückte allmählich immer mehr von der echten Kraft aus, ohne daß er sich in irgendeiner Weise zwingen mußte.

Es gibt allerdings auch Männer, die sich der Tatsache nur allzu bewußt sind, daß sie bezüglich ihres Aussehens niemals dem männlichen Ideal entsprechen werden, und die deshalb ihre Stimmen als Ausdrucksmittel für männlichen Stolz und Kraft vernachlässigen. Phillip war ein junger, etwas schmächtig gebauter Mathematiker und Science-Fiction-Liebhaber, dessen ganzer Stolz seinen geistigen Fähigkeiten galt und der männliche körperliche Kraft nur in seinen Romanen erlebte und genoß, in denen die Helden Imperien in feindlichen Welten eroberten. Seine Freundin drängte ihn, professionelle Hilfe in Anspruch zu nehmen, weil er sich im Laufe der Zeit eine irritierende Sprechgewohnheit angewöhnt hatte. Gespräche mit Phillip glichen Prüfungen, weil er seine Sätze immer unhörbar ausklingen ließ. Phillip redete, als wären seine Gedanken mathematische Berechnungen, die er abkürzen konnte, noch bevor er zur letzten Dezimalstelle gelangt war.

Als ich ihn bei unserem ersten Gespräch fragte, wie er über seine Stimme dachte, lautete die Antwort:»Ich habe Sie aufge-

sucht, weil ich dies als Teil einer allgemeinen Selbstvervoll-
kommnung ansehe, die, hm ...« – dann verlor die Stimme jegliche Tragfähigkeit, und ich hatte große Mühe, den Rest dessen,
was er sagte, überhaupt zu verstehen.

Als ich ihn darauf hinwies, daß seine Angewohnheit die
Wirksamkeit seiner Aussagen erheblich beeinträchtigte, antwortete er:»Ich weiß, daß meine Stimme nicht stark ist, aber ich
bin nicht gewillt, laut zu posaunen, um andere Menschen glauben zu machen, ich sei der Herr des Todes.«

Wir mußten beide lachen.»Nein, ich meinte nicht, daß Sie sich
zwingen sollten. Sie müssen lernen, mit Ihrem Körper zu atmen,
um Ihre emotionale und energetische Lebendigkeit zu entwikkeln.«

Phillip arbeitete mit großem Eifer an seinen körperlichen und
emotionalen Blockaden, die zum Rückzug seiner Stimme geführt hatten. Er fand dadurch mehr Kraft in seiner Stimme und
fühlte sich insgesamt lebendiger. Schließlich fing er an, es zu
genießen, wenn er das Gefühl seiner eigenen besonderen
Männlichkeit mitteilen konnte. Im darauffolgenden Jahr bot
sich ihm die Möglichkeit, diese nun starke persönliche Präsenz
in einem großen Kreis unter Beweis zu stellen: Er war sehr
gefragt als Diskussionsteilnehmer bei Science-Fiction-Semina-
ren, und das Publikum schätzte seine Spekulationen und Beiträge. Nach einer dieser Tagungen rief er mich an, um mir mitzuteilen, wie aufregend diese Veränderung seiner Stimme und
seiner gesamten Lebendigkeit für ihn war.

»Ich bin überhaupt nicht heiser geworden, und meine Stimme
hatte eine größere Tragfähigkeit als jemals zuvor«, erzählte er.
»Und zum ersten Mal spürte ich die Energie in meinem ganzen
Körper.«

»Woher kam diese Kraft in Ihrer Stimme?« fragte ich ihn.

Phillips Stimme klang tief und voll, als er antwortete:»Sie
kam direkt aus meinen Hoden.«

Ich brauche hier eigentlich nicht zu erwähnen, daß ich mich für ihn freute.

Männer befürchten mitunter, daß die Muskelentspannung, die der Entwicklung der Körperstimme vorausgehen muß, ihrer emotionalen Härte und Stärke abträglich wäre. Martin war ein junger Bezirksanwalt, der sich über den durch das Fernsehen präsentierten hartgesottenen männlichen Typen lustig machte, bis er erkannte, daß er unbewußt diesem Ideal doch entsprechen wollte.

»Ganz ehrlich, Joan«, meinte er. »Wenn man genügend politische Machtkämpfe, Intrigen und Gewaltandrohungen miterlebt und genügend Gerichtssäle und Gefängnisse von innen betrachtet hat, will man einfach nur hart und zäh sein – und genauso klingen.«

Martin fühlte sich jedoch gar nicht hart und zäh, sondern taub und verschlossen, und er klang auch nicht hart und zäh, sondern einfach nur barsch. Unsere gemeinsame Arbeit erwies sich für Martin als wichtige Lernerfahrung. Zu Anfang wehrte er sich gegen die Entspannung und die Entdeckung seiner Körperempfindungen. Es dauerte eine gewisse Zeit, bevor er imstande war, Körperlaute von sich zu geben, ohne sich dadurch bedroht zu fühlen, daß seine Stimme weicher, voller und fülliger klang. Die Tatsache, daß er seine energetische Lebendigkeit spürte, deutete darauf hin, daß er den zwar unbequemen, aber sicheren Ort, von dem aus er agiert hatte, verließ, und genau das ängstigte ihn. Er ging durch eine Phase, in der er Ausreden erfand, um nicht zu unseren Sitzungen kommen zu müssen – »Ich muß geschäftlich verreisen« und »Ich habe zu viele Fälle, die ich noch bearbeiten muß. Ich muß unsere Arbeit deshalb für einige Zeit auf Eis legen.«

Doch als Martin mit den verschiedenen Aspekten der Kenley-Methode vertraut wurde, änderte sich seine Einstellung. Er spürte auf einmal Stärke, nicht im Sinne von versteinerter

Härte, sondern im Sinne von geistiger und emotionaler Beweglichkeit, Beständigkeit und Bewußtheit. Der klangvolle Ton seiner Stimme gefiel ihm zusehends mehr und mehr.

»Ich hatte gestern eine Verhandlung«, erzählte er mir während einer Sitzung, »es war ein ziemlich mieser Fall mit vielen zwielichtigen Typen und harten rechtlichen Auseinandersetzungen. Es ist mir gelungen, meinen Standpunkt mit aller Kraft zu vertreten. Und es war gar nicht nötig, ein unempfindlicher Stein zu sein. Ich habe erkannt, daß es eigentlich mehr Kraft bedeutet, wenn man seinen weichen, verletzlichen Kern akzeptiert.«

Viele Männer stolpern gerade über das Zulassen von Gefühlen wie Verletzlichkeit und Freude. Ich habe lange Zeit mit Richard, einem Computerverkäufer, gearbeitet, der sogar den schwarzen Gürtel in Karate vorweisen konnte. Er war sehr angetan von der Disziplin und der Ausdauer, die diese Kampfsportart erfordert. Er berichtete mir von einem Test, bei dem er dreihundert Kniebeugen, Fußstellungen, Stöße und Angriffe demonstrieren mußte und sich einem Gegner nach dem anderen hatte stellen müssen. Als er meine Übungen machte, sah er sich mit einer ganz anderen Art von Kampf konfrontiert. Für gewöhnlich gelang es ihm erst am Ende unserer Sitzungen, einen Zustand der Entspanntheit und des Durchströmtwerdens von Energie zu erreichen. Zu Hause wandte er sich sofort wieder seinem Karate zu und vergaß alle Wärme, Verletzlichkeit und Freude. Richard brach seine Arbeit mit mir nach einigen Monaten ab; er war einer der wenigen Menschen, denen ich nicht helfen konnte. Seine Verteidigungsmechanismen waren zu stark und seine Angst zu groß.

Härte, Unnachgiebigkeit, Starrheit und Unverletzlichkeit sind einige der Eigenschaften, die Männer häufig für unverzichtbare Attribute ihrer Männlichkeit halten, und die aus diesem Grund in ihrem Wesen, ihren Körpern und ihren Stimmen sichtbar werden. Aber erst wenn der Mann seine sexuell-energetische

Lebendigkeit zuläßt, strahlen sein Körper und seine Stimme echte starke, maskuline Identität aus.

Die Zerstückelung der natürlichen Harmonie der Energien des Körpers ruft sowohl bei Männern wie auch bei Frauen ernsthafte körperliche, seelische und stimmliche Probleme hervor. Ihr Geist und Ihr Körper, Ihre Gefühle, Ihr Atem, Ihre sexuell-energetische Lebendigkeit und Ihre Stimme sollten Teil eines Ganzen, Teil einer Körperstimme-Einheit sein.

7. Kapitel

Die höheren Energien

Ein Sonnenuntergang am Meer: Wellen und Sand und ein feuerroter Himmel. Als ich auf dem Nachhauseweg daran vorbeifuhr, dachte ich im stillen: »Ist das nicht herrlich, wie eine Postkarte«, und fuhr beinahe weiter. Plötzlich jedoch überkam mich ein Gefühl des Bedauerns, all diese schönen Dinge so einfach und so schnell an mir vorbeiziehen zu lassen. Ich hielt an, parkte das Auto und machte einen kleinen Spaziergang, gerade als die Sonne hinter den Bergen unterging. Bald entdeckte ich eine ganze Welt voll zarter Schönheiten, die ich nicht gesehen hätte, wenn ich weitergefahren wäre: den Regenbogen in seinen mannigfaltigen Farben in den Schaumkronen, dort, wo die Unterströmung die Wellen ins Meer zurückzog, das Trippeln des Strandläufers, den Geruch, der in der Luft lag, und die Brise, die mir durchs Haar strich, die unendliche Vielfalt des Lichts, das sich in den schäumenden Wellen brach und bald gläsern, bald wie die funkelnden Schuppen einer Schlange wirkte.

Später saß ich mit Freunden beim Essen. Einer war Künstler, der andere Rechtsanwalt. Inmitten des Gesprächs über Filme und rechtliche Probleme präsentierte uns der Künstler seine Vorstellung davon, wie ein Schriftsteller oder Regisseur einen Charakter kreiert, der scheinbar aus sich heraus lebt.

»Zu Beginn hat man nur eine ganz allgemeine Vorstellung

davon«, erklärte er uns, »ob es sich um einen Mann der Tat, ein böses Mädchen mit einem weichen Herzen, einen habgierigen Kerl, einen tragischen Helden oder einen Außerirdischen handelt, der gerne zu Hause anrufen möchte. Danach arbeitet man mit all seinem Talent und seiner Kreativität die charakteristischen Eigenschaften heraus. Man will seine ersten verschwommenen Gedanken kennen, wenn er am Morgen aufwacht, wissen, wo er sich beim Rasieren schneidet, wie sie ihr Gesicht verzieht, wenn ihr jemand schmeichelt, und welcher Zeh wehtut, wenn sie ihre Schuhe auszieht. Es geht um ausschmückende körperliche und/oder seelische Eigenschaften. Sie bereichern und erwecken die Person zum Leben.«

Der Rechtsanwalt verglich in der Zwischenzeit diese Perspektive mit seinem eigenen Interesse an einer anderen Art von Detail: Seine Aufgabe bestand darin, in den Verträgen, die er aushandelte, jedes Wort eines jeden Satzes genau abzuwägen.

»Kleingedrucktes«, scherzte der Künstler.

»Du kannst mir glauben«, erwiderte der Rechtsanwalt, »daß es darauf ankommt, alle Winkel und Ecken zu kennen und jede Lücke zu erspähen, damit der ausgearbeitete Vertrag so solide ist wie jede deiner Personen.«

Ich hörte aufmerksam zu und dachte, daß dies ebenso auf die Körperstimme anzuwenden war, welche die eigene Identität, das Charisma und die Stärke widerspiegelt. Als erstes entwickelt man ein Bewußtsein und lernt die wichtigsten Bestandteile des Klangs seiner Stimme kennen – körperlicher und emotionaler Spannungsabbau, Körperatmung, Kenntnis der Geist-Körper-Reaktionen und das Fließen dieser gesunden Lebenskraft, die ich sexuell-energetische Lebendigkeit genannt habe. Sobald man jedoch mit diesen Grundlagen einigermaßen vertraut ist, muß der nächste Schritt erfolgen, der darin besteht, daß man die Eigenschaften des wirklichen Menschseins ausmacht, das man betrachtet, und die höheren Energien des Lebens, die das menschliche Wachstum und den Erfolg anregen und unterstützen, ausmacht. Ich spreche von Dingen wie beispielsweise dem Gefühl Ihrer eigenen Einzigartigkeit, Ihrer Kreativität, Ihrem Mut und Ihrer Tatkraft, die Ihnen über jedes Unglück und Mißgeschick hinweghelfen, Ihrem Humor, Zorn und Ihrer Menschenliebe.

Manche Lehren, die sich die Selbstverwirklichung des Menschen zum Ziel gesetzt haben, räumen dem Gebrauch dieser Energien und dem Verständnis von der positiven Wirkung im Leben einen großen Stellenwert ein. Sie werden mitunter auch als *feinstoffliche Energien* bezeichnet. Der Vorgang des Kennenlernens und Erfahrenlernens gleicht einer langen Entdeckungsreise, die unter der einfühlsamen Anleitung und Führung eines Lehrers oder mit Hilfe unterstützender Workshops und Seminare angetreten werden kann. Ich selbst habe diesen lohnenswerten Aspekt der Selbsterfahrung von meinem Lehrer Dr. A. H. Almaas gelernt. Diese feinstofflichen Energien sind ein wesentlicher Bestandteil des Körperstimme-Begriffs. Sie sind die Eigenschaften, denen Sie begegnen werden, wenn Sie die ureigensten Empfindungen Ihres Körpers wahrnehmen, die Ihrer Stimme Leben und ihren besonderen Klang verleihen.

Die Energien der Lebendigkeit

Die volle Einstimmung auf Ihr Körperbewußtsein kann zu einem großen Abenteuer werden. Auf die gleiche Weise, wie Sie Ihr Ohr trainieren können, die verschiedenen Schwingungen in Ihrer Stimme und den Stimmen anderer Menschen wahrzunehmen, können Sie auch Ihre sinnliche Erfahrung Ihres Körpers weiterentwickeln und damit Ihre menschliche Fähigkeit vertiefen und erweitern, an der erstaunlichen Vielfalt von Freud und Leid im Leben teilzuhaben.

Welches sind nun die emotional-energetischen Körpererfahrungen, die mit der Entwicklung Ihrer Körperstimme einhergehen? Und wo in Ihrem Körper können Sie mit ihnen in Verbindung treten? Die wichtigsten will ich hier aufzählen:

* Unterstützung – Beine
* Selbstzufriedenheit – unterer Bauch
* Willenskraft – Sonnengeflecht
* Liebe und Mitgefühl – Herz (Brust)
* Selbstausdruck und Kreativität – Kehle
* Geistige Klarheit – Verstand/Geist (Kopf)

All dies sind spürbare Geist-Körper-Gefühl-Erfahrungen. Sobald Sie sich diese höheren Energien zunutze gemacht haben, fühlen Sie, wie sie im ganzen Körper wirken, hören Sie sie in der Klangfülle Ihrer Stimme und erleben die erweiterte Perspektive und Kraft, die sie Ihrem Leben zuführen. Wenn Sie *keinen* Zugang zu diesen Energien finden, sieht Ihr Leben ganz anders aus – Sie fühlen sich unvollkommen und schlapp, ohne daß Sie den Grund dafür nennen könnten, und wünschten nur, Sie könnten es ändern.

Nehmen Sie bitte die folgende Liste als Richtlinie für einige der möglichen emotional-energetischen Körpererfahrungen. Sie gibt Ihnen einen Überblick über die möglichen Empfindungen, die mit den Grundtypen der Körperenergien in Verbindung gebracht werden, zum einen für den Fall, daß die lebenswichtige Energie durch den betreffenden Körperteil fließt, und zum anderen, daß sie nicht fließt.

Feinstoffliche Energien und die entsprechenden Körpererfahrungen

Körperteil	Positive Erfahrung	Negative Erfahrung
Kopf (Verstand/ Geist/geistige Klarheit)	Ich fühle mich klar	Ich bin verwirrt
Kehle (Selbstausdruck, Kreativität)	Ich kann mich verständlich machen	Ich kann mich nicht verständlich machen
Herz (Liebe, Mitgefühl)	Ich bin liebevoll und offen	Ich fühle mich abgeschirmt und verschlossen
Sonnengeflecht (Willenskraft, Entschlossenheit)	Ich kann	Ich kann nicht
Unterbauch (Selbstzufriedenheit, persönliche Präsenz)	Ich bin zufrieden	Ich bin nicht zufrieden
Untere Wirbelsäule und Beine (Stütze, Festigkeit)	Ich fühle mich stark und gestützt	Ich fühle mich schwach und nicht geerdet

Sie werden feststellen, und wir werden noch ausführlicher darüber sprechen, daß Sie lernen können, sich diesen positiven Erfahrungen gegenüber zu öffnen. Wenn Sie das, was blockiert oder verschlossen ist, freisetzen, wird die Erkenntnis Ihrer

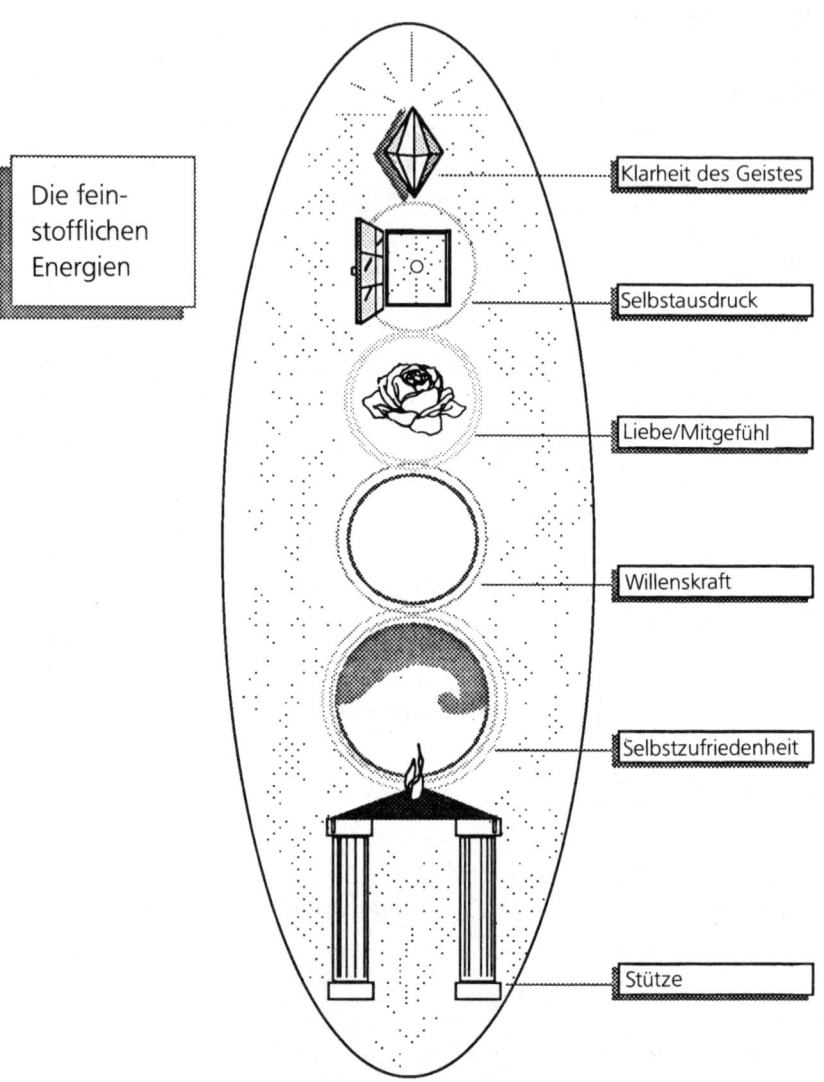

Die fein-
stofflichen
Energien

Klarheit des Geistes

Selbstausdruck

Liebe/Mitgefühl

Willenskraft

Selbstzufriedenheit

Stütze

194

neuen Fähigkeit mit *Freude* verbunden sein. Freude ist nicht nur eine wichtige Erfahrung an sich, sondern begleitet die Verwirklichung von Stütze, Selbstzufriedenheit, Mitgefühl, Kreativität und Klarheit. Sie empfinden sie als leichtes, sprudelndes und sprühendes Gefühl. Ihr Leben ist viel düsterer, wenn diese Erfahrung unterdrückt wird. Außerdem ist Freude ein Teil Ihrer Persönlichkeit, der für den lebendigen Klang Ihrer Stimme unerläßlich ist.

Ich möchte nun zusammen mit Ihnen die bildliche Darstellung näher betrachten, um Ihnen ein Gefühl dafür zu vermitteln, was sich ereignen könnte, wenn sie mit jeder der feinstofflichen Energien und ihren körperlichen Entsprechungen in Verbindung stehen – und wenn Sie nicht mit ihnen in Verbindung stehen. Ich möchte Ihnen auch einen Eindruck davon vermitteln, wie sie sich auf Ihre Stimme, Ihre kommunikativen Fähigkeiten und Ihr Leben auswirken.

Stütze – Beine

Die Muskeln in Ihren Beinen können Ihre Stimme stützen, indem sie gleichzeitig die Entspannung Ihres Unterleibs, Ihrer Brust und Ihrer Kehle begünstigen, was wiederum bewirkt, daß Sie ungehemmter und voller klingen werden. Auch Ihre Beine verfügen über feinstoffliche Energien, durch die Sie spüren können, daß Sie die notwendige Stütze haben, die Sie brauchen, um vorwärts zu gehen und bedeutende Schritte zu tun. Wenn Sie sich dieser Energie bewußt sind, werden Sie das Gefühl haben, jede Tür öffnen und hineingehen zu können. Sie spüren, daß Sie genügend Kraft haben, um Bäume auszureißen. Höchstwahrscheinlich spüren Sie diese Energie, wenn Sie selbstsicher die Straße entlangschlendern, wie beispielsweise John Travolta in *Saturday Night Fever*, der mit jedem Schritt ein Gefühl aktiver Stärke vermittelt. Diese Erfahrung kann all Ihre Handlungen in einem anderen Licht erscheinen lassen. Sie fühlen sich wie die unermüdlichen Reporter von *60 Minutes*[1], die jedes Hindernis aus dem Weg räumen, um ihre Geschichte und die oft bittere Wahrheit aufzuspüren.

Für Ihre Stimme bedeutet dies mehr Sicherheit und Stärke. Margie, die ihr Hausfrauendasein aufgegeben hatte und eine erfolgreiche Maklerin geworden war, sprach genau mit diesen Eigenschaften. Immer wenn sie ihren Kunden ein Haus zeigte, das ihrer Meinung nach genau das richtige für sie war, übertrug sich ihr Gefühl für die Richtigkeit des Kaufs auf die Kunden und half nicht wenigen künftigen Hausbesitzern bei der Verwirklichung ihrer Träume. Aber Margie erinnerte sich noch gut an die Zeit, als sie und ihr Mann sich getrennt hatten und sie ihre ersten Schritte in der rauhen Wirklichkeit als Maklerin machte. Es war eine Zeit der traumatischen Veränderungen gewesen, in der sie sich selbst in Frage gestellt hatte. Sie hatte das Gefühl, mit der neuen Situation nicht fertig zu werden, daß niemand da war, der sie unterstützte. Jede neue Verantwortung lastete so schwer auf ihr, daß sie sich am liebsten irgendwo angelehnt hätte. Selbst wenn sie am Telefon eine Auskunft erbat, fühlte sie sich überfordert; ihre Stimme zitterte und bebte wie Gräser im Wind. Erst als sie lernte, daß die Kraft ihrer Beine sie durch den Tag tragen konnte, stürzte sie sich mit beiden Beinen in die Verwirklichung ihres Vorhabens. Auch ihre Stimme vermittelte das entsprechende Gefühl der Entschlossenheit und Stärke.

Myra, Regisseurin an einem kleinen Theater, erzählte mir, daß sie entmutigten jungen Schauspielern immer den gleichen Rat gebe. »Wenn ihr auf Ablehnung gestoßen seid und scheinbar alles schief läuft, versucht, euch auch an den kleinsten Dingen, die ihr tun könnt, zu erfreuen – versucht, diese kleinen Dinge

[1] 60 Minutes ist eine wöchentlich ausgestrahlte Fernsehreportage, in der mehrere Reporter verschiedenen brandaktuellen und kritischen Themen nachgehen.

ganz besonders gut zu machen, gehen zum Beispiel. Sagt euch, wenn ihr die Straße überquert, daß niemand die Straße so gut überqueren kann wie ihr!«

Es steckt mehr guter Rat in diesem Satz, als Myra wußte, weil die Erfahrung der Energie Ihrer Beine der Grundstein für viele andere Bereiche Ihrer Selbsterkenntnis und Entwicklung ist, Ihre Körperstimme eingeschlossen.

Selbstzufriedenheit – Unterbauch

Der Unterbauch ist der Sitz des sogenannten Lebensenergiezentrums; es liegt ungefähr zwei bis vier Finger breit unter Ihrem Nabel und zwei bis vier Finger breit nach innen, und alle Energien laufen dort zusammen. Dieses Energiezentrum wurde und wird von vielen alten wie auch modernen Gesellschaften auf der ganzen Welt anerkannt und geehrt. In Japan nennt man es *Hara*, im Mittleren Osten *Kath* und in China *tan tien*. Es ist die Quelle der *chi*-Energie des Samurai, die er im Karate und *t'ai chi ch'uan* gebraucht. Dieses Zentrum wird als Gefühl des Seins und des Wissens, das über den Geist hinausgeht, erfahren. Seine Energie wird als Fülle und Reichtum erlebt, die sich zum Gefühl von Vollkommenheit und Selbstzufriedenheit entwikkeln kann. Jahre bevor ich überhaupt von den verschiedenen Namen gehört hatte, nannte ich diesen Punkt meinen Wärmeknopf, und ich wußte, wie wichtig es für meine Stimme war, sein Dasein zu spüren. Solange ich mit dieser Energie in Verbindung stand, klang ich gut und voller Lebendigkeit. Sobald ich nicht mit ihr in Verbindung stand, litten nicht nur meine Stimme, sondern mein Gefühl der Zulänglichkeit und Kompetenz.

Wenn dieses Lebensenergiezentrum durch Spannung, emotionale Wirren oder einen Mangel an Lebenskraft blockiert ist, empfinden Sie ein Gefühl der Unzulänglichkeit und Unvollkommenheit und das beunruhigende Gefühl, daß, unabhängig davon, was Sie tun oder wie Sie es tun oder wie sicher Sie sich Ihrer selbst sein sollten, irgend etwas nicht in Ordnung ist. Möglicherweise empfinden Sie ständig dieses Gefühl der Unzulänglichkeit, ohne einen Bezug zu Ihren echten Fähigkeiten herstellen zu können. Der Jazzsaxophonist Roger übte unentwegt und beeindruckte alle Freunde, die ihn in seiner Wohnung besuchten, mit seinen schnellen Fingerübungen und seinem Klang, den er aus seinem Instrument hervorzuzaubern verstand; doch aus irgendeinem Grund brachte er es nicht über sich, in einer Band zu spielen oder irgendwo aufzutreten. Jedesmal, wenn er an einer Jam Session teilnahm, fühlte er sich plötzlich unzulänglich. Er fühlte sich sogar körperlich klein, wie ein kleiner Junge, der von den Erwachsenen erdrückt wird, und das bei einer Körpergröße von über einem Meter achtzig. »Mir fehlt einfach das gewisse Etwas«, pflegte er sich zu sagen. Rogers Gefühl der Unzulänglichkeit ließ erst dann nach, als er mit mir an der Entwicklung seines Lebensenergiezentrums arbeitete.

Ich ermutige die Menschen, mit denen ich arbeite, ihr Bewußtsein auf ihr Lebensenergiezentrum als Tor für viele andere Körperenergieerfahrungen zu lenken. Jeder Mensch empfindet dieses Zentrum anders. Für manche ist es wie eine Sojabohnensprosse, für andere wie eine Welle oder wie Sonnenschein. Es kann alles mögliche sein – oder nichts. Das Wichtigste ist, daß Sie in sich hineinfühlen, und selbst, wenn Sie *nichts* fühlen, ist das in Ordnung. Die vorsichtige und gleichzeitig beharrliche Beschäftigung kann dieses Nichts in ein Etwas verwandeln, das die Kraft hat, das Gefühl Ihrer Individualität und Ihrer persönlichen Präsenz zu verstärken.

Melissa war groß und schlank und schien zurückhaltend, aber freundlich. Sie war Anfang Vierzig, glücklich verheiratet und Mutter von vier Kindern. Ihre Stimme klang dünn und in ihrer Kehle eingeschlossen und bereitete ihr deshalb Probleme als Laienschauspielerin. Als sie anfing, mit mir zu arbeiten, fühlte sie keine dieser angeführten Energien und konnte sich auch nicht vorstellen, daß sie jemals etwas fühlen würde. Ich ermutigte sie, sich auf ihr Lebensenergiezentrum zu konzentrieren, während sie die Körperatmung praktizierte und sich entspannte. Mit Melissas Erlaubnis gebe ich hier Auszüge aus ihrem Tagebuch wieder, die ihre Entwicklung deutlich machen:

5. Dezember. Ich habe Joans Rat befolgt und angefangen, mein Bewußtsein auf meinen Unterleib zu richten. »Sag ihm einfach guten Tag«, sagte sie. Also, guten Tag! Es ist ungefähr eine Woche vergangen, aber ich fühle dort so gut wie gar nichts. Er fühlt sich leer an, wie ein hohles schwarzes Loch. Wenn dies die Quelle meiner Selbstzufriedenheit ist, bin ich verloren!

13. Januar. Irgend etwas habe ich dort heute gespürt, aber nicht viel. Joan war ganz aufgeregt, sagte, das sei der erste Schritt. Ich war irgendwie starrköpfig. »Sind Sie sicher?« fragte ich. »Ich verspüre nur dieses leichte Druckgefühl – wie eine schwarze Eishockeyscheibe.« Sie sagte, ich solle die Bilder, die in mir aufsteigen, nicht bewerten. Versteh' ich nicht.

13. Februar. Ich bin heute in Gegenwart von Joan errötet. Ich weiß eigentlich nicht, warum. Ich lächelte, weil ich das Gefühl hatte, daß mein ganzer Körper errötete. Meine Gefühle verändern sich langsam. Während ich heute zuerst mit der »Entstresser-Technik« arbeitete und dann die Körperatmung praktizierte, fühlte ich ... ja, Energie ist ein gutes Wort dafür. Ein Funke von Energie, verbunden mit einer wunderbaren Eigenschaft. Ich fühlte, wie ich ruhig wurde und mein Körper von einem neuen, aber willkommenen Gefühl von Sicherheit und Stärke und Richtigkeit durchströmt wurde. »Irgendwelche besonderen Gefühle in Ihrem Zentrum?« fragte Joan. »Ja«, antwortete ich. »Es fühlt sich an wie ein lebender, grüner Keimling.« Wie ein Same, der sprießt und sich frisch und lebendig durch den Boden nach oben schiebt.

9. April. Denkwürdige Nacht! Es ist 2 Uhr morgens, und ich schreibe dies noch kurz auf, bevor ich schlafen gehe – wenn ich überhaupt schlafen kann. Ich war mit Tim im Kino, hab' zwei meiner Lieblingsfilme gesehen, mich am Popcorn gütlich getan. Wir haben viel Spaß gehabt – muß wohl schon die erste Andeutung gewesen sein. Auf dem Nachhauseweg spürte ich plötzlich dieses immer stärker werdende Gefühl in meinem Unterleib. Es war schwach, aber zweifellos – so wunderbar, daß ich verblüfft war. Ist es das, worüber Joan gesprochen hat? Kein Wunder! Ich bin überrascht, welch umfassende Qualität dieses Gefühl hat: Es fühlte sich an, als ob ich, ich selbst, meine persönliche Identität, eine lebendige, fühlbare Gestalt wäre, anstelle einer bloßen Vorstellung. Es war erhebend, belebend, als ob sich alles auf einen Punkt konzentrierte... ich kann es gar nicht wirklich mit Worten beschreiben. Ich hab' mich an Tim festgehalten und ganz aufgeregt gelacht. »Wir müssen ganz schnell eine Telefonzelle finden. Ich muß Joan anrufen. Ich möchte sie an meiner Erfahrung teilhaben lassen.« Tim lachte und hielt mich zurück. »Aber es ist bereits nach Mitternacht. Du kannst es ihr morgen erzählen.« Und jetzt, in diesem Moment, sitze ich da und fühle es noch und genieße es und weiß, daß es mir nicht verlorengeht!

Seit damals ist Melissas Stimme meistens offen und hat so viel an Klangfarbe gewonnen, wie sie es selbst nicht für möglich gehalten hätte.

200

Willenskraft – Sonnengeflecht

Das Sonnengeflecht ist das Zentrum Ihrer Willenskraft und Entschlossenheit. Die Energie dieses Zentrums hat eine unverkennbare Eigenschaft – ein kühles, genaues Wissen um Ihre Fähigkeit, Dinge zum Abschluß zu bringen. Wenn diese Energie aktiv an Ihrem Leben beteiligt ist, fühlen Sie sich gestärkt durch das Gefühl, daß Sie die Dinge, die Sie sich vorgenommen haben, auch wirklich tun können, daß Hindernisse Herausforderungen sind, daß Sie Auswege und Lösungen finden werden, daß sich Gelegenheiten bieten werden und Pläne in Erfüllung gehen, wenn Sie beharrlich die Ereichung Ihrer Ziele anstreben. Ein klarer, bestimmter und zielgerichteter Wille kann durch den Klang Ihrer Stimme eindringlich zum Ausdruck gebracht werden. Denken Sie an Captain Kirk in *Raumschiff Enterprise*. Als er Scotti bat, ihm Warp 9 zu beschaffen, oder den Arzt bat, Unmögliches zu vollbringen, hat ihm selten einer widersprochen, weil alle spürten, daß der unerbittliche Wille, sein Raumschiff und die Besatzung um jeden Preis zu retten, hinter seinen Worten stand. Sie erleben und hören diese Eigenschaften auch in den vielen Berufen von Beverly Sills – sie ist Opernsängerin, Leiterin der New York City Opera, Fernsehjournalistin, Ehefrau und Mutter. »Ich habe noch einen Beruf«, sagte sie in einem Zeitschrifteninterview, »und ich bin sicher, daß Sie bald davon erfahren werden.«[2] Sie ist ein Mensch, der auf unmißverständliche Art und Weise zu verstehen gibt: *Ich kann.*

Ohne diese innere Entschlossenheit können Sie von dem Gefühl verzehrt werden, Ihr Ziel nie zu erreichen; Sie haben Angst, daß Ihnen Hindernisse den Weg versperren und daß das Leben an sich Ihnen keine Chancen und Möglichkeiten bietet. Immer dann, wenn Sie kurz vor einem Wendepunkt in Ihrem Leben

2 Katrine Ames, »Beverly in Bloom«, Savvy (Mai 1987), S. 85.

oder Beruf angelangt sind, werden Sie durch das ungerechtfertigte sichere Gefühl, wieder einmal zu versagen, entkräftigt werden. Wenn Sie handeln wollen, wird Ihnen der Satz »Ich kann das nicht« einen Strich durch die Rechnung machen, und in Ihrem Sonnengeflecht wird sich ein Gefühl des Zusammenbruchs und der Leere ausbreiten.

Brenda war eine gewissenhafte Verwaltungsangestellte im Gesundheitswesen, der es an Energie aus diesem Zentrum mangelte und die deshalb sehr anfällig war für jede Art von zynischen Bemerkungen ihrer Arbeitskollegen. Sie war eine kleine, stämmige, dunkelhaarige Frau mit wachsamen Augen, und sie war begeisterungsfähig. Während der Arbeit war sie allerdings oft verzagt und mutlos. »Ich weiß, die anderen nörgeln nur und lassen halt ihren Dampf ab«, sagte sie, »aber ich konnte mich dieser negativen Einstellung einfach nicht mehr entziehen. Ich brauchte nur jemanden sagen hören ›Bestimmt kriegt unsere Abteilung das wenigste Geld, und das wird hinten und vorne nicht reichen‹, und schon war mir, als ob mich alle Energie verließe. Mein Körper glich einem Sieb. Ich spürte, wie meine Kehle sich verschloß und meine Stimme erstarb. Ich dachte im stillen: ›Alles geht schief. Ich werde nichts haben, wenn ich es brauche. Es lohnt sich überhaupt nicht. Auch wenn ich es schaffe, was soll's? Ich sehe kein Licht am Ende des Tunnels.«

Sie entdeckte, daß es ihr half, sich während des Körperatmens auf ihr Sonnengeflecht zu konzentrieren und zu versuchen, sich während dieser negativen Situationen ihrer körperlichen Empfindung bewußt zu werden. Dadurch gelang es ihr, das »Ich kann«-Gefühl in ihrem Körper zu verstärken, und bald darauf konnte sie das positive Gefühl sehr viel besser spüren, das in direktem Bezug stand zu ihrer angeborenen Fähigkeit, sich auch inmitten ihres beruflichen Dampfkessels positiv zu verhalten und zu handeln.

»Mein Körper ist kein Sieb mehr«, teilte sie mir mit, »sondern ein starkes Gefäß, in dem das wertvolle, ruhige Ja gut aufgehoben ist. Der Zynismus der anderen stört mich jetzt viel weniger, und ich weiß, daß ich das, was ich mir vorgenommen habe, auch erreichen kann.«

In ihrer Stimme schwang diese wiedererlangte Fähigkeit mit.

Liebe und Mitgefühl – Herz

Wir alle lieben darstellende Künstler, deren Stimmen Leidenschaft, Humor und Individualität zum Ausdruck bringen. Jedes Publikum liebt die Art, wie Humphrey Bogart seine Verletzlichkeit durch den Frosch in der Kehle zu verbergen sucht, James Cagneys Draufgängertum oder die kindlichen, närrischen Schreie von Goldie Hawn oder Bea Arthurs eigenwillige tiefe Stimme.

Ich habe eine Freundin, die Geschichtenerzählen zu ihrem Beruf gemacht hat; sie braucht nur »Es war einmal« zu sagen, und alle sind in ihren Bann gezogen. Sie hat viel im Rundfunk gearbeitet, so daß ihre Stimme ein Paradies an Klängen geworden ist, das jeden Zuhörer – ob jung oder alt – fasziniert.

Die Fähigkeit, aufrichtige Gefühle auszudrücken, beginnt oft mit Entspannung und Körperatmung, welche belastende Gefühle, körperliche Verspannungen und blockierte Emotionen abbauen. Um einen Schritt weiter zu tun, ist es notwendig, daß man die tieferen Energien des Herzens öffnet. Wenn Sie Ihre Brust durch Spannung und flachen Atem schützen, verengen Sie damit nicht nur Ihre Kehle und den Klang Ihrer Stimme, sondern blockieren damit den Ausdruck der tiefempfundenen Gefühle, die sich in Ihrer Stimme offenbaren und Ihre gesamte liebende und mitfühlende Persönlichkeit ausmachen.

Das Herz kann sich, solange es geschützt, ängstlich und verschlossen ist, nicht offenbaren. Randy, ein leidenschaftsloser intellektueller Typ, war überrascht, als er erfuhr, daß seine Stimme die Gefühle, die er empfand, nicht zum Ausdruck brachte. Ich bat Randy, über ein Ereignis zu sprechen, das ihn besonders empörte. Nach kurzem Überlegen erzählte er von einem Kollegen, mit dem er sich über das Urheberrecht an einer schriftlichen Arbeit stritt.

Als ich das Band anhielt, meinte er: »Ich könnte mich immer noch über diesen Kerl aufregen. Ich wette, ich klinge wütend.«

Ich schüttelte leise den Kopf. »Ihre Stimme klang eher nach einem großen Fragezeichen.«

»So hab' ich's aber nicht gemeint«, beharrte er, »und ich bin sicher, daß ich auch nicht so geklungen habe.«

»Hören wir es uns einfach an«, sagte ich. Als ich das Band abspielte, wurde Randy zusehends verwirrter und stiller.

»Wie kann ich nur so ausdruckslos und leblos klingen, obwohl ich mich so geärgert habe?« wollte er wissen.

»Sie haben nur einen Bruchteil dessen, was sich in Ihrem Inneren angesammelt hat, wirklich gefühlt. Ihre Gefühle werden dort«, wobei ich auf seinen Kopf deutete, »gefiltert und bearbeitet. Nur wenn Sie in der Lage wären, Ihren Zorn vollständig zu empfinden, könnten Sie ihn auch ausdrücken. Und erst dann hätte auch Ihre Stimme danach geklungen.«

Andrew war ein gescheiter Mann mit einer instinktiven Offenheit in seinem Lebensenergiezentrum, dessen Herzenergie allerdings verschlossen war. Mit seinem schütteren Haar, seinem zerfurchten Gesicht und seinem finsteren Blick sah er aus wie ein ausgekochter Managementberater, der sich zutraute, auch die härtesten Verträge auszuhandeln. Aber sein Oberkörper war steif, und seine Stimme hatte einen metallenen Klang.

Als er anfing, mit mir zu arbeiten, war er überhaupt nicht begeistert von der Idee, sein Herz zu öffnen.

»Wozu soll das gut sein?« sagte er mit einem spöttischen Achselzucken.

204

»Um eine bessere Stimme zu entwickeln«, antwortete ich, »müssen Sie mehr fühlen.«

Andrew runzelte die Stirn. Sein Blick war eisig.

»Warum sollte ich fühlen?« erwiderte er mit seiner kalten Stimme. »Ich brauche kein Herz. Ich möchte einfach vorwärtskommen im Leben. Wozu sollen Gefühle denn gut sein? Sie stehen meistens nur im Weg.«

Im Laufe unserer gemeinsamen Arbeit allerdings wurde Andrew trotz seiner Einstellung emotional sehr viel empfänglicher. Die Übungen lösten allmählich die Spannung in seiner Brust, und sein Herz öffnete sich. Er stellte fest, daß sich hinter seiner Rüstung ein schalkhafter und gewinnender Humor verbarg, was zu einigen interessanten Veränderungen in seiner Stimme führte – zu mehr Klangfarbe und mehr Menschlichkeit.

»Ich glaube, Sie merken jetzt, daß Sie allmählich viel besser klingen«, sagte ich zu ihm.

»Ich will nur nicht wie Mr. Weichherz klingen.«

»Da besteht überhaupt keine Gefahr. Aber merken Sie nicht, daß Sie anfangen, sich besser zu fühlen?« fragte ich.

Andrew blickte mürrisch drein. »Ich muß gestehen, daß es so ist. Ich begreife langsam, daß es tatsächlich eine Möglichkeit *gibt*, mehr von mir selbst und dem, was ich fühle, auszudrücken, aber auf meine Art.«

Es gibt allerdings auch Menschen, die ihr Herz ohne die Unterstützung ihres Lebensenergiezentrum öffnen. Sie werden verletzbar und haben kein starkes Gefühl der Selbstzufriedenheit, und in vielen Fällen wird Ihnen übel mitgespielt. Teresa war eine junge Schauspielerin, die gleichzeitig stellvertretende Einkäuferin für ein Bekleidungsgeschäft war. Sie war trotz ihrer Sensibilität und ihres Mitgefühls unsicher und beurteilte die Angelegenheiten des Herzens mit zuwenig Objektivität. Sowohl in privaten und beruflichen Beziehungen wie auch in den Auseinandersetzungen des täglichen Lebens war sie von Herzen, aber ohne Vorsicht oder Verstand, bemüht, andere nicht zu verletzen; sie gab und gab und litt. Teresa und ich sprachen über Selbstzufriedenheit und das Lebensenergiezentrum, aber es war sehr schwierig für sie, sich ihre eigenen Bedürfnisse einzugestehen und sie auch zu äußern, ohne ihre Sensibilität und ihre Sorge um andere zu verlieren.

»Ich denke immer an *Vom Winde verweht*«, erzählte sie mir, »und an den Unterschied zwischen Scarlett O'Hara, die immer in der Lage war, für sich selbst zu sorgen, auch wenn sie manchmal herzlos erschien, und Melanie Wilkes, die, wie Rhett Butler sagte, ›ganz Herz‹ und ohne Kraft war.«

»Es gibt die Möglichkeit, etwas von beiden zu haben«, versicherte ich ihr, und wir machten uns an die Arbeit.

Die Öffnung des Herzens ist mitunter eine lange Reise, die viele Erfahrungen voraussetzt und die die mitfühlende Unterstützung und die Weisheit vieler Begleiter auf dem Weg notwendig macht. Die Techniken der Kenley-Methode werden Ihnen einen ersten Eindruck von diesem Weg vermitteln, mit dem Sie Ihrem Herzen mehr Energie zuführen und Gefühle fördern und verstärken. Die Körperatmung wird einen gesunden und belebenden Einfluß auf Ihr Herz ausüben. Der Klang Ihrer Körperstimme, der in Ihrem ganzen Körper vibriert, wirkt sich heilend auf Ihre Herzenergien aus. Sie werden dann sehr viel besser verstehen, wie Sie mitfühlend sein können, ohne das Gefühl zu haben, verletzt zu werden. Sie können ein Herz haben, das groß und stark genug ist, alle Gefühle, die das Leben bereithält, in sich aufzunehmen, ein Herz, das fähig ist, tief zu empfinden.

Selbstausdruck – Kehle

Wenn Ihre Kehle blockiert ist, heißt das keineswegs, daß nur Ihre Stimme blockiert ist, sondern es heißt auch, daß ein Teil Ihrer kreativen Energie blockiert ist. Die Selbsterfahrungs- und

-entfaltungsmethoden, die mit feinstofflichen Energien arbeiten, zielen daraufhin, daß eine Aktivierung dieses Bereiches den kreativen Ausdruck fördert, ganz gleich, ob Sie Schriftsteller, Arzt oder Fußballspieler sind. Jeder, der um eine Entwicklung dieser Art bemüht ist, sollte sich über die Blockaden im Kehlbereich bewußt werden. Mich überrascht es nicht im geringsten, daß manche Menschen ihre besten Ideen haben, wenn sie unter der Dusche singen.

Keith war Bühnenautor, der seine Dialoge, bevor er sie zu Papier bringen konnte, laut vortragen mußte. »Am Anfang«, sagte er, »habe ich geglaubt, daß es notwendig ist, die Worte zu hören, um feststellen zu können, ob der Dialog flüssig ist, ob er einleuchtend klingt, das richtige Tempo hat usw. Aber mit der Zeit wurde mir klar, daß mehr dahinter steckt. *Ich habe geschrieben, während ich sprach.* Indem ich die ureigenen Motive des Bühnencharakters zum Ausdruck brachte, wurde meine Kehle in einer Weise aktiviert, die die Energie nur so fließen ließ. Wenn ich mit meiner Körperstimme sprach, konnte ich jeden Charakter viel mehr verdeutlichen, und die Worte strömten dann in meinen Kopf. Ich habe mich immer ganz schnell an die Schreibmaschine gesetzt, um alles genau festzuhalten.«

Die Kehle der Menschen, die sich in ihrem Ausdruck zurückhalten, wird sehr schnell ermüden, sie werden heiser oder sich insgesamt erschöpft fühlen, wenn sie viel gesprochen haben. Es gibt Tage, an denen ich es vorziehe, nicht von morgens bis abends zu reden, aber ich kann am Ende eines Tages mit der gleichen Ausdruckskraft sprechen wie am Anfang, und zwar deshalb, weil ich bewußt und mit dem richtigen Verhältnis von Spannung/Entspannung spreche. Ich gehe also beim Sprechen mit meiner Energie ganz bewußt um, anstatt sie zu vergeuden. Meine Körperstimme kräftigt meinen Körper. Menschen, die dagegen ihre Kehlen verengen, hemmen ihre körperliche wie auch ihre kreative Energie.

Klarheit – Kopf (Verstand/Geist)

Die Anforderungen, die Sie an Ihr Denken, Ihre geistigen Fähigkeiten richten, nehmen in Ihrem Bewußtsein höchstwahrscheinlich einen höheren Stellenwert ein als die anderen Energien, über die wir bereits gesprochen haben. Schließlich hängt in Ihrem Leben viel von den Überlegungen des Verstandes ab. Tag für Tag werden Sie während der Arbeit und im Privatleben mit Hunderten von Problemen konfrontiert, die es zu lösen gilt; mit Entscheidungen, die Sie treffen, und Dingen, die Sie im Auge behalten müssen. Zahllose Informationen und Möglichkeiten strömen auf Sie ein, und Sie wissen wahrscheinlich nur zu gut, daß Ihr Verstand gute Tage hat, an denen Sie sich scharfsinnig und obenauf fühlen, und schlechte Tage, an denen Sie sich ausgebrannt fühlen. Sie kennen sicher das Gefühl, wenn Ihr Verstand klar und unbelastet ist, Ihr Denken, nicht von Konflikten und Verwirrung geplagt, funktionieren kann – und was es heißt, ein Brett vor dem Kopf zu haben, Tage, an denen Sie weder klar denken noch Entscheidungen treffen können. Wenn Sie darüber nachdenken, werden Sie sich höchstwahrscheinlich auch erinnern können, wie Ihre Stimme an den guten und an den schlechten Tagen geklungen hat. Wenn Ihr Verstand ruhig ist, spricht Ihre Stimme Ihre Gedanken klar und ruhig aus, wenn sich Ihr Geist dagegen auf dem Tiefpunkt befindet, ist es äußerst schwierig, sich verständlich auszudrücken. Es ist dann fast so, als ob Ihr Kopf ein schlecht eingestellter Motor wäre und Ihre stimmliche Ausdruckskraft nur von der Hälfte der Zylinder Gebrauch machte.

Der Verstand gleicht einem Computer mit seinen Programmen, Dateien und Querverbindungen, der in mancherlei Hinsicht besser ist als der beste bisher gebaute Computer. Der Verstand kann, wenn er im Einklang mit dem Körper ist, Klarheit schaffen, Information manipulieren und sich Zugang zu

Wissen verschaffen. Das Herz und das Lebensenergiezentrum »wissen« auf ihre Art Bescheid, nicht auf jene Art und Weise, mit der der Verstand Informationen beschafft und damit umgeht, sondern durch ein emotionales und intuitives Wissen, das keine wissenschaftlichen und intellektuellen Grenzen kennt. Wenn es Ihnen gelingt, die geistigen Knoten, die das Denken so anstrengend machen, zu lösen, können Sie anfangen, auch aus anderen Quellen Ihres Körpers zu schöpfen. Sie werden außerdem feststellen, daß die Freisetzung der blockierten Energien Ihres Geistes eine große Erleichterung darstellt und ein wunderschönes Gefühl des inneren Friedens. Stellen Sie sich vor, daß das reichlich vorhandene Wissen Ihres Lebensenergiezentrums, der liebende Puls Ihres Herzens, der kreative Ausdruck Ihrer Kehle und die funkelnde friedliche Klarheit Ihres Geistes in einem freifließenden Energiestrom miteinander verbunden sind, der sich in Ihrem Körper, Ihrer Stimme und Ihrem Leben widerspiegelt.

»Meine Kollegen haben für mich den Ausdruck ›Nachtschwärmer‹ erfunden«, sagte Gary. Gary war Marketingfachmann und verantwortlich für die Finanzplanung von riesigen Werbekampagnen. »Ich habe überlegt, nachgedacht und gegrübelt, um alle Informationen nach dem Motto zusammenzutragen: an alles denken und nichts vergessen. Tausende von Details! Ich bin jedesmal in ein geistiges Loch gefallen, der Druck wuchs, und die Anspannung steigerte sich ins Unermeßliche. Ich konnte in diesen Zeiten weder essen noch schlafen. Ich blieb die ganze Nacht lang auf, um mich an das zu erinnern, was ich meiner Meinung nach ganz sicher vergessen hatte – und verlor dabei völlig den Überblick.

Irgendwann, meist zwischen zwei und drei Uhr morgens, konnte ich dann die Anspannung und die Frustration nicht länger ertragen. ›Ich geb's auf‹, sagte ich mir. ›Dieses Mal ist es aus. Ich bin am Ende.‹ Eine große Welle der Resignation durchströmte mich. Und plötzlich, als ob ich von einem Zauber befreit wäre, fing mein Verstand wieder an zu arbeiten, und wie! Fakten, Zahlen, Ideen, Kontakte, Mittel, Beispiele, Terminpläne – alles schoß mir in den Kopf, und über kurz oder lang hatte ich meinen Plan.«

»Klingt anstrengend«, sagte ich. »Und nach einer großen Verschwendung Ihrer Energie.«

»Stimmt ganz genau«, antwortete er. »Aber jetzt lerne ich, wie ich diesen extremen Druck vermeiden kann. Ihr Körperbewußtsein und Ihre Entspannungstechniken verbunden mit der Körperatmung haben mir wirklich mächtig geholfen.«

Garys Stimme hat von den Übungen ebenfalls profitiert. Immer wenn er sich in einem Loch befand, sah er nicht nur verkrampft und gereizt aus, sondern er klang auch überanstrengt. Seine Kollegen wurden nervös und beunruhigt, wenn sie ihm nur zuhörten. Er vermittelte das Gefühl seiner persönlichen Apokalypse! Als er dann gelernt hatte, ein Gleichgewicht zwischen seinem Verstand und seinen Körperenergien herzustellen, schimmerte in seinen Augen ein neuer Lebensfunke; sein ganzes Gesicht wurde wieder ausdrucksvoller, und er sprach mit einer Klangfülle, die den Reichtum seines Geistes widerspiegelte.

Die Kraft des Körperbewußtseins

Vielleicht fragen Sie sich jetzt, warum Sie dieses Körperbewußtsein nicht schon längst entwickelt und gepflegt haben. Wenn es so wichtig ist, warum ist es dann keine natürliche Folge der menschlichen Entwicklungen?

In unserer heutigen westlichen Welt wird diese Art des inneren Bewußtseins weder als Teil des Familienlebens angesehen, noch in der Schule durchgenommen. Unser modernes Leben scheint so ausgerichtet, daß unsere Körper zu angespannt bleiben, um den Ausdruck und die Erfahrung dieser feinstofflichen Energien zu ermöglichen. Die Folge davon ist, daß viele Menschen dazu neigen, nur aus ihrem Verstand heraus zu leben und dabei den Körper zu vergessen. Kurtz und Prestera weisen darauf hin:

> Wie uns nur allzu bewußt ist, wird in unserer heutigen Gesellschaft der Verstand geschult und zur Kontrollinstanz für den niedrigeren, instinktiven Bauch erhoben (Energien des Unterleibs)...
> Solange wir nicht aufhören, uns mit Gedankengebäuden zu überfüttern, wird unsere Lebendigkeit leiden.[3]

Viel zu oft sind Menschen zufrieden mit ihren begrenzten Sinneserfahrungen, ganz als ob ein gesunder Körper einfach ein wohlgeölter, gut funktionierender Motor wäre. Erweiterte Sinneserfahrungen werden allgemein als etwas Außergewöhnliches angesehen, das sich in ungewöhnlichen Situationen einstellt. Rufen Sie sich ins Gedächtnis zurück, wie bewegt Sie waren durch ein wunderschönes Bild oder eine wundervoll klingende Melodie, durch die Geburt eines Kindes oder damals, als Sie sich verliebt haben. Verliebtsein ist eine der schönsten Körpererfahrungen überhaupt, weil Sie sich dadurch stark, kräftig, vollkommen fühlen und sich selbst alle Unzulänglichkeiten in bezug auf Image und Wert verzeihen können. Es fühlt sich an, als ob Ihr Körper wachse und erwache wie der Saft eines Baumes im Frühling oder ein Wasserfall, der vom Wintereis befreit ist. Sie fühlen sich wie neugeboren und verjüngt. Sie

---

3 Ron Kurtz und Hector Prestera, M.D., The Body Reveals (New York: Harper and Row, 1976), S. 67–68.

sehen die Welt mit neuen Augen, und Sie fühlen, fühlen, fühlen mit einem Körper, der so unglaublich lebendig ist.

Kurtz und Prestera bestätigen das:

> Wenn wir körperlich und seelisch im Einklang sind, schließen wir eine Tür auf, durch die diese Energie hereinströmt, und indem wir das tun, erwachen wir auf einer Ebene, die kaum mit dem gewöhnlichen Bewußtsein zu vergleichen ist. Dieses erweiterte Bewußtsein bezieht sich nicht nur auf unseren Geist, sondern bezieht jede Faser unseres Körpers mit ein.[4]

Nathan und Sarah genossen es, in ihrem Urlaub von einer Küste Amerikas zur anderen zu fahren und dabei die natürliche Schönheit zu bewundern.

»Ich kann mich an eine Erfahrung erinnern«, erzählte mir Nathan, »an die ich immer wieder denken muß und nach der ich mehr über mich erfahren wollte.«

Er erzählte mir, daß er und Sarah beschlossen hatten, die Wüste des Great Basins bei Nacht zu durchqueren, um der glühenden Hitze eines Sommertages zu entgehen. Sie durchquerten sie bei Vollmond. Die Wüste war auf eine unwirkliche Art schön, und Nathan und Sarah führten ein langes Gespräch.

»Lange Gespräche bei Nacht«, sagte er, »haben ihren ganz eigenen Zauber. Man glaubt, die Welt biete auf einmal mehr Möglichkeiten. Man fühlt sich frei. Im Radio empfängt man Sender aus dem ganzen Land. Barrieren verschwinden, und die Worte fließen direkt aus dem Herzen.«

Sie sprachen über ihre Beziehung, und es gelang ihnen, viele Bereiche mit mehr Zärtlichkeit und Einsicht zu klären, als sie es

---

4 The Body Reveals, S. 18.

für möglich gehalten hatten. Sie sprachen über ihre beruflichen Entscheidungen, über andere Menschen in ihrem Leben, ihre Verantwortlichkeiten und ihre Freiräume.

»Ich habe mich noch nie so ganz gefühlt«, sagte er. »Mein Geist war klar, und mein Herz war froh. Ich war erfüllt mit Leben und Entschlossenheit. Als die Morgendämmerung mit einem Feuerstreif über den Hügeln der Wüste anbrach, trat das Gefühl langsam zurück. Der Zauber der Nacht verflog, der Empfang der Radiosender verschlechterte sich, und wir schienen allmählich wieder zur Erde und dem anbrechenden Tag zurückzufinden. Wir sehnten uns nach einem Kaffee, nach Frühstück und Ruhe. Damals habe ich mir gelobt, daß ich herausfinden werde, wie ich dieses Gefühl öfters verspüren kann – nicht nur alle zwei Jahre im Urlaub, sondern jeden Tag meines Lebens.«

»Da sind Sie hier am richtigen Ort«, sagte ich. »Sie brauchen keinen Gang bei Mondschein durch die Wüste, um mit Ihren innersten Gefühlen im Einklang zu sein.«

Um diese Energien zu *fühlen als angeborene* Teile der Lebendigkeit in Ihrem Leben und Ihrer Stimme, reicht es aus, wenn Sie Ihren Körperempfindungen Aufmerksamkeit schenken. Das natürliche Fließen dieser Energien wird durch die Körperatmung und die Entwicklung der Schwingungen Ihrer Körperstimme zusätzlich gefördert. Es sind keine außergewöhnlichen Anstrengungen notwendig, um diese Energien aufzuspüren. Der erste Schritt besteht darin, daß Sie verschiedene Teile Ihres Körpers schlicht begrüßen. Fragen Sie, was in Ihnen vorgeht. Stellen Sie sich im Laufe des Tages mehrere Male die folgenden Fragen:

* Was fühle ich in meinem Körper?
* Wie kann ich die Energien in meinen Beinen, Armen, meinem Unterleib, Sonnengeflecht, Herz, meiner Kehle und meinem Geist mit Gefühlen und Bildern beschreiben?

* Wenn ich mir meiner Körperenergien bewußt bin, wie wirkt sich das auf mein Verhalten aus?
* Wie fühlt sich meine Stimme an, und wie klingt sie, wenn ich mit diesen Energien im Einklang bin?

Mit der Zeit werden Sie mit Ihrem Körper vertrauter werden, und Sie werden eine neue Stufe der eigenen energetischen Erfahrung in Ihrem Körper und Ihrer Stimme erreichen.

Der Firmenberater Dean, der aufgrund seiner ständigen Heiserkeit zu mir kam, hatte zunächst keine Vorstellung davon, was ich mit »eigenen Körpererfahrungen« meinte. Eines Tages dann, es war nach einer Sitzung, und wir unterhielten uns über alltägliche Dinge, bevor er zurück ins Büro ging, erzählte er mir, daß er und seine Frau Nicki endlich ihr geliebtes Haus umbauen und verschönern würden. Er wurde plötzlich, als er so in Erinnerungen schwelgte, ganz ausdrucksvoll.

»Als wir das Haus fanden«, erzählte er, »war es nur eine Äußerlichkeit für uns. Wir saßen im Auto vor dem *Zu verkaufen*-Schild und schauten auf die Veranda, auf die Fenster, die weiße Täfelung und fragten uns, wie es wohl innen aussehen möge. Dann hat uns der Makler das Haus gezeigt, und wir sahen zum ersten Mal all die Räume – den Kamin, den Wintergarten, das große Schlafzimmer mit seinen wunderschönen begehbaren Schränken, die Küche mit ihrer Frühstücksecke usw. –, und wir waren auf einmal ganz aufgeregt über die ästhetischen und praktischen Möglichkeiten. Wir haben es also gekauft und sind eingezogen.«

Als ich mich interessiert zeigte, fuhr er fort: »Wir haben das Haus wirklich zu unserem Heim gemacht. Natürlich«, sagte er lachend, »haben wir auch Bekanntschaft gemacht mit seinen Macken und Mängeln. Wir haben die sanitären Einrichtungen ausgebessert und die Baumwurzel beseitigt, die den Boden des Swimmingpools aufgebrochen hatte, und wir haben erfahren, daß der Maulbeerbaum jedes Frühjahr Tausende von Kätzchen abwirft. Wir wußten mit der Zeit, wo das Dach am durchlässigsten ist, und wir haben es geduldig repariert.«

»Klingt nach ehrlicher Arbeit«, sagte ich.

»Das stimmt, aber wir haben es gern getan. Und jetzt fühlen wir uns als Teil unseres Heims. Wir kennen jede Stimmung im Haus. Wir wissen, wie jeder Raum zu jeder Jahreszeit aussieht. ›Der Lichteinfall an Winternachmittagen ist etwas ganz Besonderes‹ – Emily Dickenson, stimmt's? Ich kenne das Geräusch des Regens, wenn wir morgens im Bett liegen, und das Surren des Kühlschranks, wenn ich mir nachts ein Glas Wasser aus der Küche hole. Ich weiß, wie der Garten aussieht, wenn der Nebel sinkt, und wie die Farben der Blumen an einem Frühlingstag bis ins Haus hinein leuchten. Ich weiß, wie das Eßzimmer bei Kerzenlicht aussieht und wie die Stereoanlage klingt, seit wir einen neuen Teppich haben, und wie gemütlich es im Wintergarten ist, wenn wir fernsehen. Wirklich ein Heim.«

Ich war baff erstaunt über diese Beschwörung von komplexen, vertraulichen Sinneserfahrungen und sagte: »Ich glaube, Dean, daß es Ihnen gut tun würde, Ihren Körper mit der gleichen poetischen Empfindsamkeit zu erforschen, mit der Sie eben Ihr Haus beschrieben haben.«

Wenn Sie sich vorstellen können, daß Sie Ihre Körperenergien im Sinne von Deans liebevoller Beziehung zu seinem Haus erspüren können, dann haben Sie bereits einen großen Schritt getan, um zu verstehen, wie Sie Ihr Bewußtsein auf das Sinnesleben Ihres Körpers richten können. Am Anfang mag Ihr Körper Ihnen nur als Gehäuse erscheinen. Sie wissen, wie Ihr Gesicht im Spiegel aussieht, wie Sie in verschiedenen Kleidern aussehen, wenn Sie einmal festlich angezogen sind, weil Sie am Abend ausgehen wollen, oder aber in Ihren alten Klamotten, die Sie nur anziehen, wenn Sie zu Hause herumwerkeln.

Irgendwann entdecken Sie das *Innere*. Zunächst werden Sie

sich der Gefühle, Empfindungen und Energien, die am leichtesten zugänglich sind, bewußt werden und sie spüren. Sie kennen die Verspannungen Ihrer Muskeln, die normalen Wehwehchen und Schmerzen, Ihr Gefühl der Völle oder Leere. Sie wissen, wie es ist, wenn Sie müde werden oder bange – und *wo* Sie etwas spüren: Ihren steifen Hals, wenn Sie zu lange am Schreibtisch gesessen haben, die feuchten Hände vor einer Auseinandersetzung, die Kopfschmerzen, die Sie vom Rotwein bekommen, Ihre Halsschmerzen, wenn Sie sich die Nacht um die Ohren geschlagen haben. Der Rest wird ignoriert, solange er noch funktioniert.

Wenn Sie ein höheres Körperbewußtsein entwickeln, lernen Sie eine vertrautere Ebene der körperlichen Empfindungen kennen und fühlen sich noch mehr in Ihrem Körper zu Hause, genauso wie Dean und Nicky erfahren haben, wieviele verborgene Freuden das Leben in ihrem Haus bietet. Auch ihr Körper hat seine Jahreszeiten, seine Stimmungen, sein Sonnenlicht und seinen Schatten. Sie können Ihre emotionalen Erfahrungen – wie beispielsweise Gefühle der Stärke, Zuversicht und Liebe – verstärken, so daß sie auf einer Erfahrungsstufe gespürt werden können, die Ihre feinstofflichen Körperenergien berührt.

Ich weiß, daß Sie sich bereits darüber bewußt sind, daß es Zeiten gibt, in denen Sie ein Gefühl der Leichtigkeit, der Beweglichkeit, des Reichtums verspüren, und dann wiederum Zeiten, in denen Sie sich schwer, steif, dumpf und benebelt oder wie ein Stück Lehm fühlen. Sie kennen die Tage, an denen Ihr Körper jubiliert und die Tage, an denen er sich beklagt. Sie leben in einer unendlichen Vielfalt von emotionalen Zuständen und körperlichen Empfindungen; das Nickerchen an einem sonnigen Wochenendnachmittag, die Trägheit an einem Regentag, den Sie zu Hause verbringen, Sehnsucht nach Menschen und Orten, die der Vergangenheit angehören, das Feuer der Liebe oder die Glut des Ehrgeizes, das Wohlbehagen, aufregende Zeiten und Abenteuer erlebt zu haben, die Schwere der Sorgen und des Leides auf Ihrer Seele. Vielleicht sind Sie so aufgekratzt, daß Sie vor lauter Aufregung nicht stillsitzen können und am liebsten auf den nächsten Berg hinaufrennen würden, oder Sie sind so müde, als wären Sie eine einbalsamierte Mumie. Sie werden Zeiten haben, in denen Sie sich rein, erfrischt, erneuert, jung und voller Elan fühlen, und andere Zeiten, in denen Sie sich verschrumpelt, runzelig und ausgetrocknet fühlen. Indem Sie sich selbst auf dieser feineren, vertrauteren Ebene des Körperbewußtseins kennenlernen, werden Sie mit allen Bereichen Ihres Lebens im Einklang sein und lernen, Ihre persönliche Ausdruckskraft in den Klang Ihrer Stimme zu legen.

Der sanfte Versuch

Viele Menschen sehnen sich danach, mit den höheren Energien in Verbindung zu treten, ohne zu wissen, wie und wo sie beginnen sollen. Weil die Gesellschaft oder andere Menschen um sie herum über Gefühle wie Mutterliebe, das Mitgefühl eines Lehrers, das Vertrauen eines Freundes sprechen, wird angenommen, sie verstünden und wüßten um diese Eigenschaften, unabhängig davon, ob sie sie so vollständig fühlen, wie sie potentiell erfahrbar sind. Jeder kann ein Gefühl, zum Beispiel Liebe, empfinden und dann das, was er fühlt, für das absolute Gefühl halten.

Jedes ernsthafte Streben nach Selbsterkenntnis ist wertvoll. Durch Anstrengungen und Selbstdisziplin, Mut und Beharrlichkeit stellt man Verbindung zu den angestrebten Eigenschaften her. Sie wissen, welche Türen Sie aufstoßen wollen, und haben vielleicht sogar bereits eine Vorstellung davon, was sich hinter den Türen verbirgt. Die Entwicklung eines Körperenergiebewußtseins kann bereits der Weg zum Schlüssel für einige dieser verschlossenen Türen sein. Ich möchte Sie, während Sie mit diesem Buch arbeiten, dazu ermutigen, sich nach Workshops, Seminaren und privaten Lehrern umzuschauen, die Ihr Abenteuer der Selbsterkenntnis unterstützen können.[5]

Manche Menschen versuchen es mit aller Gewalt, und deshalb spreche ich hier über den »sanften Versuch«. Ein anderer Versuch würde geistige und seelische Anstrengung bedeuten und die Körperenergien blockieren. Sie kennen vielleicht die Verhaltensmuster, die sich daraus ergeben:

* Menschen, die sich selbst zwingen, Herausforderungen und neue Erfahrungen anzunehmen, obwohl sie innerlich zittern und das Gefühl haben, jeden Moment zu straucheln;
* Menschen, die sich nur in einem fernen kleinen Kreis von Freunden, Umgebungen und Ideen bewegen, wo sie sich zwar o.k. fühlen, aber keine wirkliche Sicherheit verspüren, die echte Erforschung und Risikobereitschaft fördert;
* Menschen, die ihre Ziele mit erschreckender Entschlossenheit anstreben, wobei sie der ständigen Ermutigung durch ihre Freunde bedürfen, und nie die Zuversicht durch ihre eigene Willenskraft verspüren;
* Menschen mit liebevoller, mitfühlender Gestik, die jedoch keine echten Gefühle zum Ausdruck bringen;
* Menschen, die bereit sind, sich mit ihrer Art, sich auszudrükken und Ideen zu verwirklichen, zufriedenzugeben, ohne das innere Feuer der Kreativität oder das Licht der geistigen Klarheit jemals zu erfahren.

Denken Sie, während Sie lernen, sanfter vorzugehen, daran, daß jeder Mensch seine ihm eigenen Stärken und Schwächen hat. Es

---

5 Als Einleitung zum Werk von Dr. Almaas dient Essence: The Diamond Approach to Inner Realization, (York Beach, Maine: Samuel Weiser, Inc., 1986) und Diamond Heart (Berkeley, Cal.: Diamond Books, 1987).

wäre falsch zu glauben, daß nur, weil Sie sich auf Ihre Körperempfindungen noch nicht bewußt konzentriert haben, Ihre inneren Energien nicht vorhanden wären. Vielleicht besitzen Sie ein empfindsames, mitfühlendes Herz, und Sie müssen an Ihrer Selbstzuversicht arbeiten, die dem Lebensenergiezentrum entspringt. Oder vielleicht verfügen Sie über ausreichende Willenskraft, aber stellen fest, daß Ihre Entschlossenheit zunichte gemacht wird durch die Art von Kreativitätsblockaden und Verwirrungen, die mit Verengung im Kehl- und Kopfzentrum in Zusammenhang zu bringen sind. Genießen Sie die Entdeckung Ihrer eigenen Persönlichkeit, und Sie werden schließlich genau erkennen können, wo Ihre Körperenergien blockiert sind und wo sie fließen. Erst dann haben Sie das richtige Gespür dafür, welchen Weg Sie auf Ihrer Selbstentdeckungsreise einschlagen sollten, und Sie werden in der Lage sein, Ihre ersten, wichtigsten Schritte zur Verbesserung Ihres vollständigen energetischen Lebens Ihres Körpers und Ihrer Stimme klarer zu wählen.

2. Teil

Die Techniken der Kenley-Methode

Einleitung

Entspannen Sie sich! Jedes Mal, wenn Sie mit der Kenley-Methode arbeiten, werden Sie so anfangen. Gehen Sie behutsam vor, in dem Tempo, das Ihnen angenehm ist, und genießen Sie jeden Schritt. Ich möchte Ihnen am Anfang einige Tips geben, die Ihnen bei der Arbeit mit dieser Methode von Nutzen sein können. Ganz unabhängig davon, was Sie tun oder wie weit Sie fortgeschritten sind, sollten Sie immer daran denken, daß Entspannung und Körperbewußtsein die Schlüssel zum Erfolg sind.

Jeder Mensch weiß, daß nur die Übung den Meister macht. Das gilt auch für diese Methode. Aber üben bedeutet nicht, sich mehr als nötig zu verausgaben. Seien Sie *wißbegierig*, wenn es darum geht, alle Nuancen dessen, was mit Ihrem Körper und Ihrer Stimme geschieht, wahrzunehmen, und seien Sie interessiert an den Kräften, die diesen Vorgang beeinflussen, anstatt wertend und ergebnisorientiert. Üben Sie sich in Geduld, und Sie werden dadurch sogar schneller zum Ziel kommen.

Es ist wichtig, daß Sie jeden Schritt vollständig verstanden haben, bevor Sie zum nächsten Schritt weitergehen. Sie werden dann mit Hilfe der Vorschläge in jedem Kapitel und durch eigene Bewertung und eigenes Wissen um Ihren Körper in der Lage sein, die Übungen auf sanfte, wohltuende und vernünftige Art in Ihr Leben aufzunehmen.

Einige der Übungen sollten Sie am besten an einem ruhigen, abgeschlossenen Ort ein- bis zweimal täglich durchführen. Andere dagegen, wie zum Beispiel die Übungen zur Entspannung der Körperstimme und das Körperatmen, werden bald Teil Ihres Alltags sein.

Hilfreiche Vorschläge

Um für jede Übung ausreichend vorbereitet zu sein, bitte ich Sie, folgendes nicht zu vergessen:

* Tragen Sie lockere Kleidung während der Übungen. Einschnürende oder einengende Gürtel und Hosen beeinträchtigen Ihre Entspannung und Ihre Atmung.
* Eine Armbanduhr mit Piepser z.B. kann Ihnen im Laufe des Tages nützliche Dienste leisten, indem sie Sie jede Stunde an die Entstressertechnik erinnert.
* Einen Cassettenrecorder mit Kopfhörern. Ich empfehle einen Cassettenrecorder anstelle aller anderen Wiedergabegeräte, weil die Wiedergabequalität hier am besten ist. Kopfhörer geben den Ton fast in Studioqualität wieder, und Sie hören ganz genau, wie sich Ihre Stimme verbessert hat.
* Haftnotizen und selbstklebende farbige Punkte können zu nützlichen Gedächtnisstützen für Ihre täglichen Körperatmungsübungen werden.
* Vollständige Kopien Ihres Körperstimme-Selbstbewertungsfragebogens, der Körperstimme-Bewertungsfragebogen, der Kenley-Methode-Bewertungsskala und der Beurteilungstabelle. Sie können, während Sie lernen sich zu entspannen, immer wieder darauf zurückgreifen, um das Bewußtsein Ihrer Körperempfindungen zu erhöhen und sich zum echten, verständlichen Gesprächspartner hin zu entwickeln.

Das Wo und das Wie der Übungen

Jedes der folgenden Kapitel enthält klare Anleitungen dazu, wie jeder Schritt der Übungen durchzuführen ist, die durch bildliche Darstellungen verdeutlicht werden. Wenn Sie die Anleitungen befolgen und dabei das Buch, so oft Sie es benötigen, zu Rate ziehen, wird Ihr *Körper* diese Übungen erlernen und sie zu einem natürlichen Teil Ihres täglichen Lebens machen.

Die Dauer der Übungen

Sie werden sich höchstwahrscheinlich fragen, wie lange Sie mit diesen Übungen arbeiten müssen, bevor Sie sichtbare Erfolge vermerken können. Eines der wichtigsten Dinge, dessen Sie sich immer bewußt sein sollten, ist, daß die *Vorbereitung 75 Prozent der Wirksamkeit dieser Technik ausmacht.*

Lassen Sie sich bitte nicht durch Ungeduld in Versuchung führen, die Übungen möglichst schnell hinter sich bringen zu wollen und die Stimmaufwärmübungen zu überspringen, um sofort mit dem Körpersprechen zu beginnen, um alle Welt mit Ihrer neuen Stimme zu beeindrucken. Die wirkliche Veränderung in Ihren kommunikativen Fähigkeiten ergibt sich daraus, daß Sie die Entspannungsübungen, die Körperatmung und die Körperbewußtheit in Ihr Leben integrieren. Denken Sie immer an das Prinzip der Körper-Geist-Gefühl-Einheit, auf der diese Übungen beruhen. Jede Übung dient nicht nur dazu, Ihre stimmliche Ausdruckskraft zu entwickeln, sondern gleichzeitig Ihr Wohlbefinden und Ihre Gesundheit zu steigern. Die Übungen sind entspannend, besänftigend, *kräftigend* und führen Energie zu. Sie müssen sich immer wieder vor Augen halten, daß eine schöne Stimme unmöglich aus einem nervösen und steifen Körper kommen kann.

Im allgemeinen läßt sich sagen, daß Sie bereits nach sechs Wochen ein gutes Verständnis für die Übungen und für Ihre Stimme entwickelt haben sollten. Dieser Vorgang sollte Sie ermutigen, Ihr Verständnis der Körperstimme-Idee zu vertiefen und mit den Übungen fortzufahren, bis die Techniken zu einem festen Bestandteil Ihres Lebens geworden sind. Echte Meisterschaft erwirbt man sich, ähnlich wie in anderen Lernsituationen, auch hier durch die ständige Bereitschaft zur Selbsterfahrung.

8. Kapitel

Die Entspannung der Körperstimme

Die erste Übung der Kenley-Methode ist darauf ausgerichtet, daß Sie lernen, auf schnelle und wirksame Art einen ruhigen und doch lebendigen Zustand der Geist-Körper-Entspannung zu erlangen. Bevor Sie die Körperatmung erlernen und Ihren ersten Körperlaut hervorbringen, sollten Sie in der Lage sein, Streßgefühle loszulassen und Muskelverspannungen aufzugeben. Sie müssen, um Ihre Körperstimme mit dieser Methode zum Ausdruck zu bringen, zuerst eine Grundlage schaffen, d.h. sich körperlich und seelisch entspannen.

Ich mache Sie hier mit zwei verschiedenen Übungsblöcken bekannt, die Ihnen helfen sollen, zu einem entspannteren Körper und einem klareren Geist zu finden:

* der Entstressertechnik
* Übungen zur umfassenderen Entspannung des Spannungs-dreiecks: Kopf, Hals und Nacken.

Die Entstressertechnik

Die Kombination von Übungen, die ich Entstressertechnik nenne, hilft Ihnen, Ihrem Körper gegenüber empfindsamer zu werden und sich schnell zu entspannen, wann immer und wo immer Sie das Gefühl haben, gestreßt zu sein.

Um fähig zu sein, sich zu entspannen, ist es unerläßlich, daß Sie sich für Ihren Körper sensibilisieren. Rufen Sie sich ins Gedächtnis zurück, was in und mit Ihrem Körper geschieht, wenn Sie anfangen, sich gestreßt, bedroht und nervös zu fühlen:

* Was geschieht mit Ihrer Atmung?
* Verspannen sich Ihre Schultern, oder schmerzt Ihr Rücken?
* Erhöht sich Ihr Puls?
* Wird Ihre Stimme höher oder enger?
* Fühlen Sie, wie sich Ihr Magen zusammenzieht?
* Fängt Ihr Bauch an zu rumoren?
* Wird Ihr Kopf auf einmal leer?

In dem Maße, in dem Sie sich mehr und mehr mit Ihrem Körper beschäftigen, werden Sie sich Ihrer ganz spezifischen Körper-Gefühl-Reaktionen bewußt werden – und Sie werden die Technik schätzen lernen. Schließlich sind Ihr Kopf, Ihr Herz, Ihr Magen und Ihre Eingeweide zusammen mit Atembeschwerden und Muskelverspannungen die Ursachen und Folgen des geistigen und körperlichen Leidens.

Es ist entscheidend, daß Sie lernen, wie Sie sich über Ihre Anspannung wahrnehmen können, wenn Sie unter Streß stehen. Anspannung gleicht manchmal einem Dieb, der Ihr Haus ausräumt, während Sie schlafen. Ich möchte, daß Sie sich selbst alarmieren, bevor dieser heimtückische Dieb auch nur die Haustür erreicht – bevor Ihre negativen Körperenergien das Schlimmste angerichtet haben. Aus diesem Grund möchte ich, daß Sie mit einer Entspannungsübung beginnen.

Die Entstressertechnik ist ein wirksamer seelischer Entgifter. Sie wird Ihnen helfen, unsinnige Gedanken abzuschalten und sich ganz auf Ihren Körper zu konzentrieren. Sie werden Ihren Atem verlangsamen und Ihre Beine und Arme auf ganz besondere Weise spüren.

Ich werde Sie in fünf Stufen durch die Entstressertechnik führen:

* Erspüren Ihres Körpers – eine Bestandsaufnahme (vorher)
* Konzentration auf Ihre Arme und Beine
* Anhalten des Atems
* Zusammenführung der Stufen 1, 2 und 3
* Nachspüren – eine Bestandsaufnahme (danach)

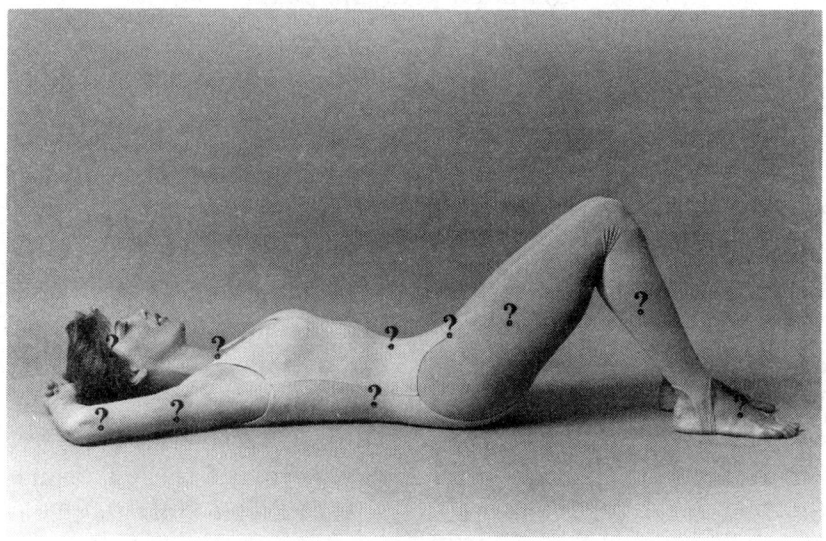

Abb. 1. Bestandsaufnahme der Körperempfindungen

Stufe 1: Erspüren Ihres Körpers

* Legen Sie sich flach auf den Rücken, entweder auf den Boden oder auf ein festes Bett, was immer Ihnen mehr behagt. Sollte Ihr Rücken schmerzen, wenn Sie flach liegen, ziehen Sie bitte die Beine an.
* Fangen Sie an, indem Sie versuchen zu ergründen, wie Sie Ihren Körper spüren (siehe Abb. 1). Stellen Sie sich folgende und ähnliche Fragen:

* Was spüre ich in meinem Körper?
* Was ist mit meinen Eingeweiden?
* Ist mein Magen verkrampft oder entspannt?
* Was spüre ich in meiner Brust?
* Was spüre ich in meinem Hals, meiner Kehle?
* Ist mein Geist unruhig? Gehen mir viele Gedanken durch den Kopf?

Stufe 2: Konzentration auf Ihre Arme und Beine

Ihre Arme und Beine sind die am emotional neutralsten Teile Ihres Körpers. Wenn Sie unter Streß stehen, verharren sie sozusagen auf der Zuschauertribüne, während sich Angst, Zorn, Unruhe und Konflikte in Ihrem Kopf, Ihrer Kehle, Ihrer Brust, Ihrem Magen und Ihren Eingeweiden bekämpfen. Indem Sie Ihre Aufmerksamkeit auf Ihre Arme und Beine lenken, setzen Sie den Prozeß der Loslösung negativer Energien, die durch die Reaktion Ihres Körpers auf Streß und durch streßerzeugende Emotionen hervorgerufen werden, in Gang, und Sie werden langsam ruhiger.

* Klopfen Sie mit Ihren Händen ein paar Mal leicht auf jeden Arm und jedes Bein – klopfen Sie auf einer Seite hinauf und

auf der anderen hinunter; Ihr Empfindungsvermögen wird dadurch gesteigert.

Spüren Sie Ihre Arme und Beine jetzt. Versuchen Sie zu Anfang nur festzustellen, ob Sie sich ihrer grundsätzlich bewußt sind:

Spüren Sie, ob sie sich irgendwo leicht oder schwer anfühlen? Liegen Sie leicht auf dem Boden, wie zum Beispiel Holzstücke, die auf dem Wasser schwimmen? Oder fühlen Sie sich schwer an, als ob sie mit Wasser vollgesogen wären?

Stellen Sie fest, wie Sie Ihre Breite und Länge wahrnehmen. Fühlen Sie sich lang oder kurz, groß oder klein? Sind Sie in der Lage, die Größenunterschiede und Formen Ihrer Oberarmmuskeln, von der Schulter zum Ellbogen, vom Unterarm zum Handgelenk und zu den Händen zu spüren? Konzentrieren Sie sich auf Ihre Oberschenkel, Ihre Knie, Ihre Knöchel und Füße auf die gleiche Weise.

* Versuchen Sie bitte, noch intensiver zu fühlen. Wenn Sie das Innere der Arme spüren, fühlen Sie dann:

Ihre Knochen, Ihr Blut, Ihre Muskeln und Ihre Energie?

Irgendeine Art von Beschaffenheit und Ausmaß?

Irgendein Pulsieren oder Kribbeln?

* Konzentrieren Sie sich als nächstes auf Ihre Beine, und stellen Sie sich die entsprechenden Fragen.

* Versuchen Sie dann, Ihre geistige Aufmerksamkeit für Ihre Arme und Beine noch mehr zu erhöhen, indem Sie leise und langsam im Geist wiederholen:

»A-r-m-e, A-r-m-e, B-e-i-n-e, B-e-i-n-e.«

* Es spielt keine Rolle, ob Sie sich zuerst nur auf einen Arm und ein Bein und dann auf den anderen Arm und das andere Bein konzentrieren, oder ob Sie sich gleichzeitig auf beide Arme und beide Beine konzentrieren. Wichtig ist, daß Sie sich dabei wohl fühlen – verändern Sie die Übung so, wie Sie am besten mit ihr arbeiten können.

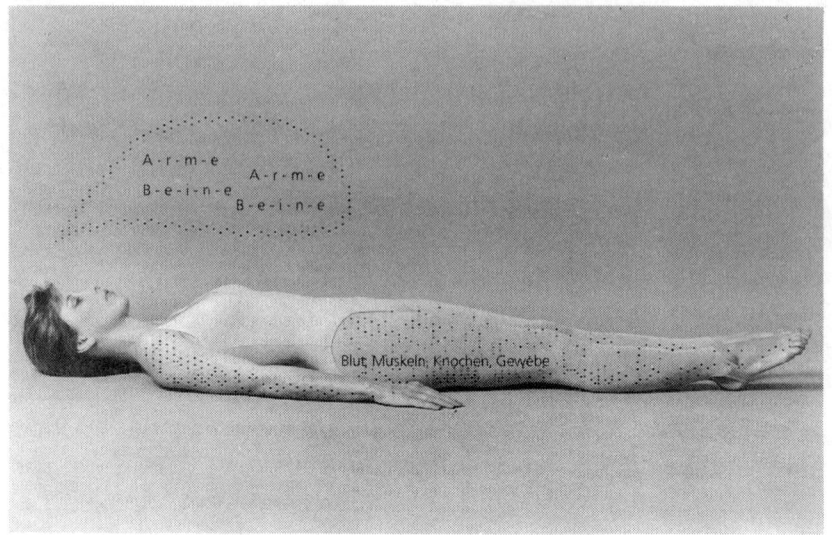

Abb. 2. Konzentration auf Ihre Arme und Beine

* Richten Sie sowohl Ihre geistige als auch Ihre körperliche Aufmerksamkeit einige Minuten lang auf Ihre Arme und Beine, während Sie mit geschlossenen Augen ruhig atmen.

Nehmen Sie sich soviel Zeit, wie Sie brauchen. Das Bewußtsein für Ihre Arme und Beine soll vorrangig vor allen anderen Körperempfindungen sein (siehe Abb. 2) – es ist ein Hauptteil der ganzen Technik.

Stufe 3: Anhalten des Atems

* Atmen Sie ganz normal ein, und atmen Sie dann ungefähr die Hälfte der Luft wieder aus. Versuchen Sie zu spüren, an welchem Punkt des Ausatmungsvorganges Sie sich am wohlsten fühlen.

* Halten Sie jetzt mit Ihren teilentleerten Lungen den Atem an, und zwar so lange, wie Sie sich dabei wohl fühlen.
* Atmen Sie dann die restliche Luft aus, und atmen Sie ganz normal weiter.

Wenn Sie das Gefühl hatten, nach Luft ringen zu müssen, haben Sie Ihren Atem höchstwahrscheinlich zu lange angehalten. Versuchen Sie nicht, einen Rekord im Luftanhalten aufzustellen. Führen Sie die Übung noch ein paarmal durch und versuchen Sie, die für Sie richtige Atemmenge und Dauer zu finden. Diese Atemtechnik wird Sie beruhigen, wenn Sie aufgebracht sind, und Energie freisetzen, wenn Sie verschlossen oder ausgelaugt sind.

Stufe 4: Zusammenführung der Stufen 1, 2 und 3

* Schließen Sie Ihre Augen, und führen Sie eine Geist-Körper-Bestandsaufnahme durch.
* Konzentrieren Sie sich sowohl geistig wie auch körperlich auf Ihre Arme und Beine, während Sie gleichzeitig mit halbentleerten Lungen Ihren Atem anhalten.
* Führen Sie diese Übung mindestens fünfmal hintereinander durch.

Stufe 5: Nachspüren

Führen Sie, wenn Sie die Stufen 1 bis 4 durchgeführt haben, noch einmal eine Bestandsaufnahme Ihrer Körperempfindungen durch. Fragen Sie sich:

* Wie fühle ich mich jetzt?
* Sind meine Arme und Beine schwerer oder leichter als zu Anfang der Übung?

* Ist mein Geist ruhiger, klarer?
* Haben sich meine Gefühle oder Empfindungen in meinen Eingeweiden, meinem Magen und meiner Brust verändert?

Vergleichen Sie die Bestandsaufnahme danach mit der Bestandsaufnahme, die Sie am Anfang durchgeführt haben. Sie werden dadurch möglicherweise zu der Erkenntnis kommen, daß Sie sogar noch mehr entspannen könnten. Führen Sie die vollständige Übung von Stufe 1 bis 5 noch einmal durch. Wenn Sie in der ersten Bestandsaufnahme Ihrer Körperempfindungen feststellen, daß Sie extrem nervös oder gestreßt sind, können Sie sich bis zu dreißigmal auf Ihre Gliedmaßen konzentrieren und Ihren Atem anhalten. Entscheiden Sie selbst. Sie sind Ihr eigener Körperdetektiv. Führen Sie die Übungen so oft durch, bis Sie vollständig entspannt sind.

Wenn Sie mit der Übung vertraut sind, können Sie sofort mit Stufe 4 beginnen und mit Stufe 5 abschließen.

Wenn Sie sich zu schwach und energielos fühlen, um danach Ihre gewohnte Tätigkeit wieder aufzunehmen, können Sie mit der folgenden kleinen Übung Energie aktivieren:

* Atmen Sie dreimal hintereinander kurz ein (kleine Atemzüge), und atmen Sie dann einmal lange und langsam wieder aus.
* Führen Sie diese Atemübung mehrere Male durch.
* Halten Sie inne, und machen Sie sich bewußt, wie Sie sich fühlen. Diese Atemübung wirkt energetisierend.

Wo und wann Sie die Entstressertechnik anwenden können

Die für die Durchführung dieser Übung beste Stellung ist, mit geschlossenen Augen flach auf dem Rücken zu liegen. Später werden Sie in der Lage sein, die gleiche Übung (mit offenen Augen) durchzuführen, während Sie Auto fahren, laufen, Essen kochen oder fernsehen – und dabei die gleichen guten Resultate zu erzielen.

Ich empfehle die Durchführung der Entstresserübung stündlich. Lassen Sie sich durch den Piepser Ihrer Armbanduhr erinnern, oder denken Sie sich selbst eine Erinnerungshilfe aus.

Wenn Sie sich daran gewöhnen, die Übungen regelmäßig in streßfreien Situationen durchzuführen, werden Sie feststellen, daß sie in Zeiten, in denen Sie darauf angewiesen sind, um so wirkungsvoller sind: beispielsweise vor einer wichtigen Rede, einem entscheidenden Treffen oder einem heiklen Vorstellungsgespräch.

Die Übungen der Entstressertechnik sollten allen anderen Übungen der Kenley-Methode stets vorausgehen. Beginnen Sie immer mit dieser Übung, bevor Sie zur Körperatmung oder zu den Körperlauten übergehen. Nichts wird Ihnen so sehr helfen, Ihre kommunikativen Fähigkeiten zu verbessern, wie die Erkenntnis, daß alles, was Sie tun, am besten gelingt, wenn Sie es aus einem Zustand der geistig-seelisch-körperlichen Entspannung heraus tun – ruhig, wachsam und bereit zu handeln.

Weitere Tips für den Streßabbau

Betrachten Sie diese Selbsterkenntnis als wohltuenden und angenehmen Weg, mit Ihrem Körper in Kontakt zu treten. Wenn Sie allerdings zu dem kopflastigen Teil der Menschheit gehören, können Sie ein vorübergehendes Gefühl des Unwohlseins verspüren, wenn Sie sich mehr Ihren Körperempfindungen zuwenden. Ihr Ziel sollte darin bestehen, Ihren Körper sowohl friedlich als auch lebendig zu erfahren, d.h., im Körper zu wohnen und zu ruhen. Sie werden dadurch schließlich in der Lage sein, durch Ihren *Körper* sich *selbst* zu spüren.

Da Sie diese Übung auch durchführen können, ohne daß Sie sich hinlegen und die Augen schließen, können Sie leicht entdecken, daß Sie die »Welt jederzeit anhalten« können, indem Sie sich in Ihren Körper versenken, um Ihren ständig aktiven Geist zu beruhigen. Ihr Körper wird dadurch Halt finden wie ein Schiff, das im Wasser verankert ist, und nicht in Gefahr sein, in geistige Verwirrung abzudriften. Sie werden, wenn Sie Ihre Arme und Beine im täglichen Leben immer bewußter empfinden, auch immer klarer erkennen, was Sie in jeder Stunde und Minute wirklich *tun,* und Sie werden auch wahrnehmen, wie Sie atmen, sprechen und fühlen.

Versuchen Sie, die Übung mit einer gewissen Neugierde für das, was Sie erleben werden, zu beginnen. Schließlich sind Sie nicht der gleiche Mensch, der Sie noch vor zwei Minuten oder vor einer Stunde waren. Dieses immer wieder neue Gefühl der Selbstentdeckung wird die Wirksamkeit dieser Technik enorm steigern.

Während Sie lernen, sich in und mit jedem Teil Ihres Körpers wohl zu fühlen, werden Sie instinktiv wissen, daß nichts verspannt und verkrampft sein sollte. Sie können, wenn Sie die Übungen mehrere Wochen lang durchgeführt haben, anfangen, Ihre Aufmerksamkeit und Konzentration auf den Teil Ihres Körpers zu lenken, der sich am meisten verspannt und unwohl fühlt. Wiederholen Sie, während Sie sich auf Ihre Arme und Beine konzentrieren und dabei Ihren Atem anhalten, leise mehrere Male:

»*A-r-m-e, B-e-i-n-e, N-a-c-k-e-n.*«

»A-r-m-e, B-e-i-n-e, R-ü-c-k-e-n.«

Lenken Sie Ihr Bewußtsein dorthin, wo es Ihnen am meisten helfen kann.

Nun werden Sie eine Entspannungsübung kennenlernen, die ganz besonders auf Ihre Schultern, Ihren Nacken, Ihr Kinn und Ihr Gesicht abgestimmt ist.

Auflösung Ihres Spannungsdreiecks

Der Abbau von Spannung in Ihrem Spannungsdreieck (siehe Abb. 3) dient dazu, die versteckten Spannungen in Schultern, Nacken und Kopf loszulassen, deren Abbau für die Entwicklung der Körperstimme notwendig ist.

Der Spannungsabbau erfolgt in vier Schritten:

* Freisetzen von Spannung
* Gähnen
* Entspannung Ihres Kiefers und Kinns
* Entkrampfung des Gesichts

Stufe 1: Freisetzen von Spannung

* Legen Sie sich bitte wieder flach auf den Rücken, ziehen Sie Ihre Knie an, wenn Sie mögen, und untersuchen Sie mit Ihren Händen und Fingern Ihren Schädel, Ihr Gesicht, Ihren Kiefer, Ihr Kinn, Ihren Hals und Ihre Schultern.
* Stellen Sie fest, welche Stellen verkrampfter und welche entspannter sind.
* Massieren Sie ganz behutsam die Stellen, die steif oder empfindlich sind.
* Nehmen Sie sich vor, behutsam und sanft vorzugehen und nichts zu erzwingen.

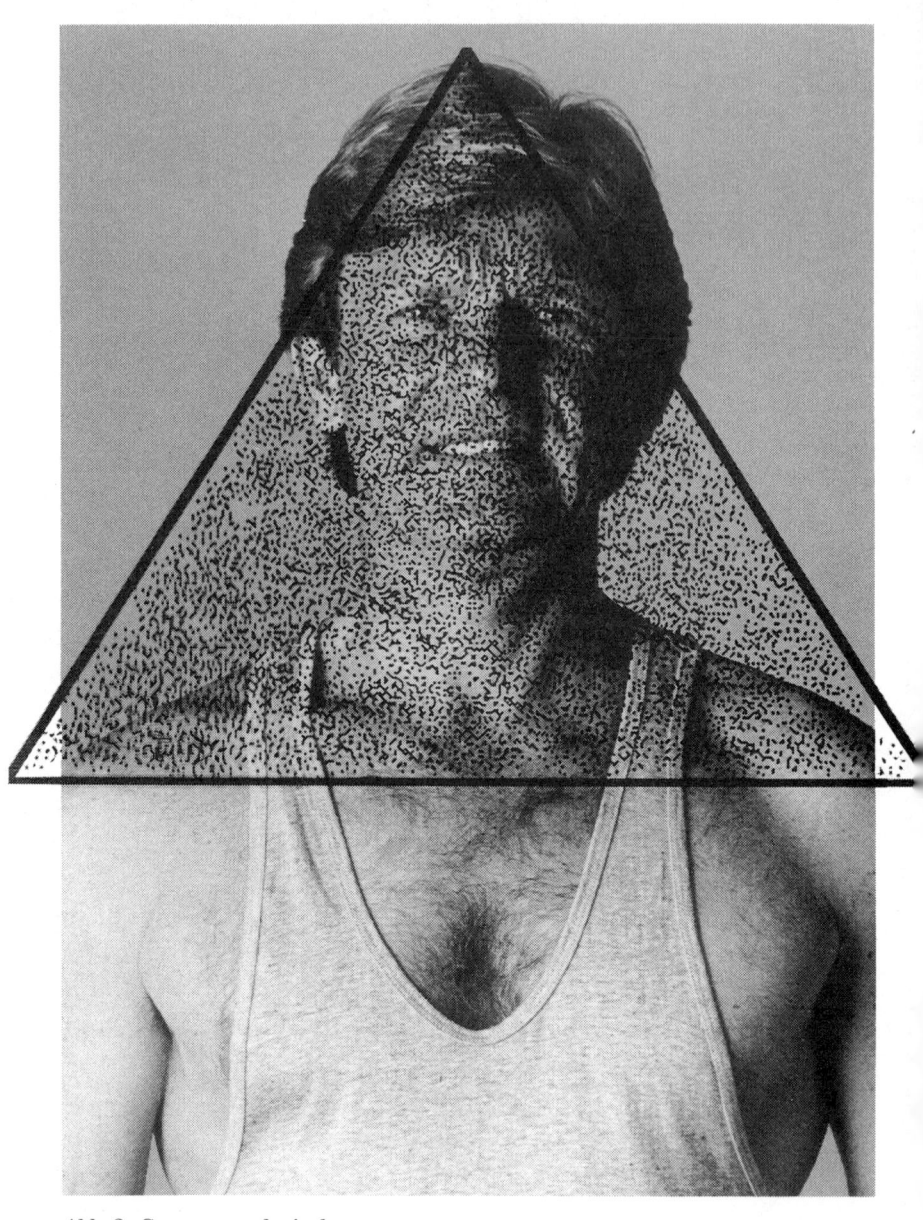

Abb. 3. Spannungsdreieck

238

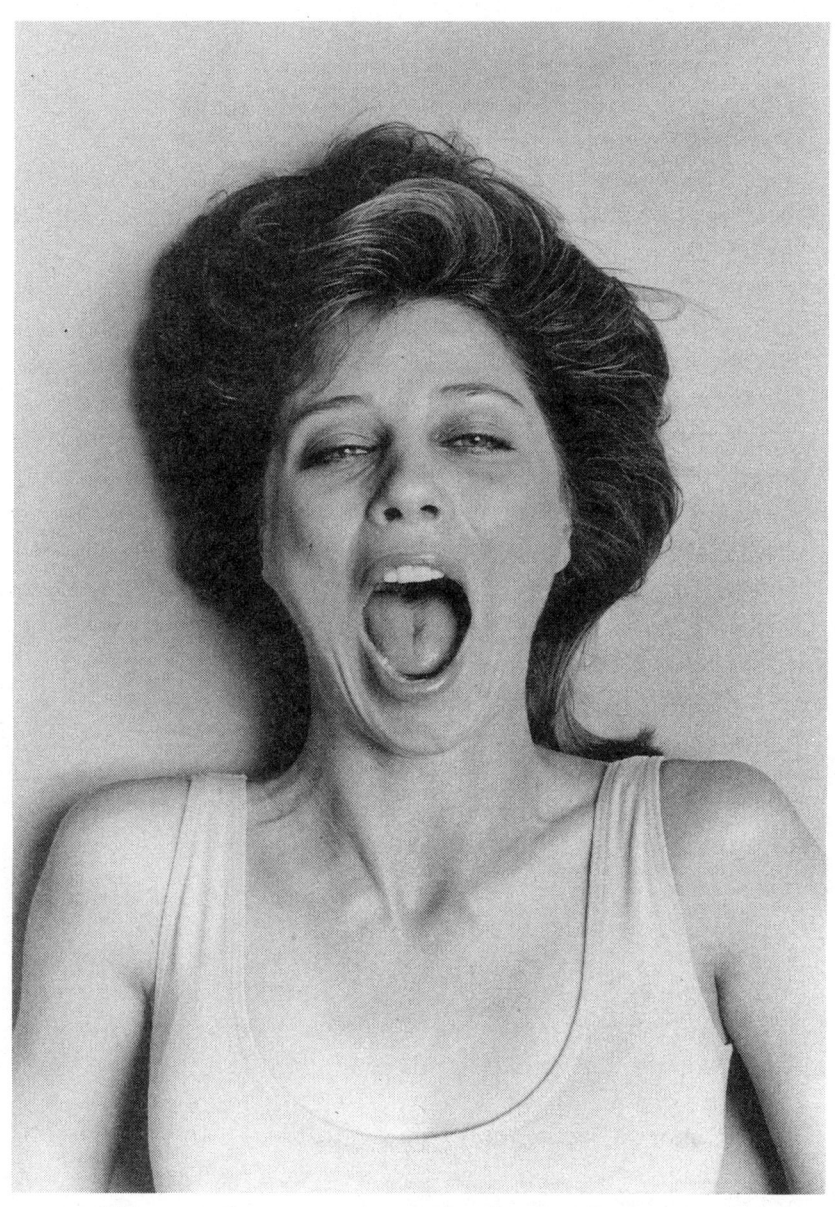

Abb. 4. Gähnen, um Ihre Kehle bzw. Ihren Rachenraum zu öffnen

Stufe 2 : Gähnen

* Gähnen Sie – ein großes, unhöfliches Gähnen.
* Spüren Sie, was in Ihrer Kehle geschieht?
* Ihre Stimmbänder sollten sich, wenn Sie am weitesten gähnen, breiter anfühlen, wie ein Fallschirm, der im Begriff ist, sich zu öffnen (siehe Abb. 4).
* Stellen Sie sich vor, daß Ihre Stimmbänder parallel und ganz locker sind, und versuchen Sie sich weiter vorzustellen, daß der Abstand zwischen ihnen so groß ist wie der Abstand zwischen Ihren Ohrläppchen.
* Versuchen Sie nicht, höflich und kontrolliert zu erscheinen, sondern versuchen Sie, Ihren Mund so weit wie möglich aufzureißen. Gähnen Sie immer dann, wenn Sie das Gefühl der geöffneten Kehle spüren wollen. Versuchen Sie, dieses Gefühl in Ihrem Gedächtnis zu speichern, um es jederzeit abrufen zu können.

Stufe 3 : Entspannung von Kiefer und Kinn

Ein verkrampfter Kiefer und ein verkrampftes Kinn führen zu einer eingeschnürt klingenden Stimme; es ist deshalb wichtig, Kiefer und Kinn vollkommen zu entspannen.

* Öffnen Sie Ihren Mund ganz leicht.
* Legen Sie Ihre Handinnenfläche behutsam auf Ihr Kinn. Die Wärme Ihrer Hand wird die Muskeln und das Gewebe weicher und nachgiebiger machen, so daß Ihr Kinn mit Ihrer Hand verschmilzt (nicht mit Ihrer Kehle). Wenn Sie die Übung richtig machen, werden Sie das Gefühl haben, hervorstehende obere Vorderzähne zu haben (siehe Abb. 5).
* Sie werden feststellen, daß die Entspannung Ihres Kinns und Kiefers zur Entspannung Ihres Nackens führt. Wenn Sie ir-

240

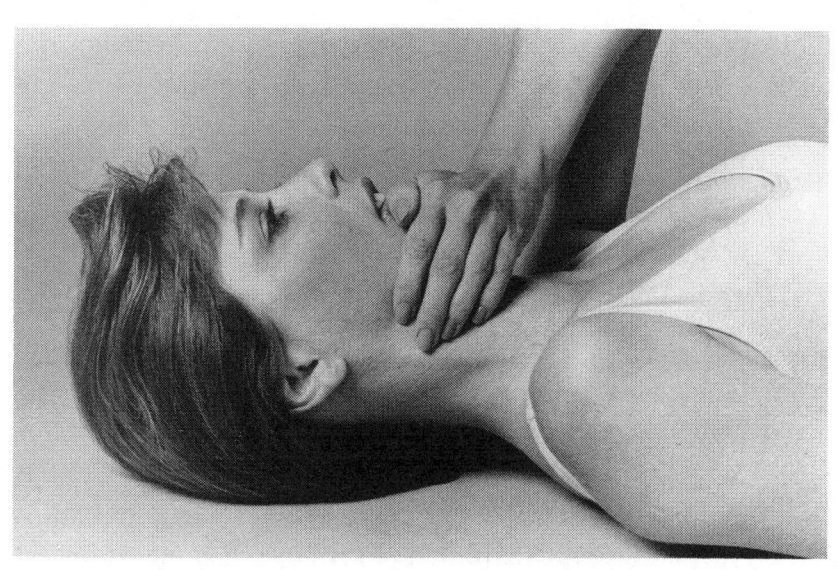

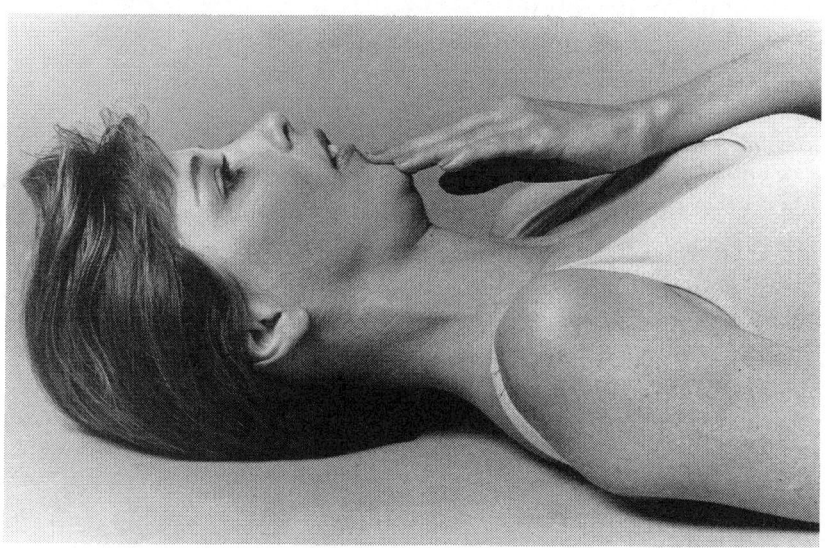

Abb. 5. Kiefer- und Kinnentspannung

gendeinen Druck auf Ihrer Kehle verspüren, bedeutet das, daß Sie Ihr Kinn heruntergezogen haben, anstatt es zu entspannen.

* Verweilen Sie in dieser Position, und versuchen Sie das Gefühl zurückzurufen, nachdem Sie die Hand entfernt haben.

Stufe 4: Entkrampfung des Gesichts

Wenn Sie ganz entspannt und locker sind, ist auch Ihr Gesicht völlig gelöst – wie ein weicher Teigklumpen – als ob all Ihre Gesichtsmuskeln zu Brei geworden wären (siehe Abb. 6).

* Legen Sie Ihre linke Hand ganz behutsam auf Ihre linke Wange und Ihre rechte Hand auf Ihre rechte Wange.
* Lassen Sie Ihr Gesicht unter Ihren warmen Händen schmelzen.
* Stellen Sie fest, ob Ihre Schultern, Ihr Nacken, Ihr Kiefer und Ihr Gesicht weicher und entspannter sind.

Sie sollten sich vornehmen, Experte zur Wahrnehmung Ihrer eigenen Verspannung zu werden. Versuchen Sie so zu fühlen, als wären Ihr Gesicht, Ihr Nacken, Ihre Schultern und Ihr ganzer Oberkörper aus Pudding.

Die Erspürung und Erfühlung Ihrer Schultern, Ihres Nackens, Ihres Kinns, Kiefers und Gesichts ist zwar Bestandteil dieser Technik, kann jedoch genausogut für sich selbst praktiziert werden, wann immer Sie sich im Laufe des Tages danach fühlen.

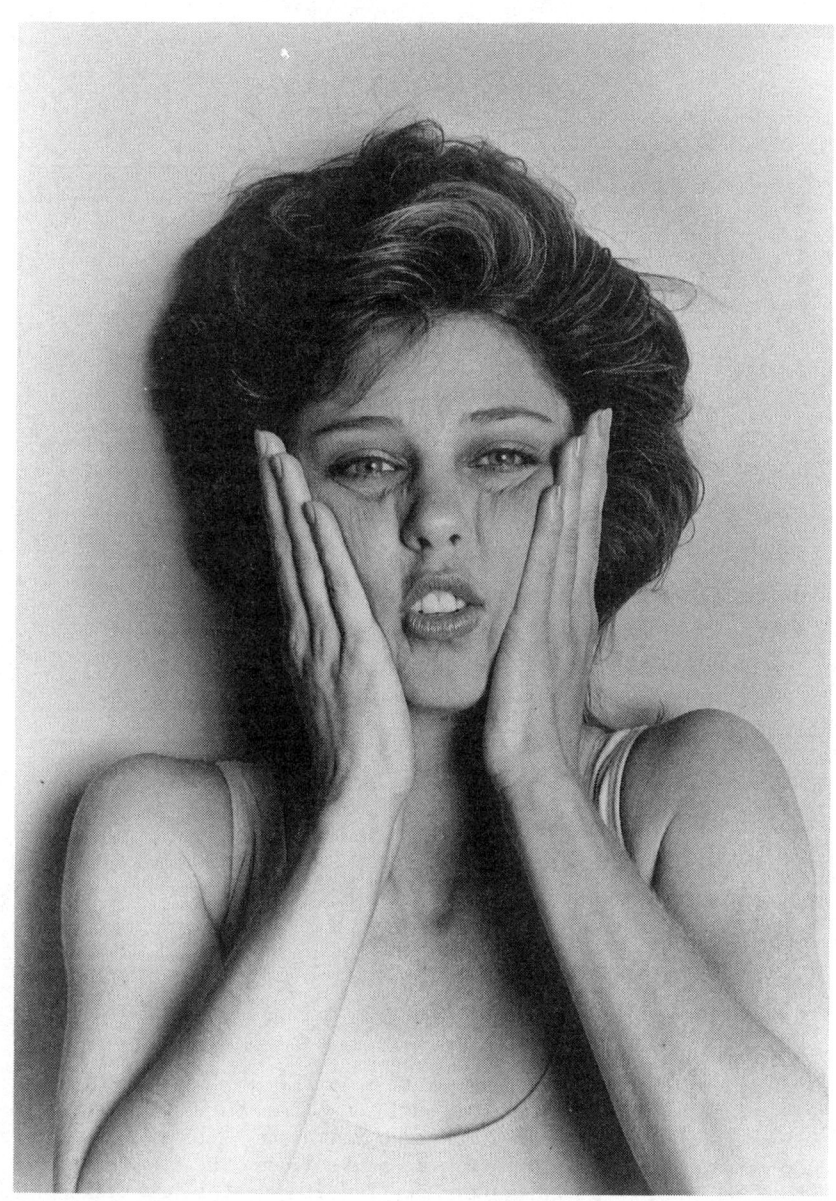

Abb. 6. Entkrampfung des Gesichts

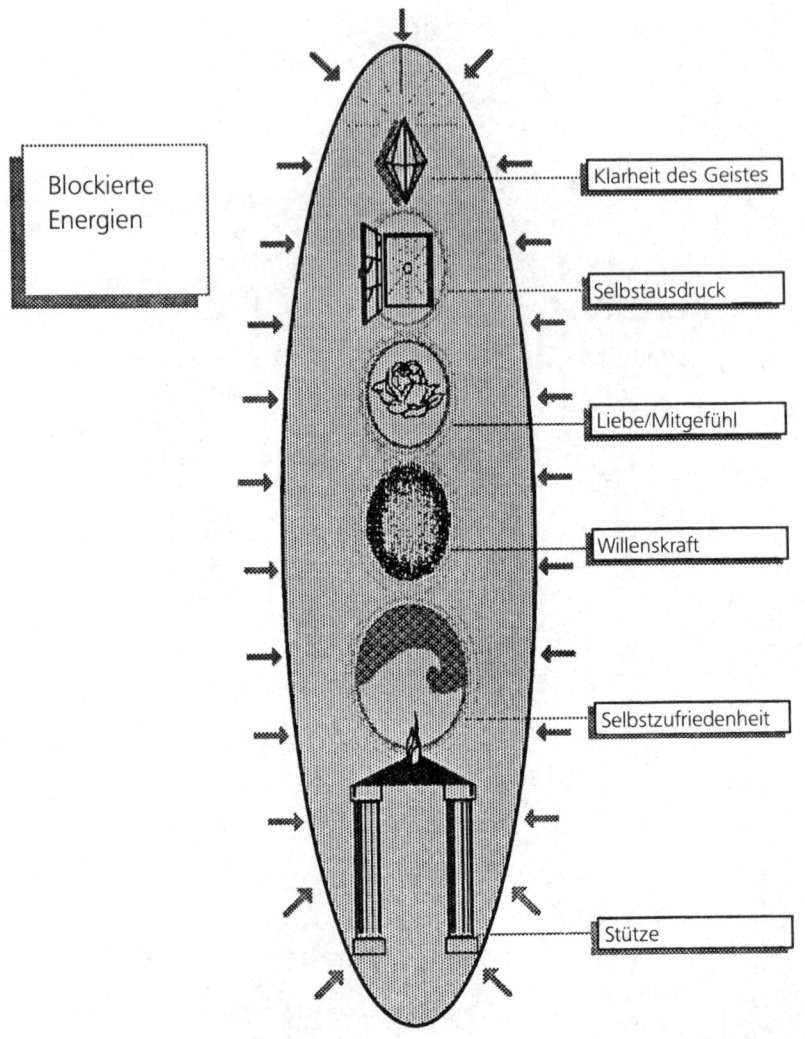

Blockierte
Energien

Klarheit des Geistes

Selbstausdruck

Liebe/Mitgefühl

Willenskraft

Selbstzufriedenheit

Stütze

Wichtige feinstoffliche Energien wirken im ganzen Körper und werden als emotionale Eigenschaften in Verbindung mit Ihren Beinen, Ihrem Unterleib, Ihrem Sonnengeflecht, Ihrem Herzen, Ihrer Kehle und Ihrem Geiste erlebt. Wenn Sie sich gestreßt oder einsam fühlen oder unsanft mit sich selbst umgehen, ziehen sich diese Energien zusammen, und als Folge davon wird Ihr geistiges und körperliches Wohlbefinden verringert.

244

Übungen zur Entspannung der Körperstimme – schnelle Nachschlagtafel

Die Entstressertechnik

* Legen oder setzen Sie sich bequem hin, und erspüren und fühlen Sie Ihren Körper und Ihren seelischen Zustand.
* Atmen Sie nur halb aus, und halten Sie dann Ihren Atem an, während Sie das Innere Ihrer Arme und Beine spüren; wiederholen Sie im Geiste mehrmals:
  »A-r-m-e, A-r-m-e, B-e-i-n-e, B-e-i-n-e.«
* Atmen Sie nun die restliche Luft aus, atmen Sie wieder ein und teilweise aus, und konzentrieren Sie sich wieder auf Ihre Arme und Beine.
* Wiederholen Sie diese Übung mindestens fünfmal – oder auch öfters, wenn Sie möchten.
* Überprüfen Sie im Geiste Ihren Körper und Ihren seelischen Zustand.

Abbau der Spannung im Spannungsdreieck

* Massieren Sie mit Ihren Fingern ganz behutsam Ihren Schädel, Ihr Gesicht, Ihren Kiefer, Ihren Nacken und Ihre Schultern.
* Gähnen Sie. Nehmen Sie wahr, wie Ihre Stimmbänder sich dehnen und entspannen. Versuchen Sie dieses Gähngefühl immer zu spüren.
* Öffnen Sie Ihren Mund ganz leicht. Legen Sie Ihre Handinnenfläche auf Ihr Kinn, um es zu den Ohren hin freizusetzen. Legen Sie Ihre Hände auf die Wangen, um Ihr Gesicht weicher zu machen. Ihr Gesicht soll vollständig gelöst aussehen.

9. Kapitel

Übungen zur Körperatmung

Um zu lernen, wie man mit dem ganzen Körper atmet, müssen Sie zuerst die Muskeln im untersten Teil Ihres Unterkörpers bestimmen, die, die Sie spüren, wenn Sie husten. Ich nenne sie zusammenfassend *Körperatmungsmuskulatur* bzw. den Körperatmungsmuskel. Bereiten Sie sich auf die Körperatmung mit der Entstresser- und den anderen Entspannungstechniken vor, (wie in Kapitel 8 beschrieben), um einen Zustand der Entspannung zu erreichen. Stellen Sie sich den ganzen oberen Teil Ihres Körpers – Gesicht, Nacken, Schultern und Oberkörper oberhalb Ihres Nabels – passiv vor: stellen Sie sich vor, daß dieser Teil *nichts tun* muß. Sie werden bald feststellen, daß Ihr Oberkörper Atem und Laut, die scheinbar Ihrem Unterkörper entstammen, *passiv empfängt* (siehe Abb. 7).

Die Muskelbewegung bei der Körperatmung

Schauen Sie sich Abbildung 8 an, während Sie die Anleitungen befolgen:

247

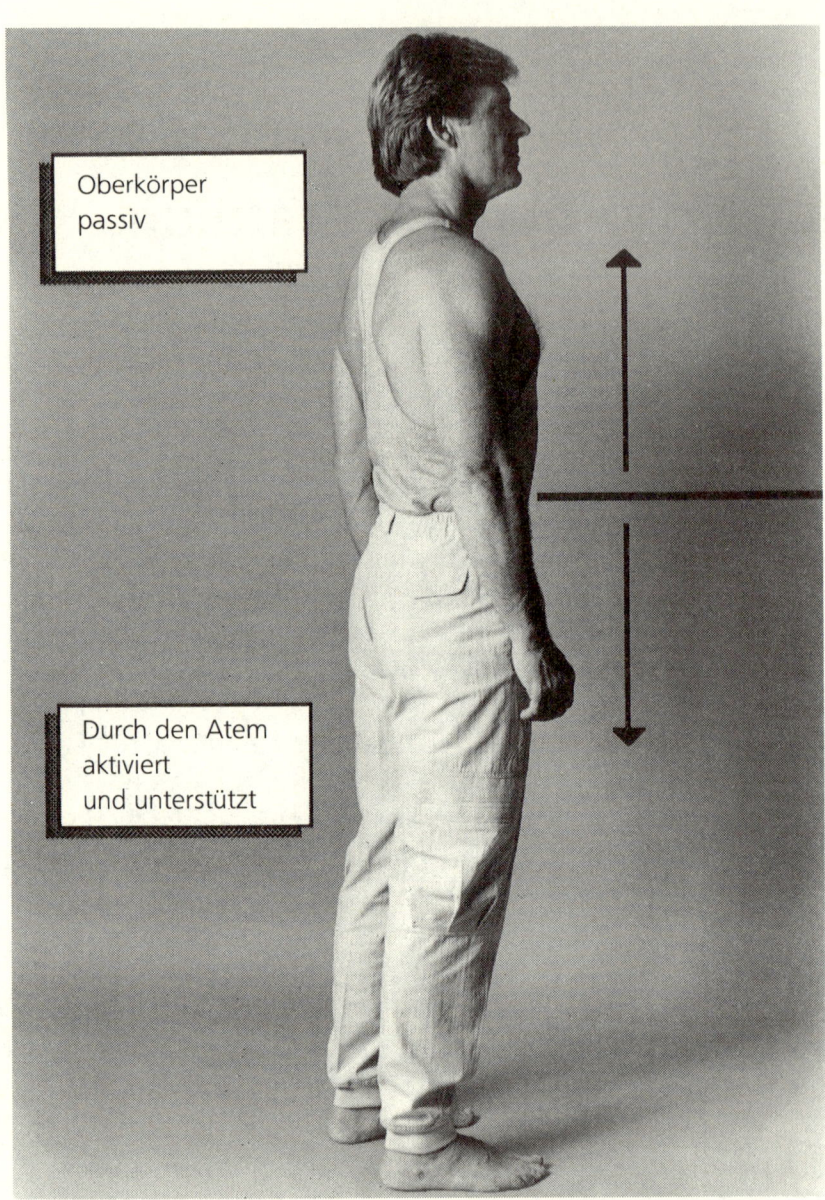

Abb. 7. *Körperstimmeatmung*

248

Abb. 8. Körperatmen

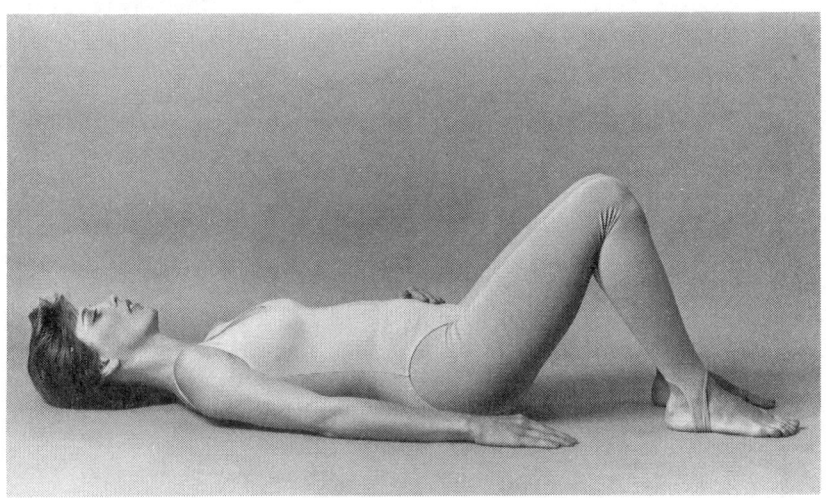

A. *Einatmen und dabei den Körperatmungsmuskel ausdehnen*

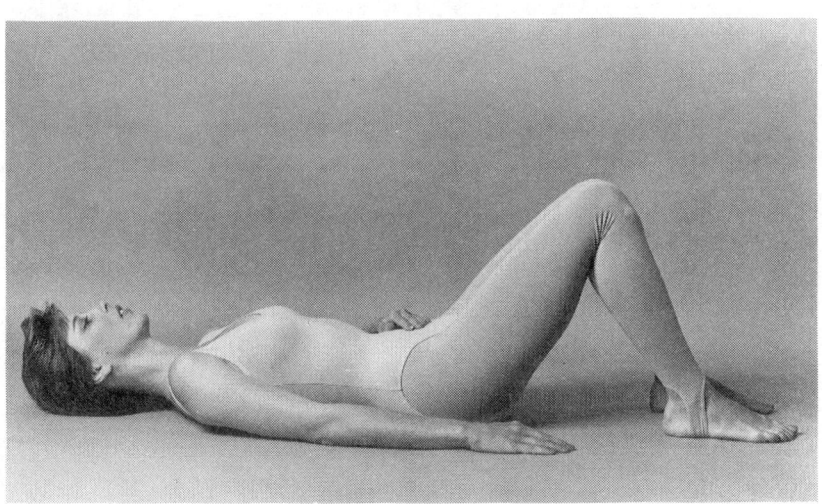

B. *Ausatmen und dabei den Körperatmungsmuskel senken*

249

* Legen Sie sich flach auf den Rücken, und legen Sie Ihre Hände auf Ihren Unterleib unterhalb Ihres Nabels.
* Husten Sie ganz leicht.
* Fühlen Sie mit Ihren Händen die Muskelbewegung.
* Heben Sie Ihren Körperatmungsmuskel mehrere Male an, und lassen Sie ihn wieder fallen, um ein Gespür dafür zu bekommen.

Wie man körperatmet

* Atmen Sie durch den Mund ein, und lassen Sie die Atemluft nach unten strömen und Ihren Unterleib – *unterhalb* Ihres Nabels – anheben.
* Begleiten Sie in Gedanken den Luftstrom bis zum unteren Ende Ihres Körpers.
* Bemühen Sie sich nicht, den mittleren Teil Ihres Körpers, dort, wo das Zwerchfell sitzt, anzuheben – es wird ganz von selbst auf die Muskelbewegung der Körperatmung mit Ausdehnung reagieren.
* Ihr Brustkorb sollte sich bei der Einatmung nur in sehr geringem Maße ausdehnen.
* Atmen Sie nun ganz langsam aus, wobei Sie Ihren Körperatmungsmuskel zur Wirbelsäule hin hinunterfallen lassen, während Sie die Luft nach oben und aus Ihrem Körper herauspressen.
* Atmen Sie auf diese Weise fünfmal ein und aus; stellen Sie fest, wie es sich anfühlt.

Obwohl viele Menschen den Einatmungsvorgang für wichtiger halten als den Ausatmungsvorgang, bitte ich Sie, den Ausatmungsvorgang als ebenso wichtig zu erachten. Visualisieren

250

Sie den Atem, der in Ihren Unterleib eingesogen wird und der dann ruhig durch Ihren Rumpf und durch die gähnende, entspannte Kehle und Ihren leicht geöffneten Mund wieder entströmt.

Atmen Sie während dieser Übungen und immer dann, wenn von dieser Methode die Rede ist, nur durch den Mund ein. Wenn Sie nicht sprechen, ist die Atmung durch die Nase vorzuziehen, wobei Sie Ihren Körperatmungsmuskel genau so einsetzen.

Richten Sie jetzt bitte Ihren Oberkörper ganz *langsam* auf (wenn Sie nicht an diese tiefe Atmung gewöhnt sind, kann sie unter Umständen zu Schwindelgefühlen führen), und versuchen Sie die Körperatmung im Sitzen zu praktizieren.

* Husten Sie bitte wieder ganz leicht, um auf diese Weise zu ermitteln, wo sich Ihr Körperatmungsmuskel befindet.
* Atmen Sie behutsam aus Ihrem Unterleib heraus.
* Legen Sie eine Hand auf Ihre Brust, und stellen Sie fest, ob sich Ihre Brust beim Ausatmen merklich senkt. Genau das sollte nicht der Fall sein. Ihr Oberkörper sollte zwar nicht steif sein, aber auf nachgiebige Art gefestigt, während Sie in der gleichen Weise körperatmen wie zuvor im Liegen.
* Atmen Sie auf diese Weise fünfmal ein und aus.
* Versuchen Sie anschließend, die Körperatmung im Stehen zu praktizieren.

Wenn Sie irgendwelche Schwierigkeiten haben, die Körperatmung im Sitzen oder im Stehen zu praktizieren, versuchen Sie es noch einmal im Liegen. Manchmal ist es leichter, diese Übung im Liegen zu machen.

Das Wann und Wo der Körperatmung

Sie sollten versuchen *immer* und überall auf diese Weise zu atmen. Weil jedoch in der Regel niemand über seine Atmung groß nachdenkt, ist es fast unmöglich, diese Aufgabe ohne Hilfe zu bewältigen.

Ich schlage vor, Sie kleben sich überall dorthin Zettel oder andere Erinnerungshilfen, wo Sie sie im Laufe des Tages nicht übersehen können, und zwar sowohl an Ihrem Arbeitsplatz als auch zu Hause. Farbige selbstklebende Punkte oder Haftnotizen leisten hier ausgezeichnete Dienste. Sie können Sie auf Ihr Telefon, Ihren Kühlschrank, Ihr Scheckheft, Ihre Autotür, Ihr Lenkrad, Ihren Badezimmerspiegel oder an jeder anderen Stelle befestigen, die Sie ganz sicher nicht übersehen können. Diejenigen, die ihre Umgebung mit Erinnerungsstützen überschwemmen, erlernen in der Regel die Körperatmung sehr viel schneller als diejenigen, die sich diese Hilfe nicht zunutze machen.

Solange Sie erst lernen, beim Atmen die Muskeln des Unterleibs zu gebrauchen, können Sie deren Bewegung während der Übung übertreiben, um so schneller ein besseres Gefühl dafür zu bekommen. Während des Tages und während des Körpersprechens ist allerdings eine kleinere Bewegung angebrachter.

Durch die Übung wird das *Gefühl* für die Körperatmung zu einem Teil Ihres Körperbewußtseins werden. Je mehr Sie sich der Körperatmung und Ihrer neu erwachenden Körperenergie bewußt werden, desto einfacher wird es für Sie sein, Ihre Körperstimme zu entwickeln. An dieser Stelle bleibt es ganz Ihnen überlassen, ob Sie die nächsten Tage nur die Atmung üben oder ob Sie bereits zu den Körperlauten übergehen wollen.

Übungen für die Körperatmung – schnelle Nachschlagetafel

* Husten Sie auf dem Rücken liegend, um den Körperatmungsmuskel zu bestimmen, der in Ihrem Unterleib unterhalb Ihres Nabels liegt.
* Atmen Sie tief durch den Mund ein, wobei die Atemluft den Körperatmungsmuskel von Ihrer Wirbelsäule abhebt.
* Lassen Sie die Atemluft dann durch Ihren Körper und durch die gähnende Kehle und den leicht geöffneten Mund entweichen.
* Während Sie ausatmen, bewegt sich Ihr Körperatmungsmuskel zur Wirbelsäule hin.
* Versuchen Sie die Körperatmung im Sitzen und dann im Stehen zu praktizieren.
* Vergessen Sie nicht, Ihre Erinnerungsnotizen überall zu befestigen, damit Sie die Körperatmung während des ganzen Tages üben.

10. Kapitel

Erzeugung von Körperlauten

Nachdem Sie jetzt gelernt haben, wie Sie Ihren Körper entspannen können und wie Sie aus Ihrem Unterleib heraus atmen können, sind Sie in der Lage zu lernen, wie Sie Körperlaute von sich geben können, die scheinbar aus Ihrem Unterleib stammen. Durch die Übungen in diesem Kapitel lernen Sie, wie Sie Ihrer Stimme einen kraftvoll tönenden Klang verleihen können.

Sie werden dies in drei Schritten lernen:

* Den hechelnden Körperlaut **UH**
* Erzeugung von **UH** + **OH**, **AH** und **EH**
* Vom Hechellaut zum Einzellaut

Der hechelnde Körperlaut UH

Legen Sie sich zuerst wieder mit dem Rücken auf den Boden oder auf ein festes Bett, ziehen Sie die Beine an, und beginnen Sie mit den Entspannungsübungen für die Körperstimme und den Übungen für die Körperatmung, wenn Sie es nicht schon getan haben.

Abb. 9. Vorbereitung für den Laut – richtige Mundstellung

256

Vorbereitung für die Körperlaute

* Stecken Sie Ihren kleinen Finger auf einer Seite Ihres Mundes zwischen die Zähne, ohne daß Sie sich dabei auf den kleinen Finger beißen, um damit den optimalen Abstand zwischen Ihren Lippen und Ihren Zähnen für Ihre Körperlaute zu schaffen (siehe Abb. 9).

* In dieser Stellung wird Ihre Hand auf Ihrer Wange liegen, wobei Ihre anderen Finger oder die Kante Ihrer Hand sich immer noch vergewissern kann, ob Ihr Kinn locker und entspannt ist.

* Wenn Ihr Mund diese Stellung, nachdem Sie den Finger aus dem Mund genommen haben, nicht beibehalten will, lassen Sie Ihren Finger im Mund, wenn Sie mit den Lautübungen anfangen.

* Bitte beachten Sie, daß herausströmender Atem und Laut genügend Raum haben müssen; Ihr kleiner Finger sollte sich aus diesem Grund keinesfalls in der Mitte des Mundes befinden.

Der erste Versuch, Körperlaute hervorzubringen

* Achten Sie darauf, daß Ihr Gesicht und sogar Ihre Augen schlaff und entspannt sind. Sie sollten das Gähngefühl verspüren, und Ihr Kinn sollte ganz locker sein. Rufen Sie sich diese Vorgaben im Laufe der Übung immer wieder ins Gedächtnis zurück.

* Der erste Laut, den Sie von sich geben sollen, ist ein ganz simples Hecheln oder das, was ich Körperlaut nenne. Gebrauchen Sie auf keinen Fall Ihre Kehle, um den Laut von sich zu geben. Es ist ein Laut, wie Sie ihn erzeugen, nachdem Sie eine kurze Strecke gerannt sind – ein weiches, keuchendes **UH**, das sich primitiv und tierähnlich anhört (siehe Abb. 10).

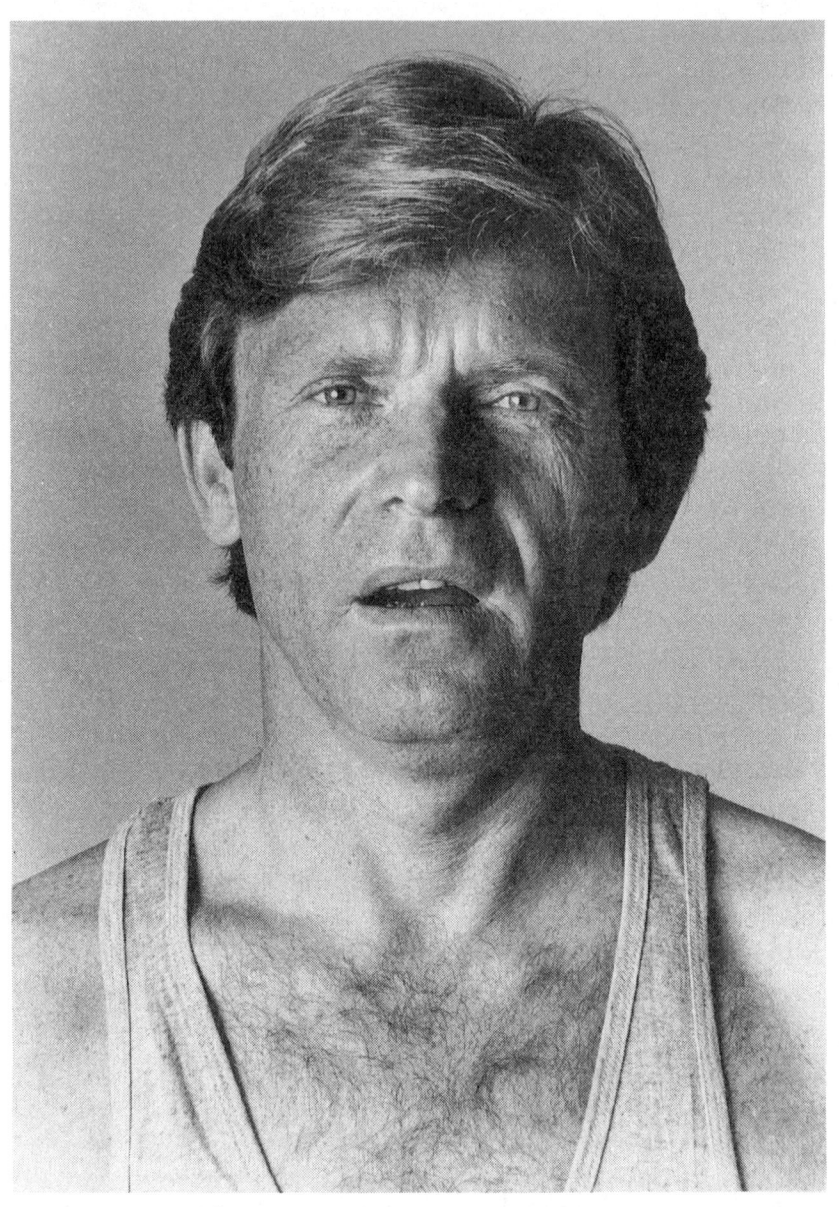

Abb. 10. Den Körperlaut **UH** *hecheln*

258

* Ihre Zunge sollte flach sein und sich mit der Spitze leicht zu den unteren Vorderzähnen hin wölben.
* Der Einatmungsvorgang kann hörbar oder leise erfolgen, wenn Sie den Atem in die offene Kehle hinein einatmen.
* Atmen Sie mit einem tiefen, fast stöhnenden Laut aus.
* Der Atemrhythmus sollte gleichbleibend sein, d.h., Sie sollten etwa eine Sekunde lang einatmen und genau so lange ausatmen.
* Die sanfte Bewegung des Körperatmungsmuskels, die durch die Körperatmung hervorgerufen wird, verstärkt Ihren Atem und Ihren Laut.
* Drei- oder viermal hecheln, danach schlucken, um die Kehle anzufeuchten, und dann den ganzen Vorgang in diesem Rhythmus mehrere Male wiederholen.

Übungshilfen für die hechelnden Körperlaute UH

Sollte Ihre Kehle austrocknen, ist es ratsam, häufiger zu schlukken und zwischendurch etwas Wasser zu trinken. Sollte Ihre Kehle schmerzen oder heiser werden, während Sie die Hechel- bzw. Keuchlaute von sich geben, können Sie sie durch ein Gähnen entspannen. Jedes rauhe oder heisere Gefühl in der Kehle wird in der Regel durch eine Verspannung in Ihrer Kehle erzeugt oder dadurch, daß Sie sich zur Stützung des Lautes anstatt auf Ihren Körperatmungsmuskel auf Ihre Kehle verlassen.

Sie werden vielleicht schwindlig werden, wenn Sie zu oft hecheln, ohne zwischendurch Pausen einzulegen, und zwar deshalb, weil Sie in kurzer Zeit mehr Sauerstoff einatmen, als Sie es gewohnt sind. Sollten Sie sich tatsächlich benommen fühlen, hören Sie einfach so lange auf zu hecheln, bis dieses

Gefühl wieder verflogen ist, und machen Sie dann etwas langsamer weiter.

Sie werden feststellen, daß der Laut, den Sie von sich geben, Ihre Kehle in keiner Weise beansprucht. Ihr Hals sollte sich sowohl innen wie außen weit und weich anfühlen. Stellen Sie sich vor, daß Ihr Laut aus dem untersten Teil Ihres Rumpfes aufsteigt, wobei Ihr Körperatmungsmuskel diesen Laut durch Ihren Körper nach oben pumpt.

Stellen Sie sich vor, daß Ihre Kehle und Ihr Hals nur da sind, um den Laut, den Ihr Körperatmungsmuskel durch den Körper pumpt, *aufzunehmen*. Sie verhalten sich passiv, während Ihr Körperatmungsmuskel Ihre Einatmung und Ausatmung sanft aktiviert. Während des Atemvorganges sollte sich Ihr Gesicht sehr, sehr weich anfühlen; wie warmer Teig.

Wenn Sie im Ein-Sekunden-Ausatmungs- und Einatmungstakt ungefähr drei- bis viermal hecheln, werden Ihr Verstand und Ihre Kehle keine Zeit zwischen Einatmen und Ausatmen haben, um zu den alten Lauterzeugungsmustern zurückzukehren. Das hechelnde **UH** sollte sehr viel tiefer sein als das, was Sie normalerweise als Ihre Sprechstimme ansehen.

Ihr Körperlaut sollte sich so anfühlen, als käme er aus dem untersten Teil Ihres Rumpfes, wobei er gleichzeitig Schwingungen in die Brust schickt. Auch Ihre Kehle vibriert sehr viel sanfter. Wenn Sie Ihre Laute richtig gemacht haben, wird auch Ihre Stimme nicht brechen. Laut und Klang ist Schwingung. Und wenn Ihre Stimme bricht, ist die Schwingung unterbrochen wie durch eine Klemme. Genau das passiert nicht, wenn Sie entspannt sind und Ihre Kehle unbeteiligt bleibt.

Vielleicht verstehen Sie den Unterschied zwischen einem Kehllaut und einem Körperlaut besser, wenn Sie absichtlich einen Kehllaut *erzeugen*. Spannen Sie deshalb Ihre Stimmbänder und Halsmuskeln an und sagen Sie »äh« in der mittleren Tonlage. Dabei sollten Sie klingen wie eine Krähe. Spüren und

Abb. 11. Der Eh-Laut

hören Sie, wie sehr sich dieser Laut von dem Keuchen unterscheidet? (Siehe Abb. 11.)

Wenn Ihr Laut immer noch in Ihrer Kehle steckt, klopfen Sie, während Sie Ihren **UH**-Körperlaut von sich geben, mit Ihrer Faust leicht auf Ihr Brustbein. Ihre Laute sollten dadurch einem Indianergesang gleichen.

Wenn Sie möchten, können Sie mehrere Tage lang nur den **UH**-Laut üben, bis Ihre Körperempfindungen mit denen, die ich bereits beschrieben habe, übereinstimmen, und erst dann sollten Sie versuchen, die **OH**-, **AH**- und **EH**-Körperlaute zu erzeugen.

Die Erzeugung der Körperlaute UH + OH, AH und EH

Durch die Erweiterung Ihrer Hechelerfahrung mit mehreren Lauten werden Sie dem Körpersprechen sehr viel näher kommen.

Vorbereitung

* Praktizieren Sie die Körperatmung, indem Sie Ihren Körperatmungsmuskel gebrauchen. Ihr Kinn ist immer noch locker, und Ihr kleiner Finger steckt noch zwischen Ihren Zähnen, wenn Ihr Mund ohne diese Hilfe nicht offen bleibt. Ihre Kehle spürt das Gähnen. Ihre Zunge ist leicht gewölbt, während Sie den Laut von sich geben.
* Fangen Sie mit einigen gekeuchten **UH**s an, um sich selbst einzustimmen. Denken Sie daran, daß es darauf ankommt, daß Ihr Gesicht entspannt und gelöst, Ihr Mund leicht geöffnet ist und Ihre Kehle und Ihr Hals entspannt sind.

262

* Ihre Mundstellung und ihr Gesichtsausdruck sollten sich, wenn Sie vom **UH** zum **OH** wechseln, nicht verändern; denken Sie einfach **OH**, visualisieren sie ein »O«. Das **OH** sollte sich genau so wie das **UH** *anfühlen*.

Das OH

* Versuchen Sie drei- oder viermal **OH** zu hecheln, genau so, wie Sie zuvor das **UH** gehechelt haben. Beobachten Sie sich im Spiegel, und stellen Sie fest, ob Ihr Gesichtsausdruck sich ändert, während Sie vom **UH** zum **OH** überwechseln. Versuchen Sie, das **OH** nicht mit Ihrem Mund zu bilden.
* Möglicherweise hilft es Ihnen, wenn Sie sich vorstellen, daß Sie diese Laute von Ihrem Unterleib in Ihren Brustkorb schicken, der dadurch mitschwingt. Wenn Sie Ihre Hand auf Ihren Brustkorb legen, sollten Sie in der Lage sein, die Schwingungen aller Laute zu spüren. Es ist hilfreich, wenn Sie sich vorstellen, daß sich Ihr Mund im Brustkorb befindet, und zwar ungefähr zehn Zentimeter unterhalb der Vertiefung zwischen Ihren Schlüsselbeinknochen.
* Keuchen Sie so viele **OH**s wie Sie brauchen, um sich so zu fühlen, wie Sie sich während der **UH**-Körperlaute gefühlt haben. Tief, voll und fest. Versuchen Sie bitte nicht, das Klangvolumen zu vergrößern, d. h. lauter zu werden. Versuchen Sie jetzt, die ganze Übung fünf- bis zehnmal zu wiederholen.

Der Übergang zum AH

* Experimentieren Sie mit dem **AH**-Laut.
* Verändern Sie dabei weder Ihren Gesichtsausdruck noch Ihre Lippen- oder Zungenstellung.

Abb. 12. Mundstellungen für die Körperlaut-Übungen

 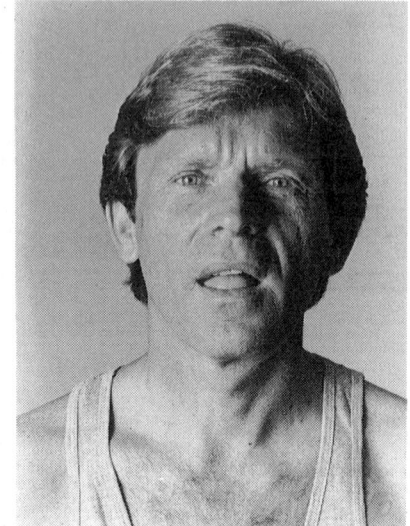

A. Mundstellung für **UH, OH** *und* **AH**   *B. Mundstellung für* **EH**

* Denken Sie einfach **AH**; atmen Sie jetzt lautlos oder hörbar ein, und atmen Sie dann ein **AH** aus.
* Wiederholen Sie das AH so lange, bis Sie ein Gefühl für diesen Körperlaut haben.

EH ist geringfügig anders

* Ihre Zunge ist flach und ein klein wenig gewölbt, wenn Sie die **UH**-, **OH**- und **AH**-Laute machen, beim **EH** allerdings geht die Zunge in der Mitte ein klein wenig nach oben, und die Zungenspitze drückt ganz leicht gegen die unteren Vorderzähne (siehe Abb. 12).

264

* Erinnern Sie sich daran, wie die Gangster in manchen Filmen klingen? »E, Mann, eh« Ein einziges Mal wollen Sie genauso klingen – ein wenig grob und hart.

Vom Hechellaut zum Einzellaut

Der letzte Schritt in dieser Übungsfolge besteht darin, anstelle der Hechellaute klingendere Laute hervorzubringen.

Einzelne Körperlaute

* Atmen Sie nun *leise* durch die geöffnete Kehle ein, und atmen Sie dann anstatt wie bisher drei oder vier kurze Laute, einen einzigen **UH**-Laut eine Sekunde lang aus.
* Der Laut sollte jetzt klangvoller sein als die gehechelten Körperlaute und etwas mehr durch die Kraft Ihres Körperatmungsmuskels gestützt werden (siehe Abb. 13).
* Versuchen Sie mehrere einzelne **UH**-Laute hervorzubringen, wobei Sie für jeden **UH**-Laut einatmen.
* Versuchen Sie im Anschluß daran eine Reihe von einzelnen **OH**-, dann **AH**- und **EH**-Lauten hervorzubringen.

Hinweise für das Üben von Körperlauten

Wenn Sie allmählich von den Hechellauten zu den einzelnen Lauten übergehen, sind Sie vielleicht versucht, die Bewegung des Körperatmungsmuskels zu übertreiben. Obwohl Ihre Körperlaute klangvoller sein und von Ihrem Atem stärker unterstützt werden sollen, wäre es ein Fehler anzunehmen, daß dies eine große Atembewegung erfordert. Tatsächlich sollte die Be-

Abb. 13. Körperatmungsbewegung

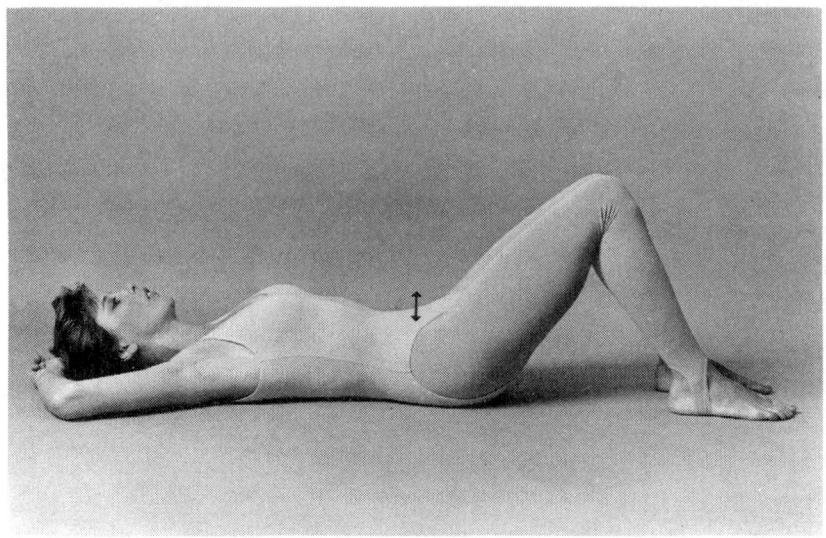

A. Körperatmungsbewegung für den leisen Laut

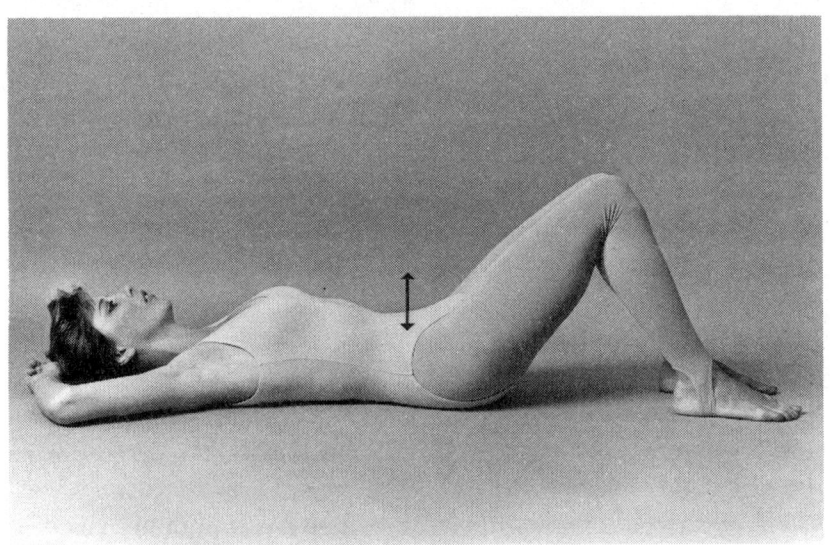

B. Körperatmungsbewegung für den lauteren Laut

266

wegung Ihres Körperatmungsmuskels immer noch relativ klein sein.

Stellen Sie sich das Gleichgewicht zwischen Ihrer Atembewegung und Ihren Körperlauten wie eine Wippe vor. Einen gleichmäßigen Rhythmus zwischen »Luft einatmen« und »Laut ausatmen« zu erhalten gleicht zwei ungefähr gleich schweren Menschen, die auf einer Wippe auf- und abwippen. Eine große Bewegung des Körperatmungsmuskels käme einem schweren Erwachsenen an einem Ende der Wippe gleich, auf deren anderem Ende ein kleines Kind sitzt. Dies würde höchstwahrscheinlich Ihren Atemrhythmus stören und Sie daran hindern, einen entspannten, klangvollen Laut von sich zu geben.

Ich schlage vor, Sie üben diese Körperlaute solange, bis Sie sich völlig sicher fühlen, bevor Sie zur nächsten Stufe übergehen. Sie werden kaum mehr als ein paar Tage oder höchstens eine Woche brauchen, um mit den Grundtechniken vertraut zu werden. Es kann allerdings mehrere Monate in Anspruch nehmen, bis Sie sich Ihres Körpers, Ihrer gefühlsmäßigen Veranlagung und Ihres Streßniveaus voll bewußt sind. Das Erlernen der Körperatmung und der Körperlaute sollte jedoch überhaupt nicht lange dauern. Wenn Sie weiterhin mit diesen Übungen arbeiten, werden sie Ihnen bald in Fleisch und Blut übergehen.

Seien Sie bitte geduldig mit sich selbst. Sie brauchen *Zeit,* um Ihre neuen Erfahrungen zu verarbeiten.

Körperlautübungen – schnelle Nachschlagetafel

* Atmen Sie ganz behutsam mit Ihrem Körperatmungsmuskel ein und machen Sie dabei, sofern Ihnen das gelingt, einen hörbaren **UH**-Laut (wenn nicht, atmen Sie leise ein). Atmen Sie mit einem tiefen **UH**-Körperlaut aus. Hecheln Sie drei-

oder viermal flach, und ruhen Sie sich dann aus. Ihr Mund sollte leicht geöffnet sein, Ihr Gesicht gelöst und locker, Ihre Zunge leicht gewölbt und Ihre Kehle weit.

* Stellen Sie sich vor, daß Ihr Körperlaut vom untersten Punkt Ihres Rumpfes aufsteigt und aus Ihrer Brust hervordringt, als ob Ihr Mund sich dort befände. Prüfen Sie, während Sie den Körperlaut erzeugen, mit der Hand die Schwingung in Ihrer Brust.

* Gehen Sie nun zum **OH**-Laut über, ohne daß Sie dabei den Gesichtsausdruck oder Ihren Körper verändern. Üben Sie das **OH** in der gleichen Weise, wie Sie das **UH** geübt haben. Üben Sie anschließend mit dem **AH**-Laut. Wenn Sie schließlich zum **EH** übergehen, achten Sie darauf, daß Sie Ihre Zunge in der Mitte etwas nach oben drücken. Erzeugen Sie nun abwechselnd **OH**-, **AH**- und **EH**-Laute, und folgen Sie dabei der vorher beschriebenen Hechelübung.

* Atmen Sie leise ein, und atmen Sie anschließend einen einzigen, klangvolleren **UH**-, **OH**-, **AH**- und **EH**-Laut aus, wobei Sie etwa eine Sekunde lang einatmen und eine Sekunde lang den Körperlaut ausatmen.

Ich möchte Sie hier mit einigen weiteren Übungen bekannt machen, die zur Entspannung Ihrer Kehle und Ihres Brustkorbes dienen, Sie erweitern außerdem Ihre Erfahrung mit Ihrer Körperstimme. Wiederholen Sie jede Übung mehrere Male.

* Spannen Sie Ihre Stimmbänder so sehr an, wie Sie können, ohne dabei einen Laut hervorzubringen, und lassen Sie dann wieder locker. Wiederholen Sie dies mehrere Male. Gähnen Sie anschließend.

* Klopfen Sie mit Ihrer Faust leicht auf das Brustbein unterhalb Ihres Schlüsselbeins, während Sie den **UH**-Körperlaut erzeugen. Das Ganze sollte wie Indianergesang klingen.

* Legen Sie Ihren Daumen ganz behutsam auf eine Seite Ihres Halses und die restlichen Finger auf die andere Seite und stellen Sie fest, ob Sie eine kleine Aufwärts- und Abwärtsbewegung spüren, während Sie den **UH**-Laut machen. Sollten Sie nichts spüren, versuchen Sie, diese kleine Bewegung zu erzeugen.

* Bitten Sie jemanden, fest auf Ihr Brustbein zu drücken, während Sie alle Luft aus Ihrem Brustkorb entweichen lassen. Wiederholen Sie dies dreimal.

11. Kapitel

Stütze durch den Unterkörper

Mit Hilfe der nächsten Techniken werden Sie lernen, Ihre Stimme durch Ihre Beine und Ihren Unterleib zu stützen – Sie werden erfahren, wie Sie die größten und stärksten Muskeln für die Erzeugung Ihrer Körperlaute einsetzen können. Diese Stütze wirkt doppelt:

* Für die körperliche Aktivität des Atmens und Sprechens
* Für den vollen energetischen Ausdruck Ihres Selbst

Die meisten Menschen sind sich der unterstützenden Kraft und Energie ihrer Füße, ihrer Unterschenkel, Oberschenkel und ihres Gesäßes bewußt, wenn sie schwere körperliche Arbeit verrichten oder Sport betreiben. Doch nur in den seltensten Fällen erkennen sie, daß die gleichen Muskeln sie auch beim Sprechen und Atmen unterstützen können.

Und viele, die sich ihrer Empfindungen in den Geschlechtsteilen während sexueller Stimulation bewußt sind, wissen nicht, daß die sexuell-energetische Lebendigkeit dazu beiträgt, daß sie sich von morgens bis abends körperlich stark und lebendig fühlen. Wenn Sie sprechen, ist beispielsweise genau diese Eigenschaft in Ihrer Stimme dafür verantwortlich, daß Sie lebendig und ausdrucksvoll klingen.

271

Wenn Sie sich dieses muskulären und energetischen Fundaments in Ihrem Unterkörper bewußt sind, während Sie Ihre alltäglichen Aufgaben erledigen, werden Sie sich in allen Bereichen gefestigter und lebendiger fühlen. Auch wenn Sie mit dem Verstand arbeiten, gibt es keinen Grund, warum Sie sich von den sinnlichen Wahrnehmungen und Verbindungen zu Ihrem Unterkörper abschneiden sollten.

Die Stützübung des Unterkörpers – im Liegen

* Legen Sie sich auf den Rücken, und ziehen Sie Ihre Knie an.
* Atmen Sie auch weiterhin mit Ihrem Körperatmungsmuskel.
* Ihre Kehle sollte offen und Ihr Gesicht, Ihr Hals und Ihre Schultern sollten entspannt sein.
* Atmen Sie ein und dann wieder aus, wobei Sie diesmal, wenn Sie den **UH**-Körperlaut von sich geben, beide Füße fest auf den Boden oder das Bett stemmen.
* Vermeiden Sie es, Ihre Hüften anzuheben, aber lassen Sie es zu, daß durch die Bewegung Ihrer Beine Ihr Becken leicht geneigt wird, so daß Ihr Steißbein flach auf dem Boden liegt, während Sie Ihr **UH** von sich geben.
* Wiederholen Sie dies fünfmal.
* Versuchen Sie zu spüren, wie die Energie, während Sie den Laut ausstoßen, von Ihren Fußsohlen durch Ihren Rumpf nach oben steigt. Achten Sie darauf, wie dieser Vorgang Ihren Körperlaut enger mit dem unteren Teil Ihres Körpers verbindet.
* Spüren und fühlen Sie die starke Verbindung zwischen Ihren Beinen, Ihren Oberschenkeln, Ihrem Becken, Ihren Genitalien, Ihrem Gesäß und Ihrer Stimme, wenn Sie Ihren Körperlaut durch Ihren Rumpf, Hals und Mund von sich geben?

Führen Sie die Übung noch einmal durch, und achten Sie dabei auf die Empfindungen in all diesen Körperzonen.

Die Stützübung des Unterkörpers – im Sitzen

Sie können die gleichen Übungen auch im Sitzen durchführen:

* Atmen Sie ein, stemmen Sie Ihre Füße wieder auf den Boden, wobei Ihre Hüften und Ihr Becken genauso reagieren wie vorher, als Sie die Übung im Liegen durchgeführt haben.
* Diese Bewegung des Unterleibs ähnelt dem kleinen »Vorwärtsschub« eines Tänzers.
* Die meisten Menschen spüren bei der Erzeugung der Körperlaute warme sexuell-energetische Empfindungen, sofern dabei die gesamte Körperenergie freigesetzt wird.

Weitere Variationen

Die anderen Variationen können sowohl im Liegen als auch im Sitzen geübt werden:

* Machen Sie im Geiste eine Bestandsaufnahme Ihres Körpers. Konzentrieren Sie sich dann auf die Empfindungen in Ihren Genitalien. Sie verspüren vielleicht ein sinnliches, warmes, kühles oder verkrampftes Gefühl oder gar nichts.
* Neigen Sie Ihr Becken, und atmen Sie ein **UH** aus, wobei Sie Ihre Genitalien anspannen.
* Versuchen Sie es noch einige Male.
* Atmen Sie wieder ein **UH** aus, und spannen Sie dabei Ihre Gesäßmuskeln an.
* Versuchen Sie dann umgekehrt, ihren After oder Ihre Genita-

lien behutsam nach unten zu drücken, während Sie ein **UH** ausatmen.

* Spüren Sie jetzt noch einmal Ihre Genitalien, und stellen Sie fest, ob sich der Energiestrom verändert hat.
* Verfahren Sie ebenso mit **OH**, **EH** und **EH**.

Besondere Hinweise zur Nutzung der Stütze durch Ihren Unterleib

Ihr Oberkörper sollte sich völlig passiv verhalten und nur durch den Laut, der durch diesen Vorgang in der unteren Hälfte des Körpers erzeugt wird, vibrieren. Achten Sie darauf, daß sich, wenn Sie Ihre Füße gegen den Boden stemmen, um Ihren Unterkörper zu bewegen, weder Ihre Kehl- noch Ihre Halsmuskeln anspannen. Wenn sie dennoch angespannt sind, gehen Sie zurück zu Kapitel 10, und machen Sie die dort angegebenen Entspannungsübungen.

Bei dieser Übung kommt es darauf an, daß Sie die Energie und die Muskeln Ihrer Füße, Ihrer Oberschenkel, Ihres Gesäßes, Ihres Schritts (Anus und Genitalien) und Ihres Beckens so nutzen, daß Ihre Stimme durch Ihren Unterkörper gestützt wird und Ihre Kehle den Laut ganz entspannt empfängt (siehe Abb. 14).

Stellen Sie sich die Muskeln Ihres Unterkörpers als die »schweren Geschütze« vor, die Ihre Stimme sehr viel besser unterstützen können als die relativ kleinen Muskeln Ihrer Kehle und Ihres Halses.

Visualisieren Sie ein dickes Rohr oder ein Periskop, das von Ihrem Schritt durch Ihren Körper und ihren Hals nach oben, dann über eine gewölbte Zunge und durch Ihren Mund nach außen führt. Das ist der Weg, den die **UH**-, **OH**-, **AH**- und **EH**-Körperlaute zurücklegen.

Abb. 14. Unterstützung der Körperlaute durch den Unterkörper

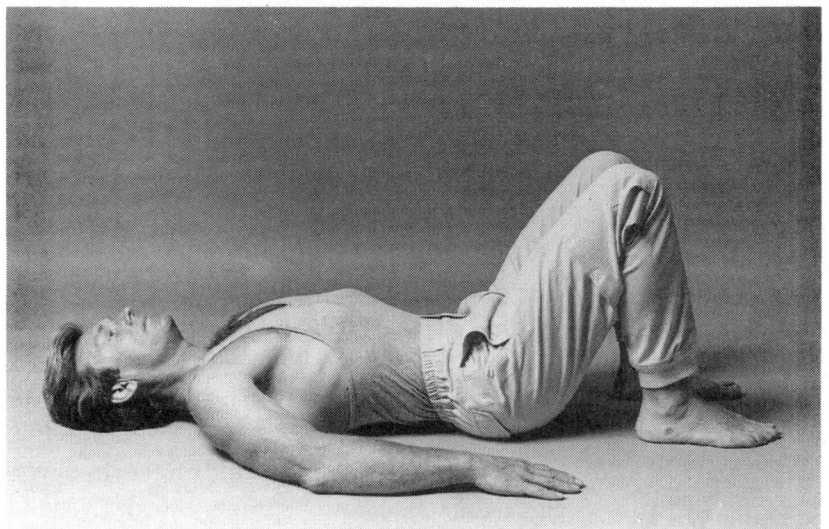

A. Stellung vor dem Einatmen

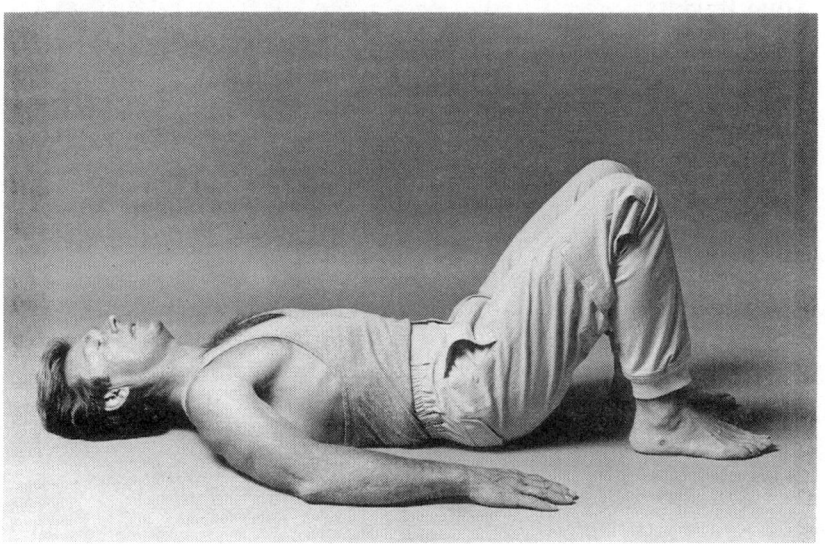

B. Stemmen Sie Ihre Füße während des Ausatmens eines Körperlautes gegen den Boden. Ihr Steißbein senkt sich.

275

Stützübungen des Unterkörpers – schnelle Nachschlagetafel

* Atmen Sie ein, und stemmen Sie beim Ausatmen Ihre Füße gegen den Boden, wobei sich Ihr Becken, während Sie den **UH**-Laut ausatmen, leicht nach oben neigt.
* Prüfen Sie, ob sich Ihr Oberkörper und Ihre Kehle anspannen oder verkrampfen, wenn Sie diese Laute erzeugen, und wenden Sie, wenn nötig, die Entspannungstechniken an.
* Üben Sie die **UH**-, **OH**-, **AH**- und **EH**-Laute einzeln, und machen Sie dabei von der Bewegung Ihres Unterkörpers Gebrauch.
* Achten Sie auf die Energie und die Empfindungen in Ihren Beinen, Ihrem Schritt und Becken. Erleben Sie den Klang Ihrer Stimme als Teil Ihrer sexuell-energetischen Körperlebendigkeit.

12. Kapitel

Die Babylaut-Übung

Die Babylaut-Übung ist eine Technik, mit Hilfe derer die gleichzeitige Ausatmung von Laut und Luft geübt wird. Sie schaffen damit ein Gleichgewicht zwischen den beiden, um sich dadurch die natürliche Schwingung Ihrer Stimmbänder zunutze zu machen. Durch diese Übung lernen Sie, die Bewegung Ihres Körperatmungsmuskels mit nonverbalen Lauten (in Vorbereitung für das Sprechen) zu verbinden und gleichzeitig Ihr Luftfassungsvermögen zu steigern.

Viele Menschen verengen beim Sprechen Ihre Kehle und beschränken dadurch ihren Klang und ihren Atem. Wenn Sie die Babylaut-Übung gemeistert haben und Sie in der Lage sind, Laute langsam durch eine offene Kehle auszuatmen – während Ihre Ober- und Unterlippe oder Ihre Zunge und Ihre Unterlippe vibrieren – verbinden Sie Klang und Atem auf effiziente Art und Weise.

Sie atmen in kleinen Zügen durch Ihren Mund ein, dehnen dabei zuerst die Körperzone unterhalb Ihres Nabels aus, dann die Körpermitte und zuletzt den unteren und den oberen Brustkorb. Ihr ganzer Rumpf sollte sich so anfühlen, als würden Sie einen Luftballon aufblasen. Wenn Sie die Luft in Ihren Körper einatmen, wird es sich anhören, als nippten Sie mit Ihren Lippen die Luft in kleinen Schlückchen ein.

Ihr Körperatmungsmuskel sollte, wenn er mit Luft gefüllt ist, aufgebläht sein. Auch die Körpermitte sollte aufgebläht sein. Achten Sie also darauf, daß Sie Ihren Körperatmungsmuskel *nicht* einziehen, während Sie in Ihre Brust einatmen.

Sie werden diese Übung in drei Schritten erlernen:

* Nippender Atem
* **MMM**-Laut
* Babylaut-Übung

Schritt 1 : Der nippende Atem

Atmen Sie in vier kleinen Zügen ein, wie in Abb. 15 dargestellt:
* Mit dem ersten Zug dehnen Sie den Körperteil unterhalb Ihres Nabels aus, genauso wie Sie es beim Körperatmen getan haben.
* Mit dem zweiten Zug füllt sich der Körperteil genau oberhalb Ihres Nabels mit Luft.
* Der dritte Zug füllt Ihre untere Brustkorbhälfte, der vierte Zug Ihre obere Brustkorbhälfte mit Luft.
* Atmen Sie ganz normal aus und wiederholen Sie die Nippatmung mehrere Male.

Schritt 2 : Der MMM-Laut

In diesem Schritt werden Sie der ausgedehnten Einatmung, die Sie bereits geübt haben, einen langen, weichen ausgeatmeten **MMM**-Summton hinzufügen.

* Versuchen Sie mit geschlossenen Lippen, aber ohne, daß die Zähne aufeinanderliegen, einen leichten, weichen **MMM**-Ton

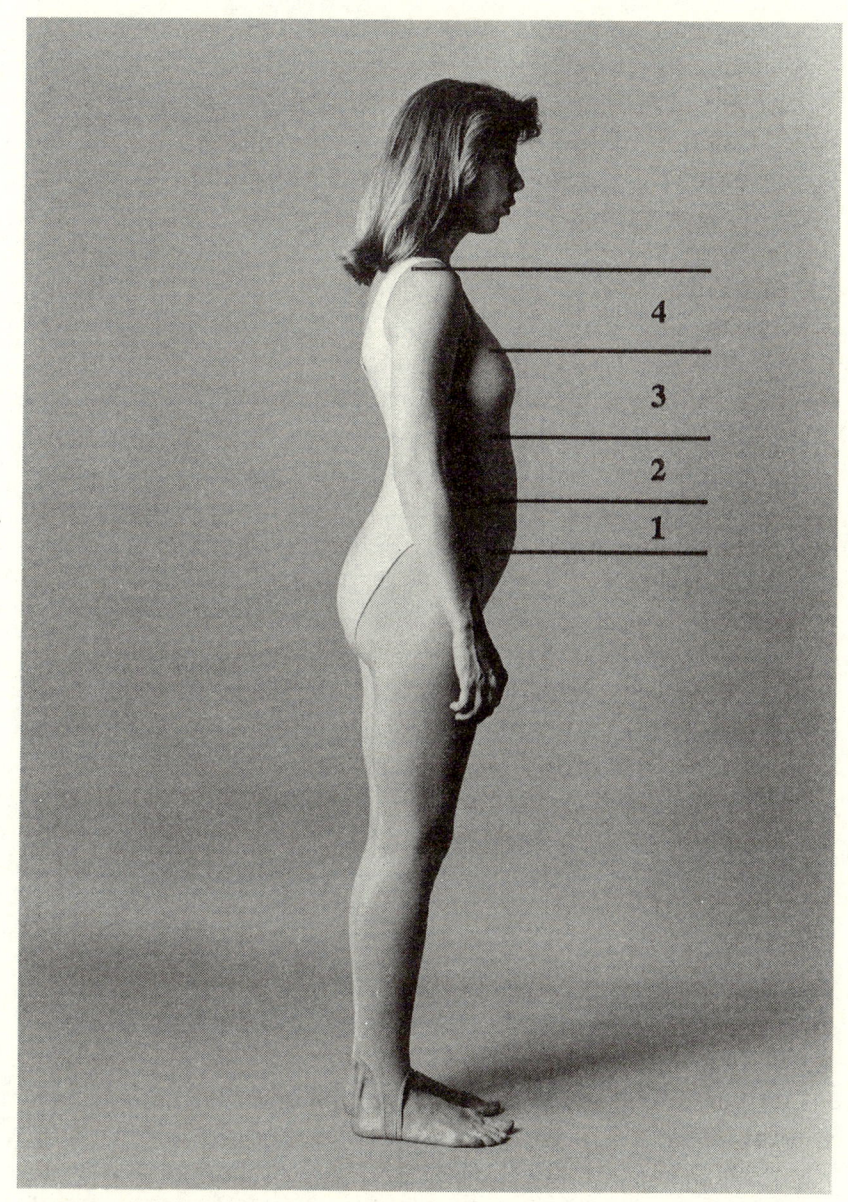

Abb. 15. Die vierstufige Nippatmung

zu summen. Sie sollten, wenn Sie dies üben, in Ihrem Mund viel Platz und in Ihrer Kehle ein Gähnen spüren.

* Atmen Sie jetzt auf die oben beschriebene »nippende« Weise ein, wobei Sie Ihren Körperatmungsmuskel gebrauchen, und summen Sie dann, so lang Sie können, während Sie *langsam* wieder ausatmen.

* Das Ziel der langen summenden Ausatmung ist, daß Ihr Körperatmungsmuskel so lange wie möglich ausgedehnt bleibt. Wenn er sich schon zu Anfang der Ausatmung zusammenzieht, drücken Sie ihn bitte wieder nach außen.

* Wenn Sie das Gefühl haben, Ihre Lungen mit Luft füllen zu müssen, lassen Sie ihren Körperatmungsmuskel ganz langsam und behutsam zur Wirbelsäule hinuntersinken. Ihr Körperatmungsmuskel sollte nicht steif und unbeweglich sein, sondern sich wie ein Gummiball, der auf dem Wasser treibt, anfühlen.

* Während die Luft und der Ton ganz langsam aus Ihrem Körper fließen, sollte sich die obere Hälfte Ihres Brustkorbs anfühlen, als hielten Sie unter Wasser die Luft an. Sie sollten ein leichtes Druckgefühl spüren, so, als ob Sie einen Luftballon aufblasen würden, der bereits mit Luft gefüllt ist.

* Wiederholen Sie diese Übung mehrere Male, und stoppen Sie dann die Zeit. Sie sollten irgendwann in der Lage sein, Ihren Atem mit Hilfe dieser Übung ca. 20 bis 25 Sekunden lang zu steuern, was allerdings in manchen Fällen wochenlange Übung voraussetzt. Wenn Sie zum Ende der Ausatmung kommen, achten Sie bitte darauf, daß Sie Ihr Gesicht, Ihren Hals und Ihre Schultern nicht unwillkürlich zusammenziehen.

Sie stopfen sich selbst mit Luft voll, um dadurch das Fassungsvermögen Ihrer Lungen zu vergrößern, und Sie halten Ihren Atem so weit wie möglich zurück, um zu erkennen, wie wenig Luft für einen ruhigen, leichten Ton nötig ist. Mit Hilfe dieser

Übung erfahren Sie außerdem, wie die Bewegung Ihres Körperatmungsmuskels mit Ihrem Atem und dem Klang des Körpersprechens verbunden ist.

Schritt 3: Der Babylaut

* Versuchen Sie zuerst, Ihren Mund ein klein wenig zu spitzen, als ob Sie jemanden küssen wollten.
* Atmen Sie dann mit Ihrem ganzen Körper ein, und beobachten Sie sich dabei im Spiegel.
* Ihr Ziel sollte es sein, Ihren Summton während der ununterbrochenen Ausatmung von Laut und Luft mit dem B-B-B-B-B-B-Laut Ihrer vibrierenden Lippen zu verbinden. Sie sollten wie ein kleines Motorboot oder wie ein Baby klingen, das seine ersten Laute ausprobiert (siehe Abb. 16 A).
* Versuchen Sie, Ihre Finger ganz leicht auf Ihre Wangen oder an die Seiten Ihres Mundes zu legen, um die Luft zu Ihren Lippen zu leiten (siehe Abb. 16 B).

Üben Sie, Ihre Lippen mit Ton vibrieren zu lassen. Versuchen Sie dann, die nachfolgenden Übungen nachzuvollziehen:

* Strecken Sie Ihre Zunge heraus, wobei sie auf den unteren Zähnen ruht und Ihre oberen Zähne auf der Mitte der Zunge (siehe Abb. 17).
* Atmen Sie nun Laut und Luft unter Ihrer Zunge aus und lassen Sie dabei wenn möglich Ihre Zunge und Ihre Unterlippe vibrieren.
* Auch wenn Sie vielleicht die eine oder andere Technik bevorzugen, sollten Sie mit beiden üben.

Abb. 16. Der Babylaut

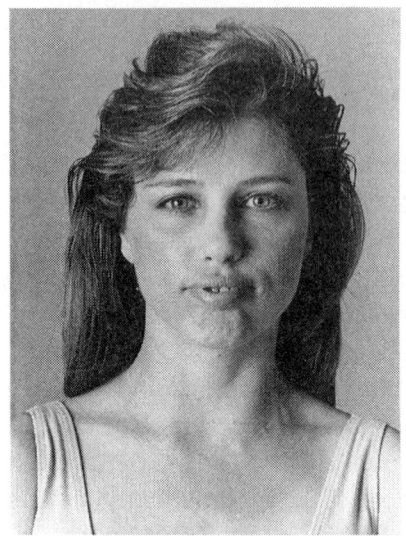 

A. *Vibrierende Lippen und*
der B-B-B-B-Laut

B. *Hilfestellung durch die Finger*
auf den Wangen

Lassen Sie sich bitte nicht entmutigen, wenn sich Ihre Lippen und Ihre Zunge nicht gleich so verhalten, wie Sie es gerne hätten. Arbeiten Sie eine gewisse Zeit lang ganz entspannt mit beiden Techniken. Manchen Menschen fällt es leichter, den Babylaut unter der Dusche zu üben, während das Wasser über ihren Mund rinnt. Wenn allerdings auch nach einer gewissen Zeit weder Ihre Lippen noch Ihre Zunge und Ihre Unterlippe vibrieren, praktizieren Sie statt dessen einfach die Nippatmung mit dem Summen.

Wenn Sie mit der Übung einigermaßen vertraut sind, können Sie dabei in die Ferne schauen und sich vorstellen, ein unendlicher Vorrat an Schmetterlingen oder Seifenblasen käme aus Ihrem Mund heraus. Sie können sich natürlich auch selbst ir-

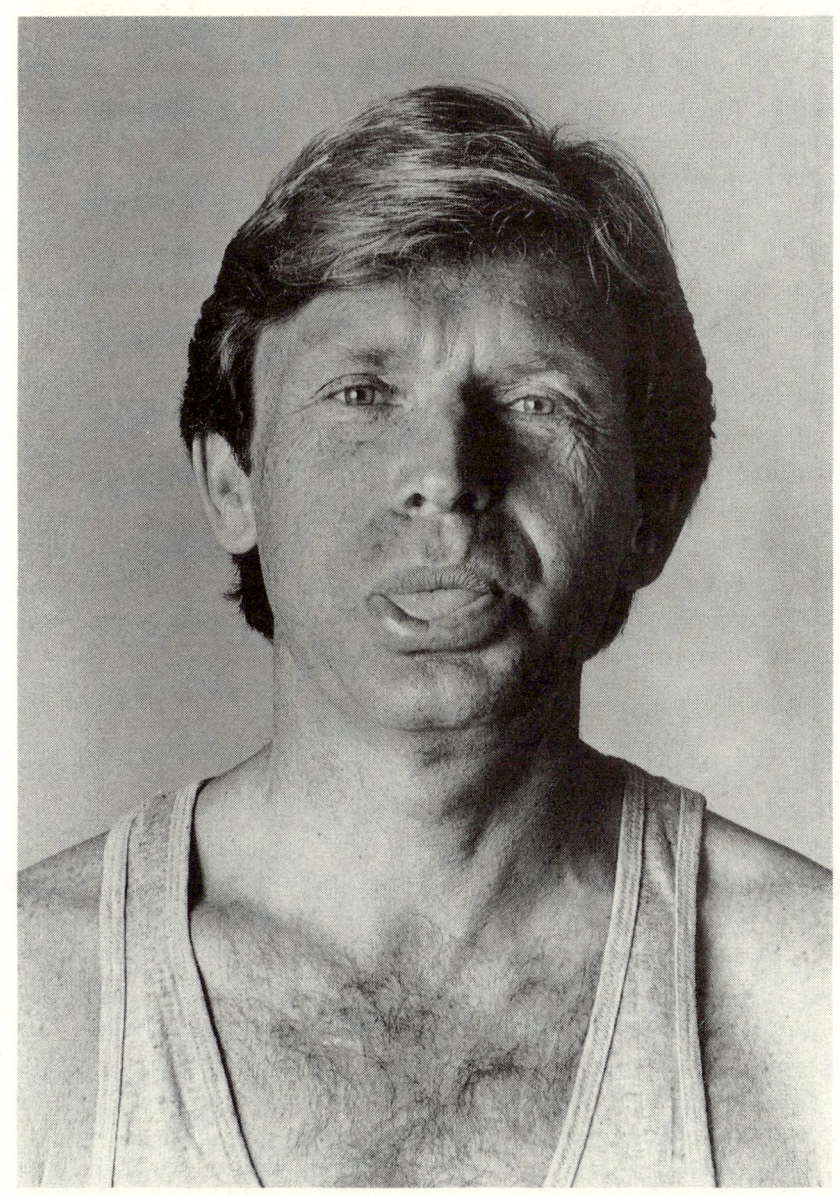

Abb. 17. Die Zungenstellung beim Babylaut

gendein Bild ausdenken, wodurch die Übung lustig wird. Wenn Sie auf diese Weise Ihre Aufmerksamkeit in eine andere Richtung lenken, können Sie sich mehr in die Übung hineinfallen lassen und mehr Zeit dafür aufwenden. Wenn Sie die Übung richtig machen, sollte sie wohltuend für Ihre Kehle sein.

Der Luftdruck, der nötig ist, damit Ihre Lippen oder Ihre Zunge und Ihre Unterlippe vibrieren, bereitet Sie auf die Atemdynamik des Körpersprechens vor. Am Ende sollten Sie glauben, Sie sprechen, indem Sie Worte in einem langsamen, stetigen Luftstrom durch eine offene Kehle ausatmen, und zwar in der gleichen Weise, in der Sie in dieser Übung Ihren Atem handhaben. Kümmern Sie sich nicht darum, ob Sie während dieser Übungen komisch aussehen oder klingen – es lohnt sich, denn Sie erlernen dadurch die unschätzbare Atemkontrolltechnik.

In dieser Übung geht es um Ton *ohne* Worte, und zwar in der gleichen Weise, wie später Ihr Körperatmen, Ihre offene Kehle, Ihr entspannter Kiefer und Ihr Körperlaut beim Körpersprechen *mit* Worten umgehen.

Babylaut-Übung – schnelle Nachschlagetafel

* Atmen Sie in vier kleinen Zügen ein, und dehnen Sie dabei Ihren Unterleib, Ihre Körpermitte, die untere Brustkorbhälfte und dann die obere Brustkorbhälfte aus. Atmen Sie anschließend aus.
* Atmen Sie die Luft ein und summen Sie leicht, wenn Sie ausatmen. Lassen Sie Ihren Körperatmungsmuskel so lange wie möglich gedehnt. Lassen Sie ihn dann, wenn Sie zum Ende der Ausatmung kommen, langsam zur Wirbelsäule zurücksinken. Achten Sie darauf, wieviele Sekunden Sie auf diese Weise ein- und ausatmen können.

* Lassen Sie Ihre Lippen mit einem Summton vibrieren, während Sie die eingeatmete Luft langsam wieder ausatmen.
* Strecken Sie Ihre Zunge heraus. Sie ruht auf den unteren Zähnen, und die oberen Zähne ruhen auf der Zungenmitte. Lassen Sie Ihren Atem unter Ihrer Zunge nach außen strömen, damit sowohl Ihre Zunge als auch die Unterlippe während des Ausatmens vibrieren. Üben Sie mit beiden Lippenstellungen, oder wählen Sie die, die für Sie am wirksamsten ist.

13. Kapitel

Körpersprechen

Sie sind jetzt in der Lage, das bisher Gelernte zusammenzufügen und Ihrer Körperstimme mit Worten und Sätzen Ausdruck zu verleihen. Als Vorbereitung auf das Körpersprechen können Sie noch einmal die Schritte bis jetzt Revue passieren lassen: Entspannung, Körperatmung, Erzeugung von Körperlauten mit Unterstützung durch Ihren Unterleib, die Verbindung Ihres Atems und Klangs mit der Babylaut-Übung.

In der folgenden Übung werden Sie mit fünf Körpersprechsätzen üben. Sie werden, während Sie Luft und Ton aus Ihrem Körper strömen lassen, nicht nur Laute, sondern gleichzeitig Worte ausatmen. Sie erlernen das Körpersprechen in drei Schritten:

* Sie sprechen Sätze zunächst ohne Modulation, d.h. ohne Hebung und Senkung der Stimme und ohne Klangfarbe, und lassen dabei jedem Satz einen **HO**- oder **OH**-Körperlaut vorangehen.
* Sie fügen die Modulation und die Klangfarbe hinzu.
* Sie sprechen die Sätze ohne die **HO**- oder **OH**-Körperlaute.

Schritt 1: Die Körpersprechsätze

Die fünf einfachen Sätze, mit denen Sie das Körpersprechen üben, sind:

HO – Wie geht es Ihnen?
HO – Ist das nicht ein wunderbarer Tag?
HO – Haben Sie vielen Dank.
HO – Auf Wiedersehen, lassen Sie sich's gut gehen.
HO – Hallo, hier spricht... (Ihr Name).

* Beginnen Sie jeden Satz wie angegeben mit einem **HO** oder einem **OH**, wenn Ihnen das besser zusagt.
* Das **HO** oder **OH** sollte genauso klingen, wie der einzelne **UH**, **OH**-, **AH**- und **EH**-Laut. Es geht darum, den **OH**- oder **HO**-Höhlenmenschenlaut in den Rest des Satzes miteinzubeziehen, damit jedes Wort, das Sie sprechen, scheinbar direkt aus Ihrem Unterkörper kommt und durch Ihren Körper und Ihren Mund nach außen dringt.
* Legen Sie, während Sie üben, eine Hand auf Ihren Körperatmungsmuskel, um sich zu vergewissern, daß Sie vollständig einatmen und daß er sich langsam zusammenzieht, während sich die Wörter Ihres Satzes langsam nach oben und aus Ihrem Mund heraus bewegen.
* Stellen Sie sich vor, daß die einzelnen Wörter alle miteinander verbunden sind, als ob sie in einem Strom schwämmen.
* Achten Sie darauf, daß Sie keine Pause einlegen zwischen dem **HO** oder **OH** und dem Satzanfang.
* Achten Sie darauf, daß Sie auch zwischen den einzelnen Wörtern der Sätze keine Pausen einlegen.
* Sie sollten langsam sprechen; ziehen Sie die Vokale in die Länge und lassen Sie sich genügend Zeit für einen Satz. Die

Sprechdauer des letzten Satzes hängt von der Länge Ihres Namens ab.

Machen Sie von Ihrer Zunge und der Bewegung Ihres Unterkiefers Gebrauch, um die Wörter zu artikulieren, ohne allerdings dabei zu übertreiben.

* Ihr Gesicht sollte ausdruckslos und völlig entspannt sein.
* Stellen Sie sich vor, Ihr Unterkiefer bestünde aus Zuckerwatte und würde wie der Unterkiefer einer Puppe senkrecht nach unten klappen, um die Wörter auszusprechen. Ihr Mund schließt sich fast ganz, wenn Ihr Unterkiefer zwischen den Wörtern wieder nach oben klappt, während Ihre Zunge die Aufgabe hat, die Wörter zu bilden.
* Ihre Oberlippe ist weich, aber beteiligt sich *nicht* an der Bildung der verschiedenen Wörter – sie bleibt immer in der gleichen Stellung.
* Im ersten Teil der Übung werden Sie die Sätze mit vollkommen *monotoner* Stimme vortragen. Versuchen Sie noch einmal, wie ein Höhlenmensch zu klingen, egal ob Sie ein Mann sind oder eine Frau (siehe Abb. 18 und 19).

Beim Üben der Sätze hilft es, wenn Sie eine Hand auf Ihre Wange und Ihren Kiefer legen, um sich zu vergewissern, daß Ihr Kiefer locker und trotzdem beweglich ist. Legen Sie Ihre andere Hand auf Ihren Körperatmungsmuskel, um Ihre Körperatmung zu überprüfen.

Wenn Sie feststellen, daß Sie die Aussprache der Wörter verzerren, sprechen Sie die Wörter so, wie Sie es immer getan haben, und achten dabei auf die Bewegung Ihrer Zunge. Anschließend sollte sich Ihre Zunge auf die gleiche Art, aber langsamer bewegen.

Abb. 18. Kieferbewegung für die Schritte 1 und 2 des Körpersprechens

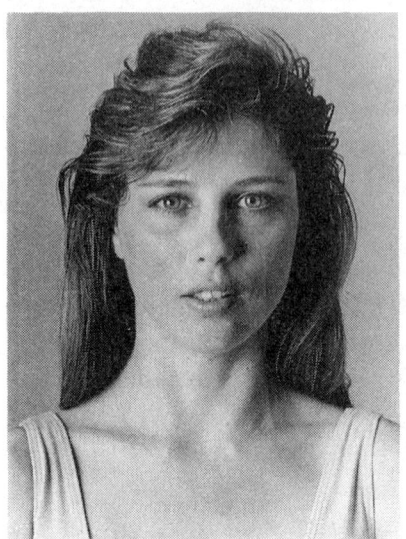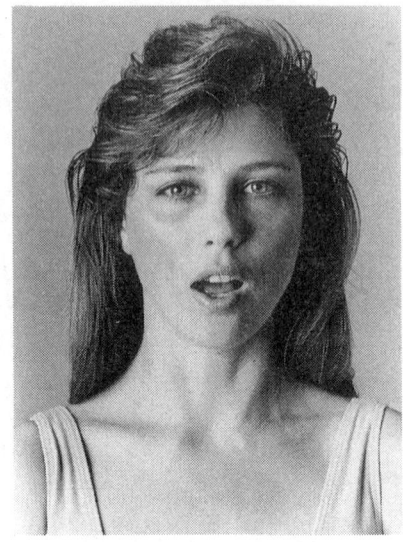

A. *Mundstellung zu Beginn und*
zwischen den Wörtern

B. *Mundstellung während*
des Sprechens

Schritt 2: Hinzufügen von Modulation und Klangfarbe

Im zweiten Teil wiederholen Sie das, was Sie im ersten Teil getan haben, und *fügen* jetzt aber *Modulation und Klangfarbe hinzu,* anstatt wie im ersten Teil mit monotoner Stimme zu sprechen. Sie kommen der normalen Rede immer näher, denn sie fügen den Sätzen jetzt Melodie zu, wobei Sie jedoch immer noch auf Ihren ausgedehnten Höhlenmenschenklang und Ihren völlig gelösten Gesichtsausdruck achten.

Abb. 19. Gesichtsausdruck während des Körpersprechens Schritt 1 und 2

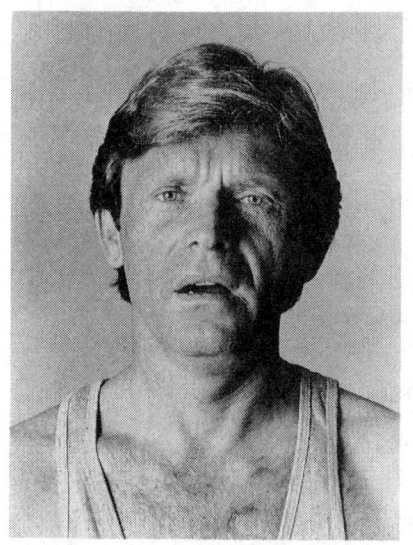

A. »HO«

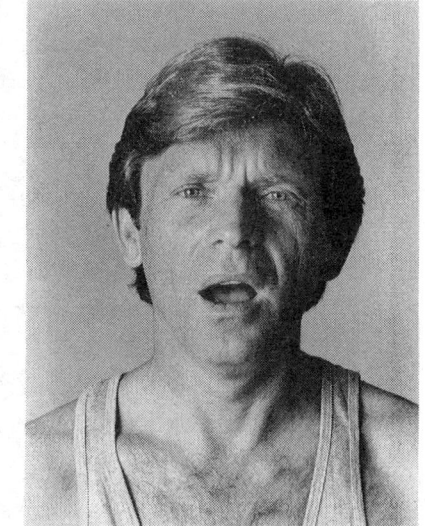

B. »HA, HEI«

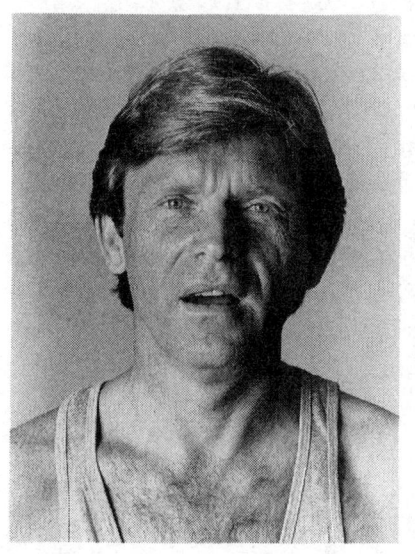

C. »TAG«

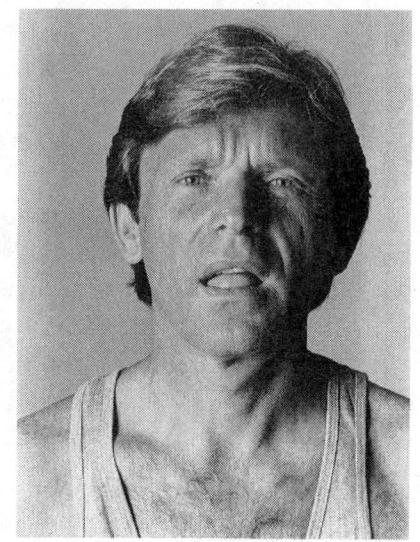

D. »GUT«

* Stellen Sie wie in Schritt 1 jedem Satz ein **OH** oder **HO** voran.
* Da alle Sätze sehr kurz sind, sollten Sie keine ganze Ausatmung für einen Satz benötigen.
* Achten Sie darauf, daß Ihre obere Brustkorbhälfte mitschwingt, und stellen Sie sich vor, daß die Wörter aus Ihrem Unterleib hervorströmen.
* Halten Sie die gleiche Zeitregelung ein wie in Schritt 1.

HO – Wie geht es Ihnen?
HO – Ist das nicht ein wunderbarer Tag?
HO – Haben Sie vielen Dank.
HO – Auf Wiedersehen, lassen Sie sich's gut gehen.
HO – Hallo, hier spricht... (Ihr Name).

Schritt 3: Das Weglassen von HO oder OH

Sie werden jetzt die Sätze *ohne* das vorangestellte **OH** oder **HO** in dem für Sie normalen Tempo, mit ihrer Satzmelodie und Ausdrucksweise sprechen. Der Höhlenmenschenton weicht dem zivilisierten Ton. Und auch Ihr Gesicht sollte normal aussehen. Versuchen Sie beim Sprechen mit Ihrem Mund und Ihren Augen zu lächeln, denn Sie können nicht freundlich klingen, wenn Sie grimmig aussehen. Wichtig ist, daß Sie auch weiterhin darauf achten, daß Ihre Körperstimme aus Ihrem Unterleib kommt. Atmen Sie jedes Mal, wenn Sie die Wörter aussprechen, ein wenig von dem Körperatem aus, den Sie auch weiterhin mit den einzelnen Wörtern verbinden, aber diesmal in einer Weise, die normal und natürlich klingt.

* Die erste Silbe eines jeden Satzes sollte sich so *anfühlen* wie das **HO** oder **OH** in Schritt 1 und 2, dabei aber kultivierter

klingen. Die erste Silbe sollte der tiefste Ton in jedem Satz sein.

* Benutzen Sie die Anfangssilben als Sprungbrett für den restlichen Satz.

Wenn Sie jeden Satz mit einer guten, tiefen Körperstimmenstütze beginnen, hat der restliche Satz die Möglichkeit, mit Ihrem Unterleib verbunden zu bleiben. Das heißt jedoch nicht, daß alles, was Sie in Zukunft sagen, mit einem tiefen Ton beginnen muß; dies ist zu Anfang nur eine nützliche Hilfe, um mit Ihrer Körperstimme verbunden zu bleiben, wenn Sie die Körpersprechtechniken üben.

Achten Sie darauf, daß Sie Ihre Stimme nicht in Ihre Kehle hinunterdrücken, damit sie tief klingt. Jeder Laut sollte von ganz unten in Ihrem Körper aufsteigen und hauptsächlich in Ihrem Hals und Ihrer Kehle nachschwingen.

Ihre Lippen sollten sich nicht übermäßig bewegen, um die Wörter auszusprechen, obwohl viele Sprechlehrer dies für den richtigen Weg halten – meiner Meinung nach *hemmt* zuviel Lippenbewegung die Tonqualität. Die Klarheit des Körpersprechens hängt von der guten Zungen- und Zahnartikulation ab. Sie können, wenn Sie diese Sätze aussprechen, Ihren Zeigefinger auf Ihre Oberlippe legen, um ein Zuviel an Mundbewegung einzudämmen.

Ihr Tonfall sollte am Anfang des Satzes tief sein, sich in der Mitte erheben, um sich am Schluß des Satzes wieder zu senken. Manchmal ist es nützlich, ein stummes **OH** einzuatmen, bevor Sie den Satz ausatmen, weil Sie mit der Einatmung Ihre Kehle weiten. Sie werden spüren, wie Ihre Stimmbänder sich beim Einatmen dehnen, wie sie es beispielsweise beim Gähnen tun würden. Sie sollten, während Sie den Satz ausatmen, dieses Gähngefühl haben, das Ihre Kehle offen macht.

Überblick für das Atmen beim Körpersprechen

Wenn Sie die **UH**s, **OH**s, **AH**s und **EH**s hecheln, sollten Sie soviel Luft ausatmen, daß Sie, wenn Sie Ihre Hand vor den Mund halten, einen schwachen Luftstrom spüren.

Wenn Sie die einzelnen Körperlaute durch die entspannte Kehle von sich geben, sollte Ihre Hand weniger Luft aus Ihrem Mund strömen fühlen.

Bei der korrekt durchgeführten Babylaut-Übung sollten sie sogar noch weniger Luft ausatmen, weil Sie Ihre Anstrengungen, während Sie Ihren Körperatem durch Ihren Körperatmungsmuskel kontrollieren, auf einen kontinuierlichen Ton richten.

Sobald Sie wirkliche Wörter sprechen, modifizieren Sie die Techniken des Körperlauts und der Babylaut-Übung dahingehend, daß Sie zwar ein bißchen weniger Luft ausatmen, als Sie für die **UH**s, **OH**s, **AH**s und **EH**s ausgeatmet haben, aber ungefähr gleichviel wie bei der Babylaut-Übung. Es sollte, wenn Sie Körpersprechsätze sprechen, ein Gleichgewicht bestehen zwischen Ihrem Laut und Ihrer Luft. Es sollte sich so anfühlen, als ob Sie die Luft in Ihrem Brustkorb zusammenpressen oder sie bewußt zurückhalten. Wenn Sie beim Sprechen die Hand vor den Mund halten, sollten Sie sehr wenig Luft aus Ihrem Mund kommen spüren.

Tips für das Körpersprechen

Mit Hilfe der ersten vier Sätze können Sie Ihr Körpersprechen unbefangen erproben, und zwar in Situationen, die keine besonderen Anforderungen an Sie und Ihre Stimme stellen – im Supermarkt, in der Apotheke, in der Reinigung oder an der Tankstelle. Der letzte Satz eignet sich ganz besonders für eine telefonische Unterhaltung, doch die meisten Menschen halten es für sinnvoll, alle Sätze zuerst am Telefon auszuprobieren.

Nach einer gewissen Zeit werden Sie sich Ihre eigenen Sätze ausdenken, Sätze, von denen Sie wissen, daß Sie sie sowohl zu Hause als auch im Beruf häufig anwenden werden. Ich empfehle Ihnen, daß Sie alle Sätze anhand der Methoden, die in Schritt 1, 2 und 3 beschrieben werden, erproben.

Manche Menschen scheuen sich davor, ihre neue Körperstimme anzuwenden. Sie denken vielleicht:

* So klinge ich gar nicht.
* Es klingt zu tief.
* Ich bin befangen, ich klinge wahrscheinlich affektiert.
* Ich habe das Gefühl, nur zu hauchen. (Andere Menschen werden dies jedoch nicht so empfinden.)

Es kann auch sein, daß Freunde und Bekannte ihre eigene Meinung dazu äußern. Es ist kein Leichtes, seine Stimme und sich selbst zu ändern, und es dauert seine Zeit, bis Sie und die Menschen um Sie herum sich an Ihre neue Stimme gewöhnt haben. Die Vorteile, die daraus resultieren, daß Sie auch weiterhin mit Ihrer Körperstimme sprechen, sind allerdings so weitreichend, daß Sie sich von solchen Überlegungen nicht abhalten lassen sollten.

Durch ständige Übung werden Ihnen diese Techniken in Fleisch und Blut übergehen, und Sie werden anfangen, ganz spontan mit Ihrer neuen Körperstimme zu sprechen.

Übungen für das Körpersprechen – schnelle Nachschlagetafel

* Legen Sie eine Hand auf Ihren Kiefer, um jegliche Spannung aufzulösen, während Ihre andere Hand, die auf Ihrem Unterleib liegt, fühlt, wie der Körperatmungsmuskel Ihren Atem kontrolliert.
* Stellen Sie jedem Übungssatz ein **OH** oder **HO** voran (siehe unten).
* Sobald Sie glauben, die monoton gesprochenen Sätze gemeistert zu haben, lassen Sie das **OH** oder **HO** am Anfang weg und wiederholen sie auf Ihre eigene, klangvollere Art.
* Atmen Sie ein stummes **OH** am Anfang eines jeden Satzes ein, um Ihre Kehle zu weiten, und sprechen Sie dann die erste Silbe eines jeden Satzes so aus, als wäre sie Ihr **HO**, d. h., benutzen Sie die ersten Silben als Sprungbrett für Ihre Körperstimme und den Rest des Satzes.

Ich wiederhole noch einmal die Sätze:

Wie geht es Ihnen?
Ist das nicht ein wunderbarer Tag?
Haben Sie vielen Dank.
Auf Wiedersehen, lassen Sie sich's gut gehen.
Hallo, hier spricht ... (Ihr Name).

14. Kapitel

Aufwärmübungen für die Körperstimme

Alle bisherigen Übungen dienten dazu, *Ihre Stimme freizumachen*, damit Sie auf natürliche, ein- und ausatmende, organische Weise sprechen. Sobald dieses Ziel erreicht ist, können Sie mit den Körperstimme-Aufwärmübungen den *Klang Ihrer Stimme* verbessern. Wichtig ist, daß Sie die anderen Übungen durchführen, *bevor* Sie mit den Aufwärmübungen beginnen. Wenn Ihre Stimme bereits jetzt einen volltönenden Klang hat, sind nur kurze Aufwärmübungen notwendig. Wenn es Ihnen allerdings wie den meisten von uns geht, mich eingeschlossen, wird eine 20 Minuten lange Vorbereitungszeit Ihre Stimme ungeheuer verbessern.

Ebenso wie es für einen Musiker wichtig ist, sich vor einem Konzert warmzuspielen, oder für einen Läufer, sich vor dem Rennen warmzulaufen, müssen auch Sie, wenn Sie gut klingen und Ihre Stimme gesund erhalten wollen, sich entsprechend vorbereiten. Selbst wenn ein Athlet in Topkondition ist und seine Reflexe auf Perfektion getrimmt sind, weiß er, daß seine Muskeln jeden Tag aufs neue warm werden müssen. Und am Tag des großen Wettkampfs muß er zusätzlich darauf achten, daß er sich genügend Zeit nimmt, um sich auch seelisch zu entspannen, um körperliche Anspannung abzubauen, um Ängste und Sorgen von sich fernzuhalten und sich geistig auf einen Sieg einzustimmen. Das gleiche gilt für Ihre Stimme, damit Sie ihr auf die bestmögliche Art und Weise Ausdruck verleihen können.

Das Wichtigste, das es zu beachten gilt und das Sie sich immer wieder ins Gedächtnis zurückrufen müssen, ist, daß Sie sich so lange vorbereiten und aufwärmen müssen, bis sich Ihre Kehle offen und wohl fühlt, Ihr Körper entspannt ist und Ihre Stimme voll und zuversichtlich klingt. Es handelt sich hier nicht um einen mechanischen Vorgang, wie es beispielsweise das Auffüllen eines leeren Tanks oder das Anschalten des Lichts darstellt. Es gilt, immer darauf zu achten, wie Sie sich fühlen und wie Sie klingen, und die Aufwärmübungen so lange wie notwendig durchzuführen. An manchen Tagen wird Ihre Stimme besser klingen als an anderen, und der Zeitaufwand für die Aufwärmübungen wird dementsprechend variieren.

Ich stelle Ihnen im folgenden zwei Arten von Aufwärmübungen vor:

* Grundlegende Aufwärmübungen für die Körperstimme
* Zusätzliche Aufwärmübungen zur Vergrößerung der Unterleibsstütze für Ihre Körperstimme

Grundlegende Aufwärmübungen für die Körperstimme

Wenn Sie mit den Aufwärmübungen beginnen, müssen Sie stets von Ihrer emotional-körperlichen Verfassung, in der Sie sich gerade befinden, ausgehen. Täuschen Sie keinen Zustand vor, in dem Sie sich gar nicht befinden. Nehmen Sie sich statt dessen die Zeit, den Zustand der Entspannung zu genießen, der sich dadurch einstellt, daß Sie Ihren augenblicklichen Zustand akzeptieren. Wenn Sie seelisch verwirrt und außer Fassung sind, sollten Sie auf keinen Fall versuchen, dies zu verdrängen. Gehen Sie von Ihrem derzeitigen Zustand aus.

Führen Sie zuerst die Grundvorbereitungen durch, die Sie bereits kennengelernt haben, und gehen Sie dann langsam zu den Körperlauten über. Eine behutsame und verantwortliche Vorgehensweise ist dabei sehr wichtig. Sollten Sie sich zornig, müde, schläfrig oder aggressiv fühlen, empfehle ich Ihnen ganz leise Töne und Laute für Ihre Aufwärmübungen. Lassen Sie zu, daß Ihre Gefühle Ihren Ausdruck bestimmen. Sie können in die Laute hinein stöhnen, ächzen, murren, gurren oder seufzen – tun Sie dies behutsam und weich, so daß Ihre Gefühle zum Ausdruck kommen können.

Schritt 1: HOs oder OHs

* Entscheiden Sie für sich selbst, welche Körperlautsilbe – **HO** oder **OH** – Ihnen besser zusagt. Vielleicht ist es für Sie sogar einfacher, den Laut ohne das H auszusprechen.
* Lassen Sie Ihren Ton anschwellen, d. h., fangen Sie mit einem leisen Ton an, und werden Sie immer lauter, wobei Sie sich vorstellen, daß Ihr Ton dabei immer tiefer wird – obwohl die Tonhöhe die gleiche bleibt. Wiederholen Sie die Crescendo-Übung mehrere Male, solange Sie sich dabei wohlfühlen.

Schritt 2: HUHs

* Machen Sie einen **HUH**-Körperlaut, und lassen Sie dabei den Ton sogar noch weiter anschwellen als vorher.
* Machen Sie das gleiche noch einmal mit kurzen, abgehackten Staccato-Lauten – wie ein Auktionsveranstalter, der die angebotenen Preise herunterrasselt.

Schritt 3 : Kurz – lang

* Machen Sie abwechselnd einen kurzen und einen langen HUH-Laut: **HUH – HUHHHHHHHH**.

Schritt 4 : Veränderung der Tonhöhe

* Geben Sie einen **HII-I-I-IH**-Laut von sich.
* Beginnen Sie mit einem für Sie angenehmen Grundlaut, und lassen Sie ihn dann tiefer werden. Lassen Sie ihn im Wechsel höher und tiefer werden.

Schritt 5 : HO-HA-HIH

* Geben Sie diese Laute im Wechsel von sich.

Schritt 6 : Sätze

* Wählen Sie einen Satz aus, den Sie bald nach den Aufwärm-übungen anwenden werden, wie beispielsweise: »Hallo, hier spricht...« Sprechen Sie ihn alle fünf Minuten vor sich hin, um zu sehen, wie die Aufwärmübungen Ihre Stimme verän-dern.
* Sollte Ihre Stimme zu leicht oder zu stimmlos werden, gehen Sie bitte wieder zu den Eh- oder Ih-Lauten zurück, damit Ihre Kehle an der Stelle zwischen den Schlüsselbeinknochen wieder verengt wird.

Schritt 7 : Babylaut-Übungen

* Machen Sie die Babylaut-Übungen mit Unterbrechung.

Schlucken Sie zwischen den verschiedenen Schritten und legen Sie Pausen ein, um Ihre Kehle anzufeuchten und zu entspannen.

300

In manchen Fällen reichen 10 bis 30 Minuten, doch Sie sollten sich natürlich so viel Zeit nehmen, wie sie benötigen. Wenn Sie Anfänger sind, wird Ihre so vorbereitete Stimme bis zu einer Stunde durchhalten. Wenn Sie schon länger mit diesen Techniken arbeiten, den ganzen Tag.

Aufwärmübungen für die Unterleibsstütze

Mit Entspannung, Körperatmung und Bewußtheit Ihrer Körperenergien können Sie sich die Unterstützung Ihres Unterleibs für Ihre Stimme zunutze machen – die Kraft der starken Muskeln Ihrer Oberschenkel, Ihrer Gesäßbacken und Beine und den Fluß Ihrer sexuellen Lebendigkeit und höheren Energien (siehe Abb. 20). Wenn Sie Ihre Stimme aufwärmen, stärken Sie sich und setzen den Energiefluß in Gang. Ähnlich einem Sportler, der, um sich zu lockern und mit Energie zu versorgen, seine Bahnen schwimmt oder seine Runden läuft, können auch Sie einige schnelle Übungen durchführen, die Ihren Körper mit Energie versorgen und dadurch Ihre Stimme stützen. Mit Hilfe dieser Übungen erlangen Sie innerhalb kürzester Zeit das Gefühl des Geerdetseins, das so außerordentlich wichtig ist.

Verfahren Sie folgendermaßen:

* Stampfen Sie mit Ihren Füßen auf den Boden, oder treten Sie in die Luft, während Sie Körperlaute von sich geben. Vergegenwärtigen Sie sich die Verbindung zwischen der Kraft Ihrer Beine und der Stütze für Ihre Stimme. Kein Teil Ihres Körpers ist isoliert und ohne Verbindung, sondern Teil eines vollständigen Ganzen. Es geht darum, daß Sie gleichzeitig die Kraft in Ihren Beinen und die Kraft in Ihrer Körperstimme spüren – diese Erfahrungen sind Teil des freien Flusses der natürlichen Energien.

Abb. 20. Energiepyramiden

302

* Fuchteln Sie mit Ihren Armen herum, oder machen Sie andere kräftige Bewegungen mit Ihren Armen und Ihrem Oberkörper (siehe Abb. 21). Im Auto können Sie beispielsweise mit der Faust auf den Sitz hauen oder Ihre Füße und Beine gegen den Boden stemmen, während Sie die Körperlaute üben. Auch hier kommt es darauf an, daß Sie die Bewegungen Ihrer Muskeln, das Fließen der Energie in Ihren Armen und Beinen und den Klang Ihrer Stimme als Teil Ihrer Ganzkörpererfahrung erleben und spüren.

* Hauen Sie sich leicht auf die Schenkel, wenn Sie eine Rede einstudieren. Versuchen Sie, das Blut in Ihren Beinen zu fühlen. Wenn Sie sehr müde, verwirrt oder seelisch aus dem Gleichgewicht geraten sind, hauen Sie etwas stärker auf Ihre Schenkel, so daß Sie einen leichten Schmerz verspüren. Schmerz ist oft sehr hilfreich, wenn Sie Ihre Aufmerksamkeit von Ihren bedrückenden Gedanken und Gefühlen auf Körperempfindungen lenken wollen. Übertreiben Sie es nicht!

Das Wann und Wo der Aufwärmübungen

Aufwärmübungen für die Körperstimme sollten dann gemacht werden, wenn Sie sie brauchen, um Ihre Stimme freizumachen. Leider steht nur wenigen von uns ein unbegrenztes Maß an Zeit und Privatsphäre zur Verfügung.

Wenn Sie mit dem Auto zur Arbeit fahren, können Sie beispielsweise die halbe oder ganze Stunde wunderbar nutzen. Was machen Sie für gewöhnlich, wenn Sie Auto fahren? Hören Sie Radio? Singen Sie? Geben Sie sich Ihren Tagträumen hin? Die Kenley-Methode ist u. a. deswegen so praktisch, weil man sie überall hin mitnehmen kann. Wenn Sie hinter dem Steuer sitzen, können Sie wunderbar die Entstressertechnik, die Körperatmung und die Aufwärmübungen für die Körperstimme

Abb. 21. Kräftigende Körperbewegungen für die Erzeugung lauter Körperlaute

304

durchführen. Sie werden sich vielleicht erinnern, daß ich meine Körperstimme während einer Autofahrt entdeckt habe. Ihr Auto bietet Ihnen u. U. auch mehr Privatsphäre, als Sie es oft zu Hause haben. Wenn Sie auf sehr befahrenen Straßen fahren müssen, können Sie ganz einfach Ihr Fenster hochkurbeln, und schon können Sie so viele und so laute Geräusche machen, wie Sie wollen. Niemand ist über oder unter Ihnen oder auf der anderen Seite der dünnen Wand, durch den Sie sich gehemmt fühlen müßten oder der sich beim Hausverwalter beschweren könnte.

Machen Sie Ihre Aufwärmübungen dort, wo es Ihnen am angenehmsten ist, wichtig ist, daß Sie sie überhaupt machen. Sie sind für die Entwicklung Ihrer Körperstimme unerläßlich.

15. Kapitel

In Verbindung treten mit den höheren Energien

Die Verbindung mit den höheren Energien Ihres Körpers wird dem Klang Ihrer Stimme sogar noch mehr natürliche Lebendigkeit und persönliche Einzigartigkeit verleihen. Die Übungen dieses Teils der Kenley-Methode sind Anleitungen, mit denen Sie sich Ihrer inneren Körperenergien und deren Verbindung untereinander noch bewußter werden. Sie können dieses erhöhte Bewußtsein auf verschiedenen Ebenen in Ihre Art zu kommunizieren mit aufnehmen, und Sie werden, wenn Sie diesen Teil der Techniken beherrschen, Ihre Stimme und Ihr Leben bereichern.

Bewußtheit – konzentrierte Aufmerksamkeit, gepaart mit Wißbegierde und Anerkennung – ist der Schlüssel, um diese höheren Körperenergien zu erfahren. Betrachten Sie die Energie Ihrer Muskeln als ein rohes Material im Vergleich zu dem samtigen Gewebe dieser feinen inneren Energien. Wie Sie in Abb. 22 sehen können, meine ich damit folgende essentiellen persönlichen Eigenschaften:

* Stärke, Kraft und Stütze
* Selbstzufriedenheit
* Willenskraft und Entschlossenheit
* Liebe und Mitgefühl

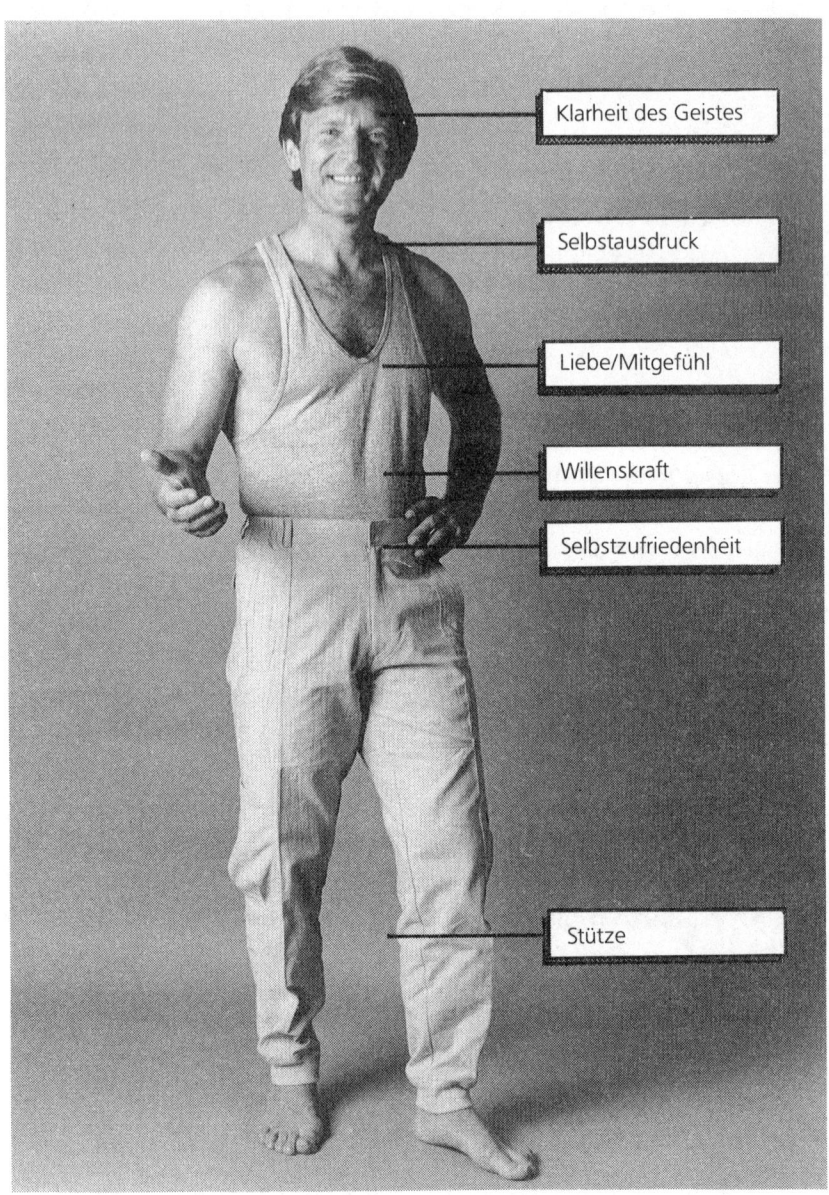

Klarheit des Geistes

Selbstausdruck

Liebe/Mitgefühl

Willenskraft

Selbstzufriedenheit

Stütze

Abb. 22. Höhere Energien beim Körpersprechen

308

* Selbstausdruck und Kreativität
* Geistige Klarheit
* Freude

Die Erforschung dieser Teile Ihres Selbst erfordert Geduld. Obwohl Sie vielleicht neue innere Erfahrungen begrüßen, können Sie an irgendeiner Stelle einen Widerstand spüren, sich zu öffnen oder alte Denk- und Verhaltensmuster aufzugeben. Wenn dem so ist, können Sie beispielsweise mit Hilfe eines Lehrers in tiefere Bereiche Ihrer Selbstentdeckung vordringen. Es gibt eigentlich keinen Ersatz für persönliche Anleitung oder die Unterstützung von Workshops und Seminaren.

Sie können anfangen, diese Energien zu entwickeln, indem Sie sich mit jeder einzeln beschäftigen. Sie können in drei Schritten vorgehen:

* Bestimmung und Untersuchung der energetischen Eigenschaften in Ihrem Körper
* Entwicklung der täglichen Konzentration auf diese Energie
* Erzeugung von Körperlauten, die die Eigenschaft dieser Energie widerspiegeln

Grundlagen für die Bestimmung Ihrer feinstofflichen Energien

Die Grundtechnik für die Bestimmung und Erforschung jeder einzelnen höheren Körperenergie besteht darin, Ihre Gedanken auf eine bestimmte energetische Eigenschaft zu konzentrieren. Die Art und Weise, in der Sie dies tun, ist der Entspannungsübung der Körperstimme, die Sie bereits als Teil der Entstressertechnik kennengelernt haben, sehr ähnlich. Sie haben dabei die inneren körperlichen Empfindungen in Ihren Armen und

Beinen nachgespürt, wogegen Sie jetzt Ihren körperlichen und seelischen Zustand mit der Absicht erspüren, Ihren inneren Fähigkeiten näherzukommen, die Ihr ureigenes Wesen widerspiegeln.

Sie werden das, was im Moment in Ihnen vorgeht, immer in bezug auf die Eigenschaft, die Sie erforschen, bestimmen. Es wird Ihnen gelingen, sich alle Erfahrungen, die diese Energie blockiert haben, aber auch diejenigen, durch die Sie die Energie wieder mehr gespürt haben, wieder ins Gedächtnis zurückzurufen. Wenn Sie sich die Vorschläge der Tabelle auf S. 311–317 zunutze machen, werden Sie schon bald die feinstofflichen Körperenergien spüren.

Sollten Sie »nichts« fühlen, nehmen Sie dieses innere Gefühl als Ihre ursprüngliche Erfahrung auf dem Weg zur Selbstentdeckung zur Kenntnis. Es gibt keinen falschen und richtigen Weg zur Selbstentdeckung. Was immer Sie erfahren und erleben, ist das, was für Sie gültig ist. Sinnliche Wahrnehmung jeder dieser höheren Körperenergien erfolgt allmählich und auf feine Art und Weise. Man bezeichnet diese Energien deshalb auch als *feine oder feinstoffliche* Energien.

Die folgenden Schritte zeigen Ihnen, wie Sie jede dieser feinen Körperenergien bestimmen können:

* Entscheiden Sie, auf welche Energie Sie sich konzentrieren wollen.
* Lesen Sie in der Tabelle auf S. 311–317 nach. Sie finden dort ganz spezifische Anleitungen dazu, wie Sie mit diesen inneren Energien in Verbindung treten und ihr Auftreten erkennen können.
* Entwickeln Sie eine gefühlte sinnliche Wahrnehmung der Eigenschaften dieser Energie.

Tabelle zur Bestimmung Ihrer höheren Energien

Energetische Eigenschaft	*Konzentration auf Körperteil*	*Bestimmung und Erkennung*
Stütze, Stärke	Untere Wirbelsäule, Beine	Legen Sie sich auf ein festes Bett oder eine Matratze. Kicken Sie bei ausgestreckten Beinen mit den Füßen solange Sie können nach oben. Bleiben Sie dann ganz ruhig liegen, und spüren Sie der Energie nach, die durch Ihren Körper fließt. Es kann sein, daß sie sich stark, rot, energetisch oder heiß anfühlt. Sehen Sie dies bitte als Möglichkeit an, an die Quelle Ihrer Stärke und Kraft zu gelangen, die Ihre untere Wirbelsäule und Ihre Beine für Sie bereithalten. Sie können das gleiche Ergebnis erzielen, wenn Sie mit Ihren Füßen im Sitzen auf den Boden stampfen.
Selbstzufriedenheit, persönliche Präsenz	Unterbauch	Legen oder setzen Sie sich hin, und richten Sie Ihre Aufmerksamkeit auf Ihren Unterleib unterhalb Ihres Nabels. Ihr Lebensenergiezentrum liegt ungefähr sechs bis zehn Zentimeter unterhalb Ihres Nabels

und etwa sechs bis zehn Zentimeter in Ihrer Bauchhöhle. Legen Sie Ihre Hände genau dorthin. Konzentrieren Sie sich auf die Stelle und fühlen Sie, was Sie spüren. Vielleicht ein leichtes Gefühl der Energie, eine warme, sonnige Empfindung oder eine sehr kleine Bewegung, wie eine Welle. Es kann sich sowohl sehr klein als auch weit anfühlen oder sogar ausstrahlen. Diese Wahrnehmungen können Ihr Gefühl der Ganzheit und Vollständigkeit verstärken und Ihnen das Gefühl des intuitiven Wissens geben. Es ist die persönlich erfahrene Eigenschaft Ihrer eigenen menschlichen Gegenwärtigkeit, das Gefühl des »Ich bin«.

| Willenskraft, Entschlossenheit | Sonnengeflecht | Legen Sie sich auf den Rücken, und ziehen Sie Ihre Beine an. Atmen Sie dreimal kurz in den Körperteil zwischen den unteren Rippen und Ihrem Nabel ein und einmal lang aus. Wiederholen Sie den Ein- und Ausatmungsprozeß so lange, wie Sie sich dabei wohl fühlen. Sollten Sie schwindlig werden |

oder sollte es irgendwo in Ihrem Körper zu kribbeln anfangen, legen Sie eine Pause ein, bis dieses Gefühl wieder verschwunden ist. Achten Sie darauf, welches Gefühl Sie in Ihrem Sonnengeflecht als Reaktion auf die Atemübung spüren. Stellen Sie sich vor, Sie gingen mit einer Willenskraft und Entschlossenheit durchs Leben, und achten Sie darauf, welche inneren Eigenschaften dadurch in dieser Körperzone aktiviert werden. Wenn der Wille vorhanden ist, kann sich das Sonnengeflecht kühl, metallig, mondartig und fest anfühlen. Es hat die Empfindung von Planmäßigkeit und Zielbewußtheit: die Gewißheit, daß man etwas zu Ende führen kann.

| Liebe, Mitgefühl | Herz | Legen Sie sich auf Ihr Bett, und konzentrieren Sie sich auf Ihr Herz: Ist es voll, weit und warm oder ohne große Empfindungen? Um Energie und Gefühle in Ihrer Brust zu aktivieren, klopfen Sie mit ihren Ellbogen ungefähr 30 Sekunden lang auf die Matratze und |

313

überprüfen anschließend noch einmal Ihre Herzempfindungen. Atmen Sie mehrere Male behutsam in Ihr Herz ein. Denken Sie nun an einen geliebten Menschen, und achten Sie darauf, was mit Ihren Herzenergien geschieht. Sie können auch ein Musikstück anhören, das Sie besonders bewegt. Das Herz kann darauf reagieren, indem es sich leicht, rosa und süß anfühlt. Es kann sich aber ebenso nach Flüssigkeit, nach geschmolzenem Gold oder wie ein weicher, grüner Zaubertrank anfühlen, wenn Ihr Gefühl mehr Mitgefühl als Liebe ist.

| Selbst-ausdruck, Kreativität | Kehle | Ihre Kehle und die Körperzone zwischen Ihren Schlüsselbeinknochen werden sich wohl fühlen, wenn Sie offen genug sind, um sich selbst in jeder erdenklichen Situation auf jede gewünschte Art auszudrücken. Geben Sie mehrere leise **UH**-Laute von sich, und steigern Sie dann langsam die Lautstärke. Fahren Sie auf diese Weise einige Minuten lang fort, und stellen Sie sich |

dabei vor, daß Ihr Selbstausdruck sowohl über dem Klang als auch über das Gefühl Fortschritte macht. Stellen Sie sich, während Sie sich auf diesen Teil Ihres Körpers konzentrieren, einen Moment lang vor, daß alles, was Sie zu sagen haben, wertvoll ist. Sprechen Sie dann den Satz – zuerst mit leiser Stimme: »Ich klinge wunderbar.« Wiederholen Sie diesen Satz, und sprechen Sie ihn jedes Mal lauter aus. Die Farbe Bernstein wird mit der Freisetzung der Eigenschaft, die mit diesem Ausdruck verbunden ist, assoziiert.

| Geistige Klarheit | Verstand/Kopf | Klarheit ist nur dann möglich, wenn der Verstand einen Zustand der ruhigen Gelassenheit erreicht. Legen Sie sich auf den Boden oder auf eine feste Unterlage, und atmen Sie schnell und tief, bis Sie ein Schwindelgefühl verspüren. Entspannen Sie sich nun einige Minuten lang. Richten Sie anschließend Ihren Blick zur Decke, und stellen Sie sich dort oben einen großen Kreis vor. Führen Sie nun Ihre Au- |

gen um den Kreis herum, zuerst nach rechts und unten, dann nach links und oben, ungefähr 15mal in eine Richtung; ändern Sie dann die Richtung, und wiederholen Sie die Augenbewegung noch einmal 15mal. Summen Sie nun ein leises **M-M-M** oder **N-N-N**, wobei Sie den Ton während der Ausatmung in Ihre Stirn schikken, genau zwischen Ihre Augenbrauen. Nehmen Sie ruhig wahr, was Sie jetzt fühlen. Die Eigenschaft, die mit der Klarheit des Geistes einhergeht, ist ein Gefühl des Friedens, das entweder als tiefschwarzer oder heller, klarer Fleck erlebt werden kann.

| Freude | den ganzen Körper | Freude kann jeder Mensch erfahren, wenn ihn beispielsweise etwas ganz besonders berührt – ein wunderschönes Bild, eine leidenschaftliche Symphonie, die Geburt eines Kindes oder wenn er sich verliebt. Aber auch die Verwirklichung der anderen höheren Energien kann von Freude begleitet werden. Wenn Sie Ihre inneren Gefühle der Stärke, |

der Selbstzufriedenheit, des
Willens, der Liebe, der Kreativität und der Klarheit verspüren, können Sie ebenso die im-
merwährende Freude erfahren.
Freude wird oft erlebt als gelb,
hell, spritzig und sprudelnd.

Die tägliche Konzentration

Die Entwicklung dieser Energien ergibt sich meist als Folge der
konzentrierten Aufmerksamkeit. Sie kommen ganz einfach dadurch zum Vorschein, daß Sie sich jeden Tag immer wieder
fragen:

* Wie empfinde ich die Eigenschaften dieser Energie, auf die
  ich mich gerade konzentriere?
* Wie kann ich sie mit Empfindungen und Bildern beschreiben?
* Wenn ich mir dieser Energie bewußt bin, wie beeinflußt sie
  mein Verhalten?
* Wie fühlt sich meine Stimme an, und wie klingt sie, wenn ich
  mit dieser Eigenschaft in mir in Verbindung stehe?

Die Schritte auf dem Weg zu Ihren inneren Energien müssen
nicht kompliziert sein. Aber die Entdeckung und Pflege dieser
oder anderer feiner Empfindungen hängt sehr stark von Ihrer
geistigen und körperlichen Einstellung ab. Die folgenden Vorschläge können dafür hilfreich sein:

* Denken Sie immer daran, daß alle Körperenergien *Sie* sind.
  Daraus folgt, daß Sie einen Punkt erreichen wollen, an dem

Sie sie alle vollständig spüren – weil es Ihnen gut tut und es gleichzeitig zu Ihrer eigenen Erfahrung Ihrer selbst, anderer und des Lebens beiträgt. Sich mit diesen Energien in Verbindung zu setzen bedeutet sehr viel mehr, als kurz zu prüfen, ob man Kopfschmerzen hat oder nicht, ob der Magen vor Hunger knurrt oder ob Ihren Muskeln Gymnastik gut täte. Sie können es sich ähnlich der Situation vorstellen, wenn sich Ihre Augen an einen dunklen Raum gewöhnen müssen, nachdem Sie gerade das Licht ausgeschaltet haben. Zuerst ist nur Dunkelheit um Sie herum, dann verschwommene Umrisse und schließlich eine feine Welt angedeuteter Farben, Schatten und weicher, schimmernder Objekte.

* Versuchen Sie offen und aufnahmebereit zu sein, wenn Sie auf der Suche nach mehr Erfahrung Ihres Selbst sind. Es würde Sie nur einschränken, wollten Sie sich eine Liste von Erwartungen zurechtlegen. Fragen Sie sich ganz einfach, was tagtäglich mit Ihnen und um Sie herum geschieht, während Sie Ihren gewohnten Tätigkeiten nachgehen: aufstehen, frühstücken, zur Arbeit fahren, mit Ihren Freunden und Kollegen reden, wenn Sie allein sind, wenn Sie in einer Besprechung sind – einfach die ganze Zeit.

* Bereiten Sie sich darauf vor, daß die Erfahrung Ihrer höheren Energien ein integrierter Bestandteil Ihres erweiterten Bewußtseins ist. Sie werden diese Gefühle der Lebendigkeit in Ihrem Körper auf einer ganz vertrauten Ebene empfinden. Genießen Sie sie, und verlassen Sie sich auf sie – und fragen Sie sich, wie Sie jemals ohne sie gelebt haben!

Erzeugung von Körperlauten, die Ihre höheren Energien zum Ausdruck bringen

Es ist jetzt an der Zeit, Ihre Aufmerksamkeit auf das Erleben Ihrer höheren Energien zu richten, während Sie gleichzeitig Körperlaute erzeugen.

* Legen Sie sich auf den Rücken, ziehen Sie Ihre Knie an, und bereiten Sie sich auf die Körperlaute vor. Achten Sie darauf, daß Sie entspannt sind, körperatmen und daß Ihr Mund ein klein wenig offen steht. Gebrauchen Sie wenn nötig Ihren kleinen Finger, um den optimalen Zwischenraum zwischen Lippen und Zähnen herzustellen.
* Machen Sie ein paar leise UH- oder AH-Körperlaute; was immer Sie bevorzugen.
* Lenken Sie Ihr Bewußtsein und Ihren Ton, während Sie mit den UH- oder AH-Lauten fortfahren, auf die innere energetische Kraft Ihrer Beine. Fragen Sie sich, was Sie auf ihrem neu entdeckten Weg bisher erlebt haben. Seien Sie offen für innere sinnliche Wahrnehmungen von Stärke und Stütze, während Sie mit ihrem UH- oder AH-Laut die Energie durch Ihren ganzen Körper strömen lassen.
* Fragen Sie sich, wie Ihre Körperlaute sich mit einem Gefühl für diese Eigenschaft anfühlen und klingen. Achten Sie im besonderen auf den Stand Ihrer Entspannung in Verbindung mit dieser Energie. Stellen Sie sich vor, Sie sprechen mit diesem Gefühl in Ihrem Körper, und sagen Sie: »Ich fühle mich stark.«
* Verfahren Sie mit Ihren restlichen höheren Energien ebenso schrittweise, wobei Sie von unten nach oben vorgehen, und schließen Sie dieses Kapitel mit den folgenden, laut ausgesprochenen Aussagen ab:

Spüren Sie, wie die Selbstzufriedenheit Ihres Unterleibs durch Ihren Körper strömt, und sagen Sie: »Ich bin gesund.«

Spüren Sie, wie die Willenskraft und die Entschlossenheit Ihres Sonnengeflechts durch Ihren Körper strömen, und sagen Sie: »Ja, ich kann.«

Spüren Sie die Liebe und das Mitgefühl Ihres Herzens, und sagen Sie: »Ich liebe, und ich bin offen.«

Spüren Sie den Selbstausdruck und die Kreativität Ihrer Kehle in Ihrem Körper, und sagen Sie: »Ich kann mich selbst zum Ausdruck bringen.«

Spüren Sie, wie die geistige Klarheit mit Ihren Körperenergien harmonisiert, und sagen Sie: »Ich fühle mich klar.«

Dieses Experiment sollte Ihnen helfen, die Vorzüge Ihrer positiven essentiellen Eigenschaften schätzen zu lernen.

Im Laufe der Zeit werden Sie mühelos hören können, daß und wie diese Energien den Klang Ihrer Stimme und Ihren Selbstausdruck verbessern. Auch wenn Sie es vielleicht am Anfang nicht glauben wollen, so werden Sie doch irgendwann das, was Sie dem Klang Ihrer Stimme zufügen, als wahren Schatz erachten. Sie machen einen aufregenden, besonderen Schritt auf dem Weg zum besseren Gesprächspartner, dessen Stimme sein Charisma und seine Lebendigkeit voll widerspiegelt.

Danksagungen

Im Laufe der vergangenen Jahre hatte ich das große Glück, mit einer Reihe von Menschen zusammenzutreffen und zu arbeiten, die sowohl mein Leben als auch meine Arbeit entscheidend geprägt haben. Obwohl es mir unmöglich ist, sie alle namentlich hier zu erwähnen, betrachte ich die Freundschaft mit ihnen und das Verständnis, das mir durch sie zuteil wurde, als echte G-schenke, die mir jeden Tag neue Einsichten ermöglichen.

Meine tiefe Dankbarkeit und Wertschätzung gebühren:

Ora Witte, Eleanor Phelps und Betty Cashman – drei außergewöhnlichen Frauen, deren Belehrung und Führung den Grundstein für meine Stimmlehre legten und die mich an ihren Techniken und ihrem Verständnis teilhaben ließen und mir nicht zuletzt immer dann mit Rat und Tat zur Seite standen, wenn ich an Scheidewegen stand.

Dr. A.H. Almaas und Faisal Muqaddam, deren Diamond-Methode zur Selbsterkenntnis vielen Erörterungen über energetische und stimmliche Lebendigkeit in diesem Buch zugrunde liegt.

Dr. Ray Biase, dessen Großzügigkeit mir zu Anfang meiner Forschungsarbeit eine unschätzbare Hilfe war.

Dres. Clinton und Clifton Kew, deren psycho-spiritueller Beistand mir in den Anfängen meiner zahlreichen beruflichen Karrieren den Weg zur Selbsterkenntnis wies.

Meinen geliebten Eltern John und Lucy Kiess für ihre nie endende Liebe und ihr Verständnis. Und meinen Verwandten, die immer für mich da waren.

David Boadella und Myron Sharaf, zwei Neo-Reichianern, deren schriftstellerische Werke, Workshops und persönliche Belehrung viel zu meiner Arbeit beigetragen haben.

Eleanor Friede, meiner langjährigen Freundin, deren wertvolle Kenntnisse diesem Buch zugute kamen und die mir mit Stärke und Visionskraft zur Seite stand, so daß die Idee dieses Buches schließlich trotz Frustrationen und Schwierigkeiten realisiert werden konnte; und Cynthia Vartan, meiner Lektorin bei Dodd, Mead, für die Anerkennung und fachliche Betreuung des Buches.

Byron Brown für seine Hilfe bei der Erstellung der Fragebögen für die Körperstimme-Bewertung; Peter Young für seine künstlerische Gestaltung und die Computergraphiken; Kim Lincoln und Thaddeus Golas, die sich bereit erklärt haben, die Techniken der Kenley-Methode in diesem Buch bildhaft zu demonstrieren.

Ann Brebner, Freundin und Mentorin, mit der ich vor kurzem Seminare für Schauspielklassen veranstaltet habe, während deren wir beide gleichzeitig Erfahrungen machten, die in diesem Buch beschrieben werden.

Shirley Nelson, Roxanne Mankin, Don Carlson, Dr. Susan Ricketson, Jean Byrd, Joan Spangler, Dan Goff und Sharon Solf- vin für ihre ganz persönliche wunderbare Unterstützung und Ermutigung.

Ganz besonderen Dank möchte ich Maggi Thrall aussprechen, die mir tagtäglich mit ihrem Rat, ihrer Unterstützung und ihrer Freundschaft zur Seite stand.

Zuletzt gilt meine besondere Anerkennung Alain Gauthier, der meine Techniken, die in diesem Buch beschrieben werden, te- stete, und dessen Liebe und Gegenwart mir während der Fertig- stellung dieses Buches sehr geholfen hat.

Literaturverzeichnis

Diamond Heart, Berkeley, Cal., Diamond Books, 1987

Essence: The Diamond Approach to Inner Realization, York Beach, Maine, Samuel Weiser, Inc. 1986

Ames, Katrine, »Beverley in Bloom«, *Savvy*, Mai 1987

Burgoon, Judee K. and Saine, Thomas, *The Unspoken Dialogue*, Boston, Houghton Mifflin Col., 1978

Carlyle, Thomas, *Sartor Resartus*, New York, The Odyssey Press, 1937

Dürckheim, K. Graf von, *Hara, The Vital Centre of Man*, London, George Allen & Unwin, Ltd., 1970 (dt. Hara, Die Erdmitte des Menschen, Weilheim, 1973)

Giles, Jerry, *Psychological Immortality*, New York, Richard Marek Publishers, 1981

Kagan, Jerome, in: *Psychology Today*, April 1984

Kurtz, Ron and Prestera, Hector, M.D., *The Body Reveals*, New York, Harper & Row/Quicksilver Books, 1976 (dt. Botschaften des Körpers, München, 1979)

Mallory, E. and Miller, V., »A Possible Basis for the Association of Voice Characteristics and Personality Traits, *Speech Monographs 25*, 1958

Mehrabian, Albert, *Silent Messages*, Belmont, Cal., Wadsworth Publishing Company Inc., 1971

Rogers, David, J., *Fighting To Win*, Garden City, N.Y., Doubleday and Company, 1984

Rosenblum, Ron, »Acting: The Creative Mind. The Method & Mystique of Jack Nicholson«, *The New York Times*, Juli 13, 1986

Tronick, Edward and Adamson, Lauren, *Babies as People, New Findings on Our Social Beginnings*, New York, Collier Books, 1980

Zesking, P.S. and Lester, B.M., »Acoustic Features and Auditory Perceptions of the Cries of Newborns with Prenatal and Perinatal Complications«, *Child Development*, 49, 1978